LUOJIAZHUANG ZHI

高密市朝阳街道
罗家庄村志编纂委员会 编

羅家莊志

羅相詩

1949—2018

中国海洋大学出版社
CHINA OCEAN UNIVERSITY PRESS
·青岛·

图书在版编目（C I P）数据

罗家庄志：1949-2018 / 高密市朝阳街道罗家庄村志编纂委员会编 . -- 青岛：中国海洋大学出版社，2020.7

ISBN 978-7-5670-2538-7

I. ①罗 … II. ①高 … III. ①村史－高密－ 1949-2018 IV. ① K295.25

中国版本图书馆 CIP 数据核字 (2020) 第 141961 号

出版发行	中国海洋大学出版社		
社　　址	青岛市香港东路 23 号	**邮政编码**	266071
出 版 人	杨立敏		
网　　址	http://pub.ouc.edu.cn		
订购电话	0532-82032573（传真）		
责任编辑	滕俊平	**电　　话**	0532-85902342
电子邮箱	appletjp@163.com		
装帧设计	高密市盛泉文化传播有限公司		
印　　制	山东新华印刷厂潍坊厂		
版　　次	2020 年 12 月第 1 版		
印　　次	2020 年 12 月第 1 次印刷		
成品尺寸	185 mm×260 mm		
印　　张	30		
字　　数	368 千		
印　　数	1~1000		
定　　价	380.00 元		

《罗家庄志（1949—2018）》编纂委员会

顾　　问：郭金桥　王有志　李丹平　李金科　李章合
魏修良　姜祖幼

主　　任：罗相明
副 主 任：杜　坤　罗传刚
委　　员：罗相明　杜　坤　罗传刚　罗相志　范佳佳
罗洪学　罗卫国　巩新亭

主　　审：李丹平
执行主编：姜祖幼　袁毅飞　李子红

材料提供人员：
范志升　罗厚云　罗相诗　罗洪利　罗坤云
范才民　石有亮　罗相增　刘志杰　罗东方
杜立贤　杜立华　李淑芳　侯俊绮　王明先
岳玫孜　罗洪坤　范才荣　甄秀花

摄　　影：宋红强　张　涛
封面题字：罗相诗

2018 年罗家庄社区鸟瞰图

2018 年罗家庄社区党群服务中心

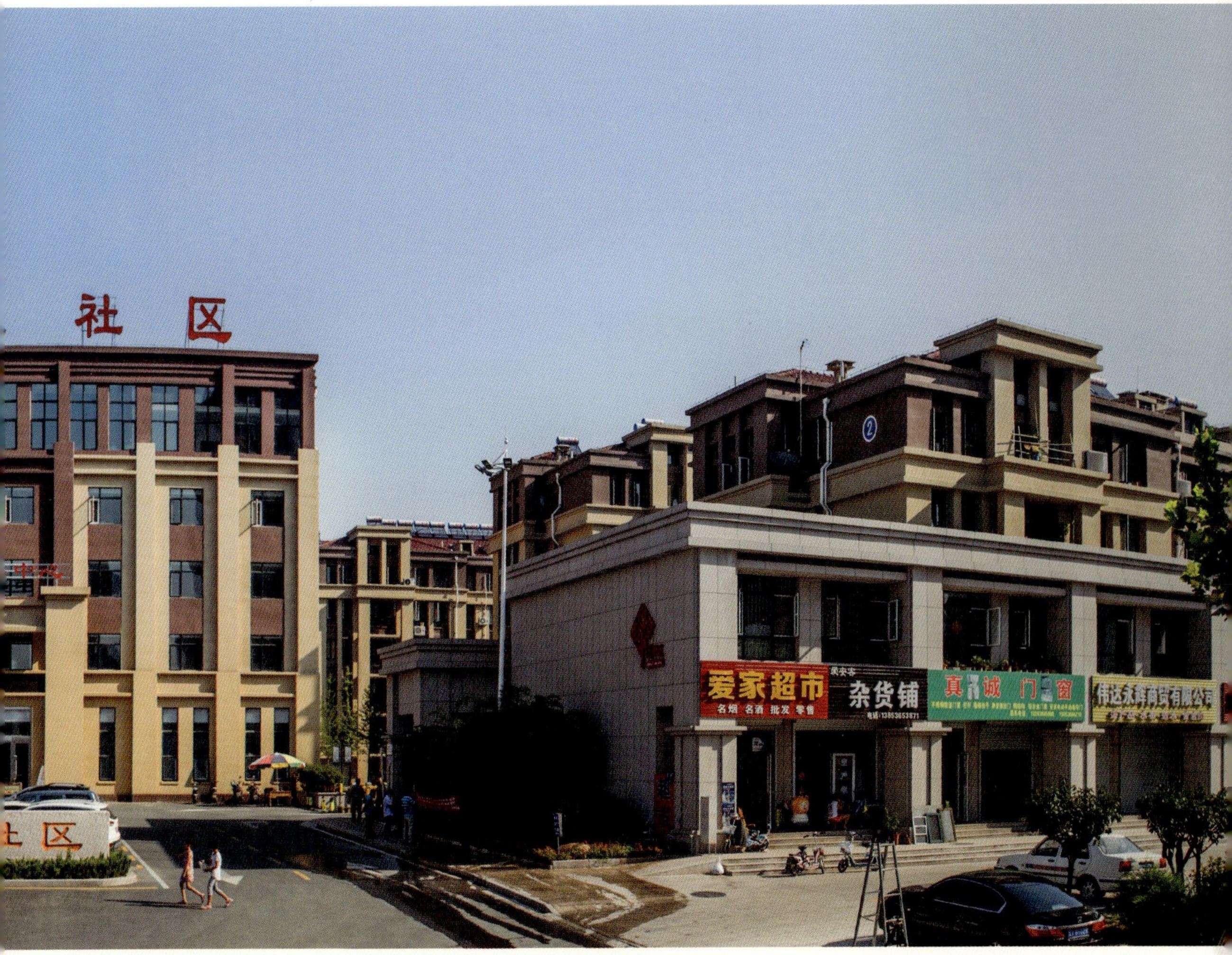
社区
爱家超市
名烟 名酒 批发 零售
杂货铺
电话:13853653871
真诚 门窗
社区

1
2
3

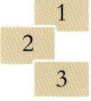

1. 1996 年党支部班子合影

左起：罗洪学　罗洪金　徐敬清　罗相明　范志彬

2. 1996 年居委会班子合影

左起：罗相敏　范志彬　罗洪金　徐敬清　甄秀花

3. 1999 年党支部班子合影

左起：徐敬清　罗洪金　罗相明　罗相敏　杜坤

1
2
3

1. 2011年“两委”班子合影

左起：罗传刚　罗相敏　罗相明　杜　坤　罗相志　王教芬

2. 2014年“两委”班子合影

左起：王教芬　罗相志　罗传刚　罗相明　杜　坤　范佳佳

3. 2017年“两委”班子合影

左起：罗相志　罗传刚　罗相明　杜　坤　范佳佳

2017 年 8 月 14 日，组织部组织干部一局四处侯怀强检查基层党建工作，高密市委副书记孙淑芳等陪同

2017 年 11 月 2 日，组织部老干部局副局长杨保平调研离退休干部工作

1
2
3

1. 2017 年 9 月 18 日，山东省民政厅和潍坊民政局领导检查日间照料中心

2. 2017 年 9 月 15 日，山东省司法厅厅长王本群检查指导维稳工作，高密市委副书记、市长王文琦，副书记孙淑芳等陪同

3. 2016 年 11 月 25 日，山东省住房和城乡建设厅巡视员耿庆海检查农业转移人口市民化工作，高密市委书记范福生等陪同

1. 2018 年 4 月 10 日，山东省新闻出版广电局党组副书记、副局长孙杏林检查农家书屋推进工作，高密副市长魏征等陪同

2. 2017 年 6 月 28 日，山东省委党校领导观摩指导

3. 2016 年 11 月 16 日，《大众日报》主任记者宋学宝社区调研

1
2 3

1. 2017 年 9 月 17 日，山东省疾控中心专家检查验收健康促进工作

2. 2017 年 8 月 2 日，山东省体育总会领导检查指导工作

3. 2017 年 10 月 24 日，山东省普及法律工作办公室和潍坊司法局领导验收省级民主法治示范村

1 2 3

1. 2017 年 8 月 21 日，潍坊市委书记刘曙光调研，高密市委书记杨建华等陪同

2. 2016 年 8 月 16 日，潍坊市委组织部部长刘炳国检查工作

3. 2016 年 8 月 15 日，潍坊民政局局长吴海源检查工作，高密市委常委、组织部部长孙业宗等陪同

1
2
3

1. 2017 年 10 月 30 日，潍坊市委副书记张小梅调研社区党建和联系服务群众工作，高密市委书记杨建华、副市长付联宝等陪同

2. 2017 年 9 月 15 日，潍坊市人力资源和社会保障局领导到社区检查指导工作

3. 2016 年 10 月 9 日，高密市委书记范福生到社区调研，市委常委、办公室主任徐振刚等陪同

1. 2019 年 3 月 18 日，高密市委书记卞汉林陪同潍坊市委常委、市纪委书记、市监委主任张晓峰调研智慧社区建设工作

2. 2017 年 4 月，高密市委副书记、市长王文琦和市政协主席刘明伦等陪同德州市陵城区委书记马长春检查指导工作

3. 2017 年 1 月 23 日，高密市委副书记、市长王文琦慰问社区困难家庭

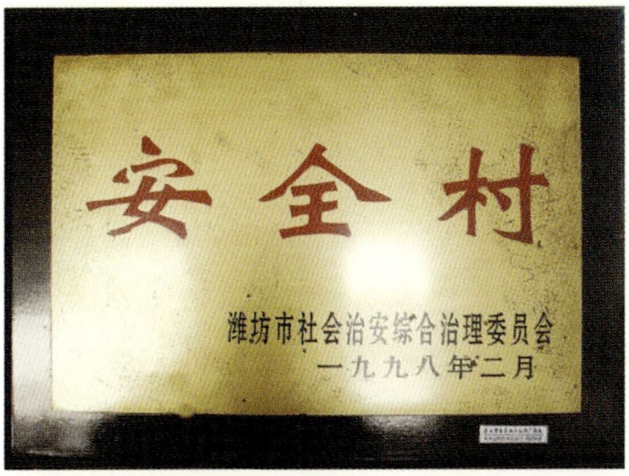
安全村
潍坊市社会治安综合治理委员会
一九九八年二月

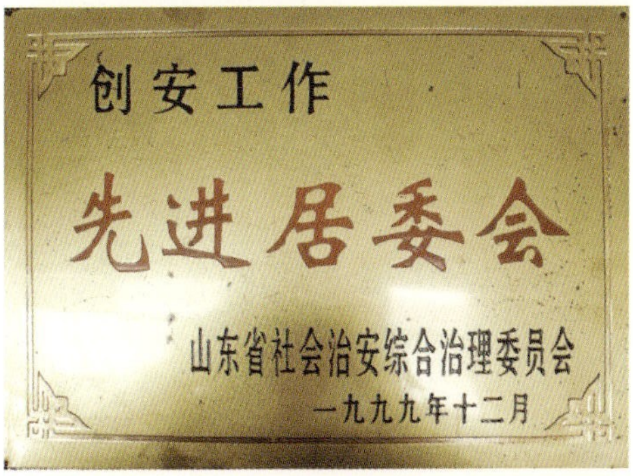
创安工作
先进居委会
山东省社会治安综合治理委员会
一九九九年十二月

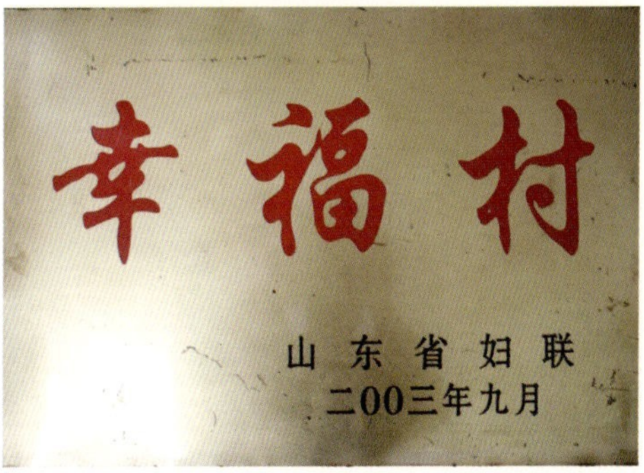
幸福村
山东省妇联
二00三年九月

荣誉证书
潍坊市百优团支部（总支）

荣誉证书
HONORARY CREDENTIAL
潍坊市红旗妇代（委）会荣誉
称号，特发此证，以资鼓励。

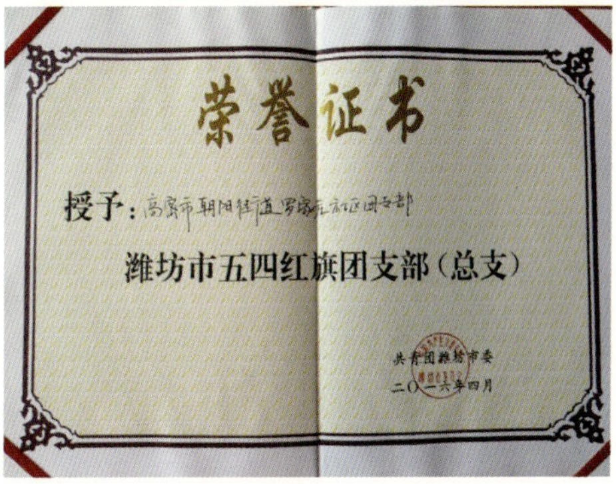
荣誉证书
授予：高密市朝阳街道罗家社区团支部
潍坊市五四红旗团支部（总支）

市级
文明社区
潍坊市精神文明建设委员会
2016年4月

省 级
文明社区
山东省精神文明建设委员会

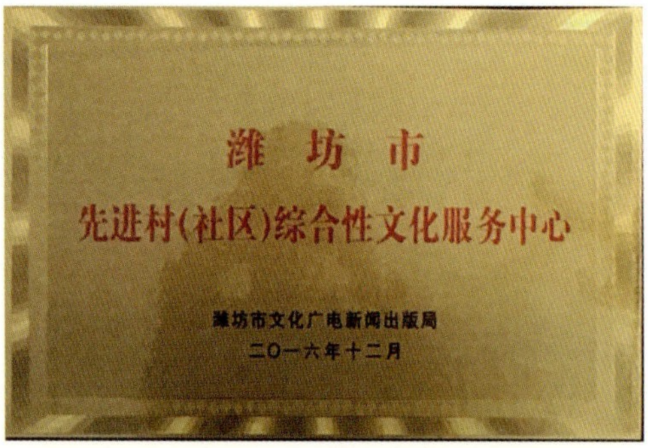
潍坊市
先进村(社区)综合性文化服务中心
潍坊市文化广电新闻出版局
二〇一六年十二月

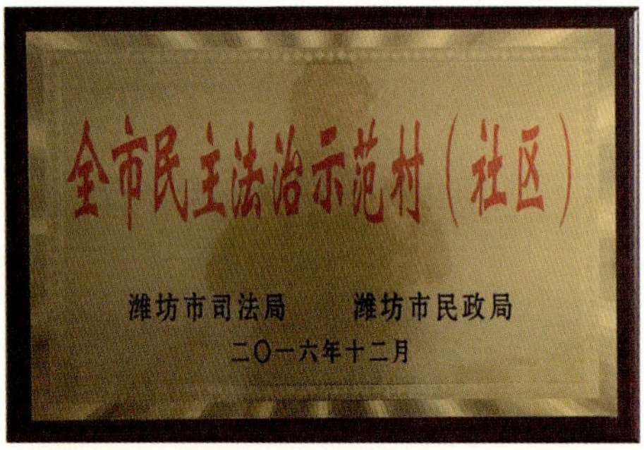
全市民主法治示范村(社区)
潍坊市司法局 潍坊市民政局
二〇一六年十二月

市 级
ZHB
绿色社区
潍坊市精神文明建设委员会办公室
潍坊市环境保护局
二〇一六年十二月

潍坊市示范农家书屋
潍坊市文化广电新闻出版局
二〇一六年十二月

全市综合减灾示范社区
潍坊市减灾委员会 民政局
二〇一六年十二月

授予
先进职工之家
潍坊市总工会
二〇一六年十二月

2017年书香社区发现活动
书香社区
中国图书馆学会
二〇一七年十一月

潍坊市地震安全示范社区
潍坊市地震局

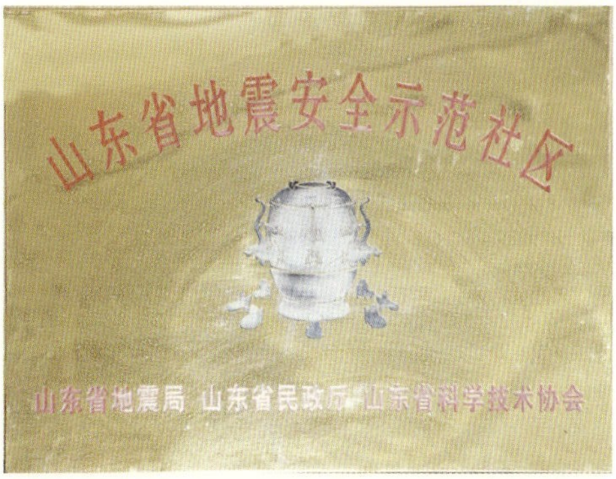
山东省地震安全示范社区
山东省地震局 山东省民政厅 山东省科学技术协会

山东省体育总会组织建设先进单位
山东省体育总会
2017年4月

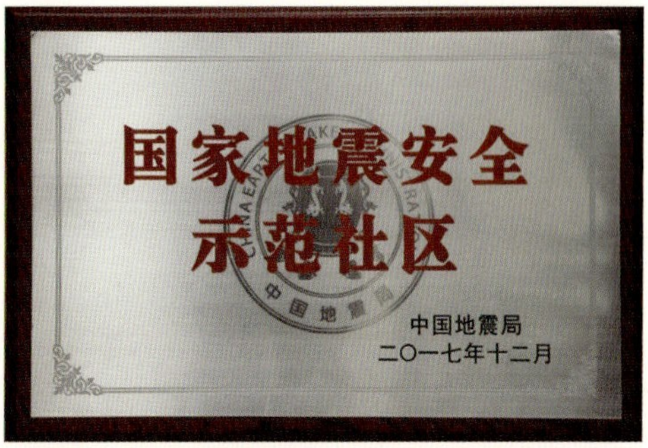
国家地震安全示范社区
中国地震局
二〇一七年十二月

潍坊市先进基层妇女组织
潍坊市妇女联合会
二〇一七年七月

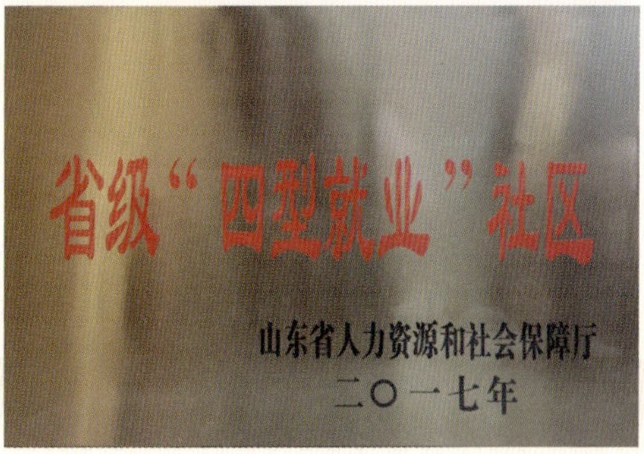
省级“四型就业”社区
山东省人力资源和社会保障厅
二〇一七年

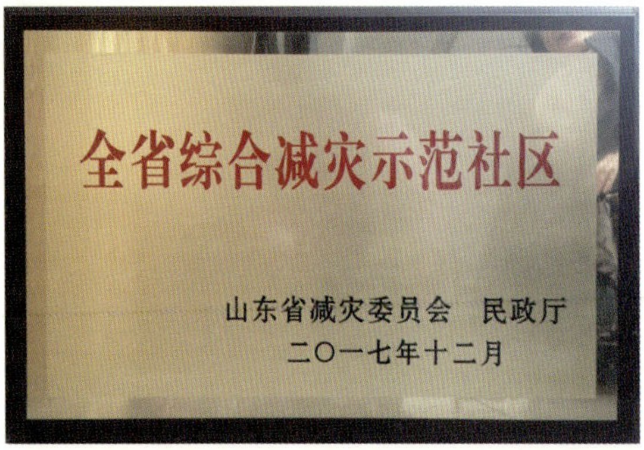
全省综合减灾示范社区
山东省减灾委员会 民政厅
二〇一七年十二月

先进党组织
中共潍坊市委
二〇一八年六月

2017年度潍坊市
优秀基层综合性文化服务中心
中共潍坊市委宣传部 潍坊市文化广电新闻出版局
二〇一七年十二月

四德工程建设示范点
中共山东省委宣传部
二〇一八年九月

“中国体育彩票”山东省老年人
明星健身站点
山东省老年人体育协会
山东省体育彩票管理中心
二〇一八年一月

开展优生优育指导工作
先进社区
山东省计生协会
二〇一八年十月

潍坊市维护妇女儿童权益
先进集体
潍坊市妇女联合会
二〇一八年三月

罗相明，男，山东高密罗家庄人，1953年6月25日生。中共党员。大专学历，高级工程师。1980年1月回村任团支部书记，后历任村委副主任、民兵连长、治安主任。1990年12月，任罗家庄党支部书记。2002年5月被评为高密市劳动模范。2005年3月被评为潍坊市优秀民营企业家。为高密市第十五届、十六届人大代表，潍坊市第十五届、十六届、十七届人大代表。2006年2月被评为高密市优秀人大代表。2007年4月被评为潍坊市劳动模范。2008年1月兼任高密经济开发区和平社区党工委书记。2009年10月被评为潍坊市老龄工作先进个人三等功。2013年5月被评为山东省劳动模范。2015年2月被评为高密市2014年度农业和农村工作先进个人。2018年被评为潍坊市善行义举四德榜“榜上有名”先模人物。

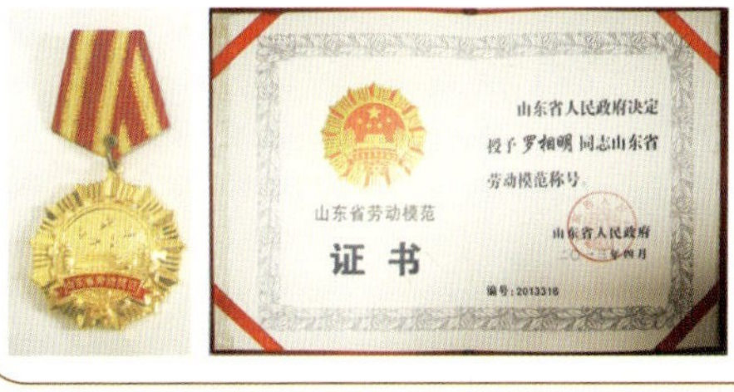

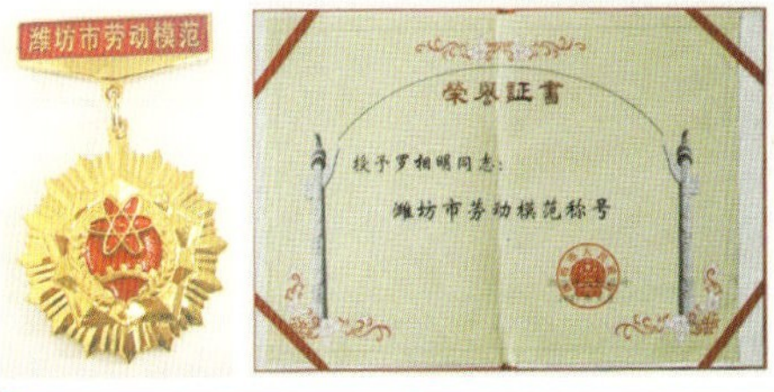

《罗家庄志（1949—2018）》编纂委员会成员合影

后排左起：杜　坤　罗相志　刘志杰　罗卫国　罗相增　罗传刚　罗东方　巩新亭　范佳佳

中排左起：杜立贤　范才荣　范才民　王明先　杜立华　罗洪坤　岳玫孜　甄秀花　罗洪学

前排左起：罗坤云　罗洪利　罗厚云　罗相明　罗相诗　范志升　石有亮

《罗家庄志（1949—2018）》编纂人员合影

左起：袁毅飞　李丹平　李金科　姜祖幼　王有志　李章合　李子红

序

志者，记也。以史为鉴，明辨得失，温故知新，功在当代，泽被后世。

罗家庄东临胶河，地处丘陵，离城较近。1949年以前，有地农民少，佃户多。人们自古以农为业，男耕女织，生生不息，相对闭塞。中华人民共和国成立以后，在党和政府的领导下，人们的见闻日渐开阔，生活水平逐渐提高。

1978年，改革开放的春风吹进罗家庄，党的富民惠民政策普照大地，村庄日益繁富。1992年5月9日，罗家庄划归经济开发区管辖，村民成为社区居民。随着城市中心转移，罗家庄地理位置日渐重要。社区与居民勠力同心，抢抓机遇，开拓创新，使罗家庄由一个普通村庄一跃成为高密第一个网格化城市社区。自2012年始全村整体搬迁，至2018年回迁完毕，居民户户都住上了现代化楼房，环境优雅，交通便利，绿化美化，文体设施配套，幸福指数攀升。老人们说，从来没想过会有今天这样的幸福生活！值此盛世，编写该志已成为罗家庄居民人心所向、众望所归之事。

《罗家庄志（1949—2018）》在社区党委、居民委员会和全体居民大力支持，历时两年终告完稿。立村以来，首次修志，实属文化盛事，付梓之际，谨致诚挚祝贺！由此，罗家庄方方面面的史实及现状便呈现给世人，给每位想认识罗家庄、了解罗家庄的各界人士提供了宝贵借鉴。

回首罗家庄的历史，虽然走过一些弯路，但终究找到了正确的发展方向，实践雄辩地证明，只有走社会主义道路，才是唯一正确的选择。70年风雨路，70年发展史，罗家庄成为中国乡村改革开放的一个缩影，向世人展示出“三农”的蓬勃生机与“小康”的美好愿景。

在此，对各级党委、政府和社会各界人士的指导和关心，对编撰人员的辛勤付出，对所提供资料人员的无私奉献，一并致以衷心感谢！

因事仓促，加之水平所限，错误疏漏在所难免，诚望诸位明鉴，以便再版修正！

是为序。

2020年8月1日

凡例

一、本志立足村居，存真求实，力求思想性、科学性、资料性、可读性兼备。

二、时限上起1949年中华人民共和国成立，下至2018年12月31日。各事记述发展与兴衰，力求详尽。个别事件时间上限适当向前追溯。

三、结构采取横排纵述体例，以编、章、节、目为层次，层次顺从内容需要，必要时加设子目。

四、综合运用述、记、志、传、表、录等体裁。照片放在卷首，随文加表与局部照片。

五、公历纪年采用阿拉伯数字，农历纪年用汉字表示。

六、行文、叙事语言采用规范的语体文——记述体。

七、人物多收录祖籍为本村居者，不限今在村居与否，各类人物均按生年排列，现任村居“两委”干部按职务排列。叙述中，不刻意褒贬。

八、志中所载各项数字，主要来自本村居档案、有关文献和调查采访所得。

九、各编的记述既有独立性，又互有联系。记述内容力求事不重现，文不重出，详今略古，详近略远。由于个别章节受资料限制，难免有些单薄。

十、所用资料，一般不标出处和署名。

十一、本志所叙以罗家庄老村事件为主线，对改革开放后诸事皆作描述。罗家庄由农村向城区发展过程中迁入的新户，仅在人口、教育等部分略述之。

目录

第三编　党政群团

第六编　道路运输　能源　通信

第七编　教育

第八编　文化　体育　卫生

附录

后记

综述

罗家庄位于山东省高密市东南部，属朝阳街道。距离高密市人民政府驻地3.6千米。面积1平方千米。人口1690人。据《高密县地名志》记载，明初罗姓由本市醴泉街道苗家村迁来定居，名罗家庄。明万历年间系单姓的佃户村，改称单家庄。1949年后恢复原名罗家庄。

一

罗家庄地处高密市东南部，东临胶河，西望城东岭，北依岭区，南为平原区。耕地有岭有洼，宜于耕种。

罗家庄建村已近400年。清宣统元年（1909年）编纂之《高密县乡土志》载：“‘龙德乡’县东偏南为堤东社，在胶河西岸。距城四里曰苗家村，五里曰毛家庄、傅家庄、栾家庄、单家庄，八里为堤东。”这里的“龙德乡”是一级行政所属管辖。“单家庄”为今罗家庄，设庄长管辖。

旧时罗家庄的村民多无自己的耕地，以种财主家土地作佃户为生。虽辛勤劳动，仍生活困苦。

二

1946年，罗家庄解放，属柏城区。自此在党和政府的领导下，人民当家作主，多数人家由佃户变成了土地的主人，生产致富，生活改善。村民积极参军支前，为夺取全国解放贡献着力量。

中华人民共和国成立后，罗家庄实行互助合作，发展农业生产。至1958年，实现公社化，罗家庄改属城关人民公社管辖，为一个生产大队。大队设党支部和大队管理委员会，分4个生产队，各设生产队长管理，生产队各户称社员。公社实行政社合一，公社、大队、生产队三级所有，生产队为基本核算单位，财产公有。公社化时代，罗家庄作为一农村生产大队，集体劳动，按劳分配，照顾老弱，不分姓氏，团结合作，种粮植棉，精耕细作，改造农田，兴修水利，战天斗地，共同建设社会主义新农村。

三

1978年，党的十一届三中全会召开后，村里落实改革开放政策，农业生产实行以户为单位的联产承包责任制，时称“大包干”。1984年，城关镇改称高密镇，罗家庄大队改称罗家庄村民委员会（简称“村委会”）。各户在自己承包的土地上生产劳动，努力发展生产，依靠工副业发展经济，提高生活水平。由于化肥满足供应，机械化程度迅速提高，农业生产的粮食作物产量成倍增加。工副业的大发展，使村民收入节节攀升。市场物资丰富，消费有了较大提高，医疗保健有了很大改善，罗家庄呈现出欣欣向荣的新气象。1992年，高密县经济开发区成立，罗家庄被划入其内，而且随着城区中心的东移，罗家庄逐渐成为城区中心地带。

四

1994年高密撤县设市。1995年，罗家庄由高密镇划归新设的朝阳街道，使一个普通村庄融入新建设的城市中，路、街、工商区、居民区、学校、医疗机构等得以较快发展。2008年，罗家庄由一个以农为主的普通村庄完全转变为城市社区，以新的面貌快速发展。2010年3月28日，罗家庄旧居改造协调工作启动。2012年，整村搬迁工程动工。按协调意见之以原房面积置换楼房面积的办法，统一施工，统一进行质量监督，水、电、暖、有线电视配套一应俱全。2018年，居民全部回迁完毕，村民分别回迁安置于罗家庄小区和罗府新城小区。社区居民全部住上了按城区规划总体要求建设的新楼房。人们梦寐以求多年的“楼上楼下，电灯电话”的梦想终成现实。

新小区道路通达，路面硬化，环境绿化，卫生保洁、市场、文体、医疗设备齐全，居民们生活在和谐、和睦、诗情画意的环境中。

进入新时代，罗家庄居民在各级党和政府以及社区党支部委员会和社区居民委员会（简称“两委”）的领导下，开拓创新，顽强拼搏，奔向小康！

大事记

1946年

6月 建村。

1947年

高密解放后，原柏城区划为第二区，因两区庄名重复北单家庄改为罗家庄。

1948年

10月 10名村民加入中国共产党，是村内最早的一批共产党员，他们是罗厚云、罗会堂、罗高云、杜官升、杜官印、杜官玺、葛荣华、徐海峰、鲁松高、石清法。

是年 成立农救会，会长罗会堂，村长罗肖云。

是年 成立党支部，支部书记罗厚云，村长重新选为石清法。

是年 罗家庄孩子去东栾家庄读书。

1949年

2月 高密县委、县政府机关由南乡张家墩迁入县城。罗家庄建制不变。

3月 胶济铁路修复工程开始，7月1日通车。罗家庄村民出行方便。

10月1日 中华人民共和国举行开国大典，毛泽东主席在天安门庆典大会上向全世界人民庄严宣告中华人民共和国中央人民政府成立，中国人民从此站起来了。罗家庄村民大力开展宣传和庆祝活动。

11月 北海银行高密县贷款所发放贷粮，罗家庄村民受益。

1950年

5月 滨北专区与南海专区并称胶州专区。高密县由原属滨北专区改属胶州专区。罗家庄属之。

10月 高密县全面开展土地改革运动，罗家庄同之，翌年1月结束。

是月 在开展“抗美援朝，保家卫国”运动中，罗家庄的徐兆奎、罗召云、徐金山、罗山云参加志愿军赴朝鲜参战。村里为抗美援朝志愿军提供粮食、蔬菜等。

1951年

1月29日 县委开始整顿，建设农村党组织，公开党支部。罗家庄在公开党支部时，党员有罗厚云、杜官升、杜官印、杜官玺、罗会堂、葛荣华、罗高云、徐海峰、鲁松高、石清法。罗厚云任党支部书记。

2月 开始办理土地证，至9月结束。

5月1日 高密县成立《婚姻法》检查执行委员会，罗家庄大力宣传《婚姻法》。

12月 村里实行土地改革（简称“土改”），村民庆祝土地还家。

是年 罗家庄建立青年团支部，罗会堂担任支部书记。

是年 村民组织踩高跷班子，没有固定的场所，逢年过节，在大街小巷流动表演，1966—1976年停演。

1952年

3月 全民注射鼠疫、霍乱、伤寒疫苗。

10月 高密县委、县政府搬入由原县衙翻修的新房办公。

1953年

7月 罗家庄参加全县组织进行的第一次人口普查。

9月 罗家庄成立小学，本村孩子由东栾小学迁回上学。

11月 实行村民粮食、油脂油料统购统销。

是年 罗家庄建立小剧团（也是宣传队），一直到1964年皆由罗洪庆负责。

是年 罗家庄成立互助组。

1954年

5月 在村民中普查黑热病。

9月 罗家庄组织宣传学习《中华人民共和国宪法》。

是年 罗家庄成立初级社。

1955年

10月 全村儿童开始接种乙型脑炎疫苗。

是年 开始实行义务兵役制，罗家庄有村民入伍。

是年 罗家庄成立顺华社。

1956年

3月 胶州专区撤销，高密县

改属昌潍专区。

是年 对农村烈军属和荣誉军人实行优待劳动日制度。

是年 罗家庄成立高级社，两社合一称建国社。社长罗泊云，书记罗会堂。

是年 成立青年突击队，队长徐金山，会计范志升。

1957 年

1 月 23 日 气温下降至零下 24.5℃，为中华人民共和国成立以来罗家庄最低气温记录。

5 月 全村开展除“四害”、讲卫生、防疾病活动。

是年 响应上级，号召村民节制生育。

1958 年

2 月 罗家庄由柏城区改属城关公社。

3 月 对村民进行性病普查普治。

4 月 罗家庄出工参加褚家王吴水库兴建，7 月该水库主体工程竣工。

是月 成立城关人民公社，东栾家庄、罗家庄、毛家庄合为一个工作区，书记邱宗保，大队长、副书记栾志聪。栾志聪负责罗家庄。

9 月 开始推行“生活集体化”办公共食堂，社员到食堂吃饭不要钱。1959 年停办。

11 月 6 日 峡山水库工程动工，罗家庄出工。1960 年主体工程竣工。

1959 年

是年 国民经济严重困难，群众生活普遍困苦。

是年 全村民兵训练进入高潮，训练内容主要为队列、射击、刺杀、战术、投弹、抓捕小股匪特等。此后，民兵训练转入实质性军事训练，训练课目增加实弹射击。

1960 年

11 月 6 日 根据高密县生产救灾指挥部部署，罗家庄发动群众制造代食品，采集树叶、野菜等，开展生产自救。有群众闯关东，外出逃难。

是年 村民中水肿、干瘦、小儿营养不良、妇女月经闭止“四病”流行，按上级要求进行防治。

是年 罗家庄第一、二生产队成立豆腐房。1965年停办。

1961年

冬 农村人民公社始实行“三级所有，队为基础，生产队为基础核算单位”的管理体制。罗家庄同之。

是年 实行农村机构改革，罗家庄原2个生产队分为4个生产队。原一队（队长罗召云）分为一队、二队，原二队（队长罗洪新）分为三队、四队。书记罗洪显，大队长罗正云、罗会堂，会计罗洪儒。

1962年

秋 为减轻农民负担，平均下调农业税30.9%。村民受益。

是年 罗家庄成立木工组，负责人罗芝堂、罗泊云。

1963年

3月5日 全村开展向雷锋同志学习活动。

1964年

6月 罗家庄参与全县组织的第二次人口普查。

8月 普降大雨，全年降水量达1300毫米，为中华人民共和国成立后降水量最多的一年。罗家庄出现墙倒屋塌现象。

11月 罗家庄贫下中农协会成立，罗召云为贫协主席。

是月 开展农业学大寨运动，高密县组织全县党支部书记赴大寨学习，罗家庄党支部书记罗云山参加。

是年 第一生产队成立木匠组。5年后停办。

1965年

2月 罗家庄籍葛荣华代表康庄公社参加了全国棉花工作会议，受到毛泽东主席及邓小平、彭真等党和国家领导人的接见，周恩来总理对他进行了个别接见。

3月 罗家庄大队第一生产队新建砖窑厂1座，负责人罗洪利。

5月 罗家庄第一次种棉花，从北大王庄聘请技术员指导，种植200多亩。

10月2日 “四清”运动工作队进村，工作队有4人驻村。所有大队干部全部到党校学习，罗家庄是第一批，派积极分子 40 人出去学习。

10 月 冬季农田水利建设开始，罗家庄修建南下崖方塘。

1966 年

2 月 开始动员已生 3 个及以上孩子的育龄夫妇，男方做结扎手术。

4 月 罗家庄大队新建砖窑厂 1 座，负责人石清水、范志彬。同期，第二生产队新建砖窑厂 1 座，负责人徐邦清。1968 年停办。

冬 村里组织儿童开始接种麻疹疫苗。

是年 大队成立铁匠组。

是年 在村东南角盖 6 间房子，1 间为办公室，5 间为教室。

1967 年

春 罗家庄流脑流行。

是年 在原校舍前又盖 6 间教室。

1968 年

6 月 11 日 罗家庄气温达 40℃，为中华人民共和国成立后的最高纪录。

是月 成立卫生室，由徐秀芳负责。开始实施农村合作医疗，一部分村民参与，小病到卫生室吃药打小针不收费。

是年 村里栽植苹果树 100 亩，建立了果园，负责人徐兆仁。

1969 年

4 月 成立罗家庄苗圃，共 10 亩地，培育果树苗。吴帮兴任苗圃队队长。

7 月 18 日 渤海发生 7.4 级地震，波及高密，无损坏。村里安排村民在露天睡觉。

是年 中国共产党第九次全国代表大会召开，村里组织学习党的九大文件精神。

是年 成立罗家庄初中。

1970 年

6 月 罗家庄通交流电，有史以来村民第一次用电灯照明。

11 月 罗家庄大队设磨坊，由范志升负责。

是年 第一生产队设粉坊，粉渣养猪。1979 年停办。

1971 年

10 月 村里疟疾流行。

是年 第一生产队买小拖拉机 1 辆。

是年 罗家庄初中与东栾庄初中合为东栾家庄初中。

1972 年

3 月 大队规定划果园的一部分土地为公墓。零散坟墓集中迁入。

4 月 罗家庄大队成立缝衣组，由李秀兰、罗相娥负责，干来料加工活，收入归大队，干活挣工分。

6 月 25 日 因干旱发生严重棉铃虫虫灾。全村受灾 200 亩，减产 50%。

是年 村里白喉绝迹。

1973 年

3 月 北胶莱河整修第一期工程开工，罗家庄出工 80 人，用时 60 天。

4 月 北胶莱河整修工程，罗家庄出工 40 人。

8 月 高密县化肥厂建成投产。罗家庄受益。

1974 年

3 月 1 日 整修北胶莱河第二期工程开工，4 月 18 日竣工。罗家庄出工 50 名。

是年 村里成立铸造厂，由罗相林负责。

1975 年

5 月 罗家庄出工 8 人参加峡山水库护坡工程，7 天的任务，2 天完成。

11 月 秦家岭改岭工程，罗家庄出工 80 人。

12 月 北胶新河工程开工，罗家庄倾力出工 160 余人，修周戈庄魏家坊段。

是年 在村南 400 米处修筑高姚路，即高密城通往姚哥庄的一条东西沥青路，现名为康成大街。

1976 年

5 月 高密县磷肥厂成立。罗家庄受益。

7 月 28 日 唐山发生 7.8 级地震，高密有震感。罗家庄组织社员到户外防灾防震。

9 月 9 日 毛泽东同志逝世，

县里组织各村在高密一中操场召开悼念大会，罗家庄社员前往追悼。

1977 年

8 月 高密县化肥厂始产碳酸氢铵。罗家庄受益。

1978 年

12 月 18—22 日 十一届三中全会召开，拉开了中国改革开放的序幕。罗家庄开始步入改革开放时期。

12 月 罗家庄利用农闲打大口井 5 眼。

是年 罗家庄购买拖拉机 1 台。

1979 年

5 月 国家提高油脂油料、棉花等 18 种主要农产品的收购价格。罗家庄受益。

8 月 全村普查普治 15 岁以下儿童头癣。

11 月 组织全村家犬注射狂犬疫苗。

12 月 罗家庄利用农闲打大口井 10 眼。

是年 村里计划生育政策从严，一对夫妇生二孩后要有一方强制做节育手术。

是年 对越自卫反击战打响，村里青年纷纷应征入伍。

1980 年

是年 农药厂研制成功速效新农药速灭磷。

是年 罗家庄利用农闲打大口井 7 眼。

是年 村里计划生育政策从严，超生者强行罚款。

1981 年

3 月 罗家庄建筑队成立，负责人罗相明。

10 月 罗家庄买大 50 拖拉机 1 台，价值 1.8 万元。

是月 罗家庄开始分集体土地给农民自主耕种。

是年 全村大旱，全年降水 252.5 毫米，为中华人民共和国成立后降水量最少的年份。

1982 年

1 月 罗家庄集体土地彻底分到户，农业生产实行家庭联产承包责任制，即“大包干”。

4月 新建学校校舍工程启动。1983年建成12间教室。1985年启用。

7月 罗家庄参与全县组织进行的第三次人口普查。

8月 罗家庄设纸箱厂。负责人罗云波。

12月 撤销罗家庄生产队。

1983年

3月24日 罗家庄积极响应全县文明村创建活动。

是月 全村基本消灭疟疾。

是年 罗家庄有5户村民购买“泰山”牌12英寸黑白电视机。

1984年

3月 撤销人民公社，成立乡镇，罗家庄属高密镇。

9月1日 棉花收购始按“倒二八”加价，粮食收购按“倒三七”加价，全村农民的经济效益再次提高。

11月 罗家庄生产大队更名为罗家庄村，大队管理委员会改为村民委员会。

是年 村民李新民家购买彩电1台。

是年 村民个人开始购买拖拉机。

是年 越来越多的村民开始从事制鞋等副业。

1985年

4月 罗家庄购买链轨拖拉机1辆。

5月 村里组织开展全民灭鼠活动。

是月 罗家庄在南洼挖方塘1座。

是月 罗家庄设拉链厂。负责人杜立华。

8月2日 罗家庄设硬脂酸厂。负责人李新民。

是年 改粮食、油料统购为合同订购。村民响应。

是年 罗家庄村前修1条南北中心大街，从东西方向的前大街连接中心大街至高姚路。

1986年

4月 罗家庄石灰窑厂建立。负责人杜立华。

是月 罗家庄鞋厂成立。负责

人范才荣。

是月 罗家庄永昌建筑公司成立。负责人罗相和。

6月 罗家庄成立农机队。负责人徐兆敏。

10月1日 全村开始实行儿童计划免疫保偿制度。

1987年

5月2日 受北方冷空气影响，出现霜冻，罗家庄南洼小麦几乎绝产。

1988年

7月 第一代身份证开始办理，罗家庄村民到硬脂酸厂办理点办理。

9—12月 降水量仅11.9毫米，仅为历年同期的14%。因干旱，罗家庄腊月才种上小麦。

1989年

4月8日 罗家庄受到冰雹袭击，农作物受损较重。

是年 罗家庄硬脂酸厂倒闭。

1990年

9月 罗家庄第二次调地，人均0.7亩。

是月 罗家庄籍书法家罗相诗向第11届亚运会组委会捐赠12幅生肖书画作品，并应邀参加亚运会开幕式。其返回高密后，市政府召开了新闻发布会。

11月 召开罗家庄党支部选举大会。

是月 社教工作组来罗家庄驻点。

12月 罗相明任罗家庄党支部书记。

是年 罗家庄集体负债438万元。

是年 罗家庄第四次人口普查工作年底完成。

1991年

2月15日 除夕，全村通交流电。

3月 在胶河床打井7眼，在石灰窑北挖蓄水池，铺管道3000米，解决农田灌溉问题。

是月 高密镇合作基金会成立，罗家庄村委入股。

是月 整修两条街路：村中心大街和北大路拓宽。

12 月 全村电力线路改造，更换上了新配电室、新变压器、新输电线路，居民生活由此步入电气化时代。

是年 解决 37 户村民超生遗留问题。

1992 年

5 月 9 日 高密设立经济开发区，罗家庄划入。

7 月 罗家庄建蔬菜大棚 4 个，打大口井 4 眼，并承包给村民。

10 月 推广新生儿乙肝疫苗接种。

是年 新修村中心大街左右各 1 条。

1993 年

3 月 罗家庄村民自留地全部收回，由村委统一安排。

10 月 1 日 高密有线电视台开播，村民开始收看有线电视。

是年 罗家庄安装路灯。

1994 年

春 罗家庄有 5 户居民盖二层楼房居住。后陆续有 70 余户自建楼房。

4 月 26 日 冰雹成灾，棉花受灾严重。

5 月 1 日—6 月 25 日 仅降水 4.3 毫米，比上年同期少 95%，为历史罕见，农作物旱灾严重。

5 月 18 日 经国务院批准高密"撤县设市"，村里机构冠"高密市"挂牌对外办公。

12 月 罗家庄修村内南北东西路，村民义务交石头铺路，石头铺好后，上面压上山根土。

是年 罗家庄安装自来水管网。

1995 年

8 月 29 日—9 月 9 日 连阴雨持续长达 12 天之久，创高密 40 年同期历史记录，给村里农业生产、交通运输带来不便。

11 月 21 日 高密市设立朝阳街道办事处，罗家庄由高密镇改为朝阳街道管辖。

是年 村民全部用上了自来水，从此结束了吃自备井水的历史。

1996 年

5—6 月 降水 10.2 毫米，严重

影响小麦后期生长及产量，致减产34%。

12 月 罗家庄村“两委”研究决定，村五保户每人每年发放500斤小麦、300元现金。

是年 罗家庄引栽经济作物大樱桃，建立大樱桃示范园20余亩。

是年 中央电视台《焦点访谈》栏目采访葛相金（罗家庄籍）有关地方病防治等情况。

1997 年

2 月 19 日 邓小平同志逝世，罗家庄村委会组织悼念活动。

5 月 组织食品及公共场所卫生整顿。

8 月 办房屋确权证，丈量村民房屋尺寸。

是月 因干旱，上级号召节约用水，限量用水。

1998 年

2 月 潍坊市社会治安综合治理委员会授予罗家庄安全村称号。

3 月 村里建立樱桃大棚。

秋 罗家庄将全部耕地进行种植结构调整，鼓励种植果园，重新分配了口粮田，实施第三次调地，人均0.5亩。

11 月 农民减负十条政策出台，潍坊市要求“三提五统”总量不超过去年。本村实施农民减负政策。

是年 村办企业效益下滑。

1999 年

4 月 20 日 贯彻《村委会组织法》，首次在村级进行直选。

5 月 实行第二次土地延包合同30年不变。

8 月 11 日 罗家庄当天降雨量达294.8毫米。

12 月 山东省社会治安综合治理委员会授予罗家庄创安工作先进居委会称号。

是年 罗家庄发展大樱桃及杂果园达到230亩。

是年 罗家庄村办企业改制。

2000 年

3 月 村里修观罗路，即今曙光路。

4 月 为徐清田、范志善两户困难户各建瓦房两间。

8 月　罗家庄小学合并到开发区小学。

是年　罗家庄集体欠债还清。

是年　第五次人口普查，罗家庄年底完成普查工作。

2001 年

1 月 4 日　高密市召开“三个代表”重要思想学习教育活动动员大会，罗家庄党员积极参加学习，贯彻落实会议精神。

2 月 28 日—6 月 16 日　降水量仅为 25.5 毫米，造成春季、初夏严重干旱，为历年同期干旱严重年份。

5 月　贯通观罗路罗家庄段，村民得见路面宽、路灯亮、楼房高新貌。

2002 年

4 月 25 日　出现较严重霜冻，果树花蕾脱落，桑树叶冻枯萎，农作物减产 50%。

是月　罗家庄第二次迁坟，迁至南大茔以南地块，每座坟补助 100 元。

是年　引进马来大壮生物肥料厂、鸿基织布厂、海宇鞋业、瑞云纺织 4 家企业投资建厂。

2003 年

6 月 5 日　组织村民参与全市防治“非典”活动。

7 月　村南康城大街拓宽。

8 月　罗家庄征用东观音堂居委会土地建设了城北工业园，占地面积 26.35 亩，厂房建筑面积 7180 平方米，办公楼及生活楼建筑面积 522 平方米，对外租赁。

9 月　罗家庄购买鲁家庙村后土地 16.83 亩，用于建设罗家庄公墓。其位于高密市长岭公墓南侧。罗家庄第三次迁坟，每座坟补助 150 元。

是月　山东省妇联授予罗家庄幸福村荣誉称号。

10 月 4 日　罗家庄第一次集体为老人过重阳节。自此，村里每年农历九月初九为老年人过重阳节，并发放慰问金和慰问品。

2004 年

7 月　罗家庄村委用 U 形水泥板打造村内排水沟 2000 余米。

11 月 16 日　胶河姚哥庄桥附闸工程竣工通车仪式举行。罗家庄村民出行方便。

12 月 罗家庄大樱桃示范园土地因规划建设被征收。

2005 年

1 月 1 日 村里第一次为 60 岁以上集体经济组织成员发放生活补助金，之后每月发放。

是月 8 日 开始实行新型农村合作社医疗制度。

9 月 全村防控人禽流感疫情。

2006 年

4 月 共青团潍坊市委授予罗家庄潍坊市百优团支部（总支）称号。

是月 曙光路人行道铺水泥块，绿化 4000 余米。

是年 耕地全部征用，罗家庄村民成为失地农民。

是年 年平均气温 14.0℃，为市气象站有记录以来的年平均气温最高值。

2007 年

春 春季开学起，全部免除农村义务教育阶段学杂费，并对农村小学进行补助，补助小学生每人每年 210 元，农村小学预算内拨款标准每个学生每年不低于 30 元。

7 月 农村党员干部现代远程教育 1017 个终端接收站完成建设任务，包括罗家庄站在内全部接入互联网。

10 月 居委会办公室因成立社区而迁至村内二层楼沿街房办公。

2008 年

5 月 全村居民为汶川大地震灾民捐款。党员共计捐款 4605 元，群众共计捐款 14155 元。

8 月 罗相诗（罗家庄籍）主编完成《中华罗氏》一书。

12 月 潍坊市妇女联合会授予罗家庄潍坊市红旗妇代（委）会称号。

是年 罗家庄的无霜期为 221 天。

2009 年

5 月 罗家庄居委会迁至村内原校舍办公。

6 月 11 日 世界卫生组织总干事陈冯富珍正式宣布把甲型 H1N1 流感警戒级别升至 6 级，疫情已经发展为全球性流感大流行。罗家庄进行预防宣传。

是月　罗家庄投资30万元修建露天居民健身休闲广场。

10月1日　《全民健身条例》施行。罗家庄业余舞蹈队晚上组织村民跳广场舞锻炼身体。

2010年

3月28日　开发区罗家庄旧居改造工作协调会议召开。市领导范福生、李兰祥及开发区政府相关负责人出席会议。范福生就罗家庄旧居改造工作提出要求。

4月22日　罗家庄党员、村干部为青海玉树地震灾区捐款1420元。

是年　第六次人口普查，罗家庄按时完成普查工作。

2011年

2月　罗家庄购买阳光新城门头房28套，建筑面积2982.82平方米，对外租赁。

8月　罗家庄在夏庄镇工业园征地29.9亩。

2012年

11月5日　召开罗家庄旧区改造拆迁动员会议。

12月7日　全村675处房子全部拆迁完毕。

2013年

4月　高密市朝阳街道党工委办事处授予罗家庄文明城市创建工作先进单位。

5月　居委会由村内原校舍迁至晏子路阳光新城门头房办公。

2014年

1月　高密市委、市政府授予罗家庄平安高密建设先进村称号。

9月　罗家庄股份经济合作社成立。

12月　罗家庄第十一届居委会换届。

2015年

1月　居民缴纳医保金，村委会补贴部分。

9月　罗家庄居民小区多层楼回迁安置，住宅316处，门头房52间。同时开通天然气。

10月21日　居委组织60岁以上老人庆祝重阳节。

2016 年

4 月 共青团潍坊市委授予罗家庄潍坊市五四红旗团支部（总支）称号。

是月 潍坊市精神文明建设委员会授予罗家庄市级文明社区称号。

6 月 9 日 罗家庄居委会办公室迁至罗家庄多层回迁区，启用社区办公及党群服务中心大楼。

是月 潍坊市地震局授予罗家庄潍坊市地震安全示范社区称号。

7 月 罗家庄居民小区安装无负压供水设备，解决了 4 楼以上自来水压力不足的问题。

8 月 15 日 潍坊市民政局局长吴海源前来社区检查指导工作。

是月 16 日 潍坊市委组织部部长刘炳国前来社区检查指导工作。

9 月 中国共产党高密市朝阳街道罗家庄社区委员会成立。罗相明任党委书记。

是月 潍坊市总工会授予罗家庄先进职工之家称号。

11 月 16 日 《大众日报》主任记者宋学宝前来社区调研。

是月 25 日 山东省住房和城乡建设厅巡视员耿庆海前来检查指导农业转移人口市民化工作。

是月 潍坊市司法局、潍坊市民政局授予罗家庄全市民主法治示范村（社区）称号。

12 月 潍坊市文化广电新闻出版局授予罗家庄潍坊市示范农家书屋称号。

是月 潍坊市文化广电新闻出版局授予罗家庄潍坊市先进村（社区）综合性文化服务中心称号。

是月 潍坊市环境保护局、潍坊市精神文明建设委员会办公室授予罗家庄市级绿色社区称号。

是月 潍坊市减灾委员会、民政局授予罗家庄全市综合减灾示范社区称号。

2017 年

1 月 山东省精神文明建设委员会授予罗家庄省级文明社区称号。

是月 山东省新闻出版广电局授予罗家庄山东省示范农家书屋称号。

4 月 27 日 山东省委党校领导来社区调研。

是月 山东省体育总会授予罗家庄山东省体育总会组织建设先进

单位称号。

6月 罗家庄按照朝阳街道的统一调遣，先后参加田家村、王家响瞳、高家岭、卣坊4个片区的拆迁改造任务。

是月 山东省地震局、山东省民政厅、山东省科学技术协会授予罗家庄山东省地震安全示范社区称号。

7月 潍坊市妇女联合会授予罗家庄潍坊市先进基层妇女组织称号。

8月14日 中央组织部有关领导来检查指导基层党建工作。

是月21日 潍坊市委书记刘曙光来社区调研工作。

9月15日 山东省司法厅来社区检查维稳工作。

是月18日 山东省民政厅有关领导前来社区调研。

是月19日 国家卫健委组织有关专家就健康促进社区工作进行实地检查。

10月30日 潍坊市委副书记张小梅来调研社区党建和联系服务群众工作。

11月2日 中央组织部老干局副局长杨保平来社区调研离退休干部党建工作。

是月 中国图书馆学会授予罗家庄书香社区称号。

12月 中国地震局授予罗家庄国家地震安全示范社区称号。

是月 山东省减灾委员会、民政厅授予罗家庄全省综合减灾示范社区称号。

是月 罗家庄社区“两委”换届。

是月 潍坊市委宣传部、潍坊市文化广电新闻出版局授予罗家庄潍坊市优秀基层综合性文化服务中心称号。

是年 山东省人力资源和社会保障厅授予罗家庄省级“四型就业”社区称号。

2018年

1月 山东省老年人体育协会、山东省体育彩票管理中心授予罗家庄山东省老年人明星健身站点称号。

3月 潍坊市妇女联合会授予罗家庄潍坊市维护妇女儿童权益先进集体称号。

4—8月 在全市棚户区改造清零阶段，罗家庄按照朝阳街道统一调遣，负责东栾家庄 3 户，完成率 100%。

6 月 山东省体育总会授予罗家庄 2014—2017 年度山东省群众体育工作先进单位称号。

是月 中共潍坊市委授予罗家庄先进党组织称号。

9 月 9 日 在罗家庄社区办公大楼 5 楼多功能厅举行重阳节庆祝活动。

是月 山东省委宣传部授予罗家庄四德工程建设示范点称号。

是月 罗家庄社区按上级要求开展扫黑除恶工作。

10 月 山东省计生协会授予罗家庄开展优生优育指导工作先进社区称号。

是月 全国第四次经济普查，罗家庄社区组织普查。2019 年 4 月结束。

11 月 罗家庄社区按上级要求开展“三清一增”工作。

12 月 用罗家庄搬迁改造集体补偿费抵购罗府新城门头房 12 套，建筑面积 17895.3 平方米。对外出租。

第一编

建置隶属

罗家庄位于高密市东南部，与胶河相依，村东临邓家庄，西为东栾家庄，南连赵家庄，北与荆家庄、许家庄为邻。隶属高密市朝阳街道。

明末罗氏先人徙此定居，散居于山岭薄地之上，历代繁衍生息，渐成村落。村民多是给单姓人家种地的佃户，故称单家庄。罗家庄在清中前期属龙德乡，清末民初属堤东乡。1947 年隶属柏城区，因庄名与本区北单家庄重复，加之居民多为罗姓，便更名为罗家庄。1949 年，全村共有 78 户，299 人。罗家庄先后隶属柏城区、城关公社、高密镇、经济开发区、朝阳街道管辖。

第一章 地理位置

罗家庄位于高密城东南 3 千米处，东距胶州市区 28 千米，西去潍坊市区 90 千米，西南距诸城市区 56 千米，北到平度市区 45 千米。

其坐落在城东岭梓潼庙岭向东延伸的小岭之上，西高东低，南最低，北高。村东临邓家庄，西为东栾家庄，南连赵家庄，北与荆家庄、许家庄为邻。东距胶河 1.5 千米。村北有西来的后大路沟，南有西来的綦大路沟与西南来的羊路沟，俱为季节性水流沟渠。至 2018 年，因城市发展，地形地貌发生较大变化，土地要么改为街道，要么建为楼房，沟渠已无迹可寻。

2012 年老村整体拆迁后，按照新的规划建设新村，旧观全无。新罗家庄也从一个小村庄变成了高密市第一个网格化城市社区，东临月潭路，西至晏子路，南至康成大街，北为凤凰大街，曙光路和花园街交叉于村居中央。

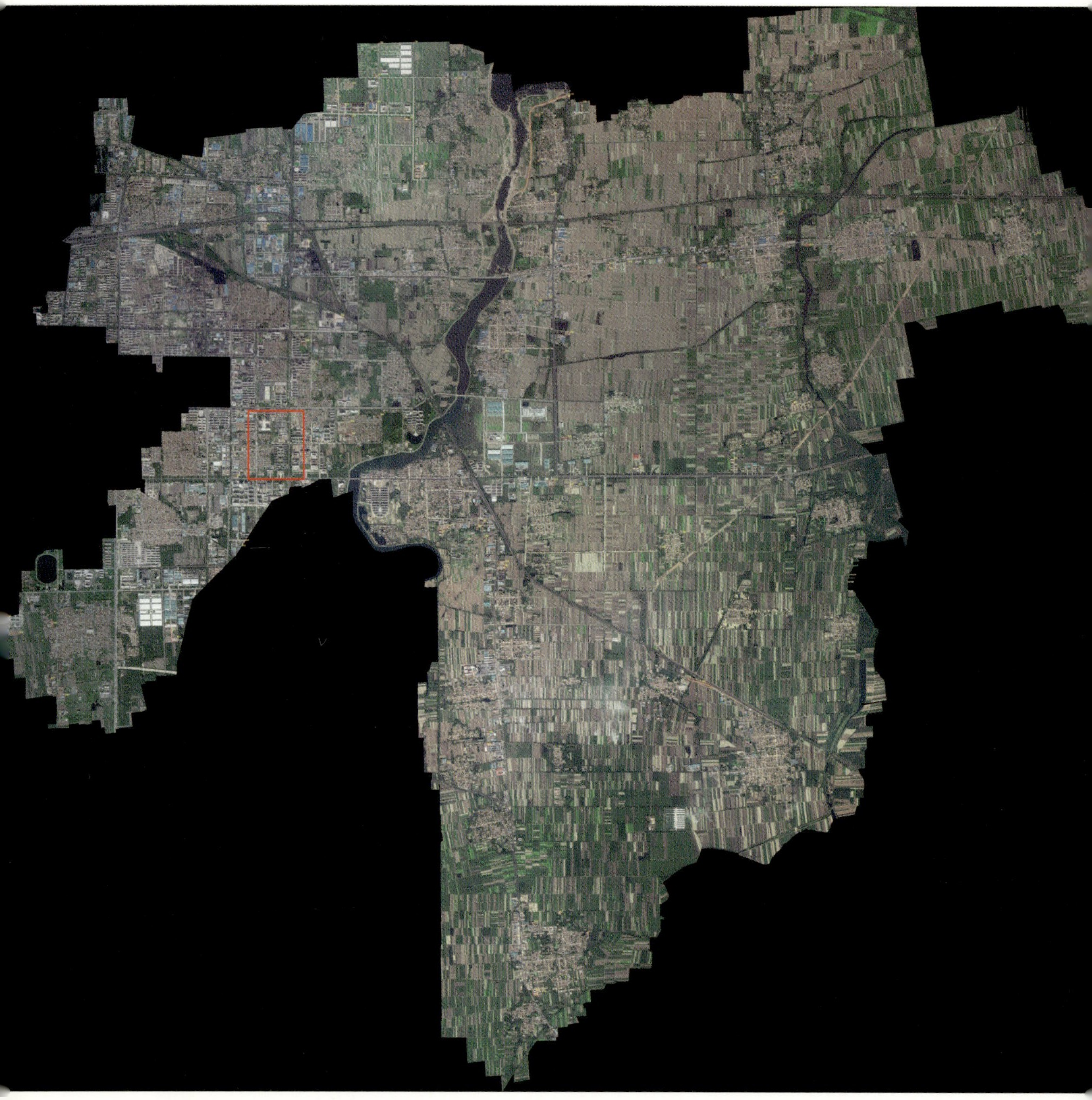

■ 朝阳街道卫星图。红框内为罗家庄社区所在位置（2018 年）

第二章　建置沿革

第一节　村名沿革

在罗家庄东南最高处，人称“东南岭”的地方有一古村址。相传元末红巾军首领刘福通之部将毛贵来在山东半岛与元军割据战的5年中，高密有不少村庄消失。罗家庄村东南之古村，亦在此时消失，并未留下名字。从出土文物看，此村甚古。罗家庄建村后，人们于此地耕作时，曾发现古钱币、瓦片、银条、薄砖等文物。旧村址留下一座大庙，直至1964年方拆除。

至清初，罗氏由距村西1千米的苗家村（今与东栾家庄为一个行政村）迁来，因古村遗址崎岖不平，不堪居住，便在古村的北面建房居住，之后便接连迁来范、杜、石、徐姓等数户。所有新迁来的户都耕种着单姓人家的土地，所以将该村称为单家庄。后又有一些姓氏陆续迁来。至1949年，罗家庄已是中小型村庄。

时罗家庄属柏城区。因柏城区内有3个单家庄，工作中易混淆，便将此单家庄改名为罗家庄，沿用至今。

第二节　建置沿革

柏城区公所位于罗家庄村南5千米。1951年9月，柏城区改成第二区。1955年又改回柏城区。1958年2月，撤区改乡，罗家庄由柏城区改属城关镇。镇政府驻城东关。同年9月，成立人民公社，实行政社合一，城关镇改成城关公社，罗家庄与东栾家庄、毛家庄为一个耕作区。1962年，罗家庄由原大队分出，自为生产大队。1965年，罗家庄改名为罗家庄民主大队，“文革”后期又改名为罗家庄大队。1981年12月，城关公社改名为城关镇。1984年3月，城关镇改名为高密镇，罗家庄生产大队改名为村委会。1992年5月9日，高密县设立经济开发区，罗家庄被划在开发区内。1994年撤县设市，罗家庄属高密市经济开发区。1995年11月21日，设朝阳街道办事处，罗家庄属朝阳街道。1996年10月25日，罗家庄村委会改称罗家庄居民委员会。2001年3月，实行行政区域属地管理后，罗家庄的全称变更为高密市朝阳街道办事处罗家庄居民委员会。2008年8月，市委、市政府为加快高密市经济开发区的发展，开发区与朝阳街道分设，罗家庄归属高密市经济开发区管委会管辖，罗家庄全称为高密市经济开发区罗家庄社区居民委员会。2013年因行政区域调整而归属高密市朝阳街道管辖，罗家庄全称改为高密市朝阳街道罗家庄社区居民委员会，沿用至今。

第三节 办公场所

1949年，罗家庄村干部在罗氏祠堂办公。祠堂坐北面南，3间。1953年，祠堂改为小学，因村里并无很多公办事项，有事仍去小学办理。1954年始借用罗洪昌家3间南屋为办公室，也无很多公办事项，只是偶尔在那里开会。1958年与东栾家庄为一个耕作区，有事在村里大庙办理。1961年，借用罗青云地处大街中心街西的老屋5间，作为生产大队办公室。1983年，在大队举办的翻砂厂办公。1985年，村委会迁往建筑公司院内，村委会和建筑公司在一个院内办公。

2007年10月，因成立社区居委会办公室迁至村内罗相明家二层沿

1985年罗家庄村委办公场所（原建筑公司院内）

街房办公。2009 年 5 月，迁往村内小学老房子办公。2013 年 5 月，迁至晏子路阳光新城门头房办公。

2016 年 6 月，新建办公大楼启用。其地处花园街中段罗家庄居民小区多层回迁区，老村西北角花园街北，建筑面积 4329 平方米。按照中央服务型党组织建设要求和服务居民需求，办公大楼主要设有“一厅、两校、十室、两馆、两中心”。“一厅”即便民服务大厅。“两校”即社区党校和四点半学校。“十室”即社区办公室、妇女儿童家园、志愿者工作站、职工工作站、图书阅览室、书画室、文体活动室、警务室、法官进社区办公室、多元调解中心。

■ 2009 年罗家庄村委办公场所（康城大街拓宽改造后的办公场所）

■ 2013 年罗家庄居委会办公场所（阳光新城门头房）

4个快速发展阶段。村史馆内有巨幅油画《1951，罗家庄之夏》，该画全面复原了罗家庄在1951年盛夏的面貌。

■ 2016年罗家庄社区党群服务中心

二楼和三楼是社区为方便居民健身、休闲、娱乐专门设立的各类功能室。二楼以“动”为特色，共设立了淘气堡、健身活动室等6个特色功能室，满足了不同年龄段居民的休闲、健身需求，确保了居民在运动中收获健康快乐。三楼以“静”为特色，设有四点半学校、巧手坊、图书阅览室、老年人日间照料中心等6个功能室，成为居民丰富知识、陶冶情操、培养兴趣、传承文化的精神家园。

“两馆”即社区主题馆和村史馆。“两中心”即社区卫生服务中心和老年人日间照料中心，各设有配套齐全的特色功能室。

地下负一层主要建有配电室、消防泵房、供暖转接站、智慧平台后台系统等重要设备。

一楼设有政务服务区和群众工作区，主要包括服务大厅、社区警务室、法官进社区办公室、多元化调解中心、网格办公区等。一楼大厅北侧设有社区主题馆和村史馆。社区主题馆通过谱写“五小五大”五彩华章，展示新型城市社区建设的探索与实践。村史馆通过档案资料、照片、实物的陈列，展示了罗家庄不同时期的风土人情，真实再现了罗家庄经历的

四楼是办公区，主要设“两委”办公室和党员活动室。

五楼以集中学习培训为主要功能，配备了移动伸缩式座椅、大型LED电子屏、达到演出标准的灯光音响等高端设备。社区定期在此组织居民举办各类知识讲座、大型会

■ 妇女儿童家园

■ 文体活动室

■ 四点半学校

■ 书画室

■ 图书阅览室

■ 老年人日间照料中心

■ 健身活动室

■ 多功能厅

议及文体活动。

为加强家庭美德、社会公德教育，提高居民健康素养水平，一至五楼的墙壁上还专门挂有图版宣传画，西侧楼道重点宣传社会主义核心价值观和疾病防控知识，东侧楼道为新“二十四孝”图和“健康四大基石”等内容。

第四节　村史馆

为了记住乡愁、记住历史，罗家庄社区“两委”专门出资建设了村史馆。馆内北墙有巨幅油画《1951，罗家庄之夏》，再现了罗家庄1951年的盛夏风貌，该画由高密市美协宋利华等人创作完成。

西墙展示的是罗家庄的村庄简史。罗家庄经历了罗氏三迁才最终定居于此。照片上展示的就是不同阶段的风土人情。

村史馆中的实物展示了罗家庄不同时期的生产工具。

村史馆忠实地记录了罗家庄的发展变化。改革开放之后特别是20世纪90年代，罗家庄进入了快速发展时期，主要经历了四个发展阶段。

第一个阶段，党支部书记罗相明主持进行种植业结构调整，带领大家种植大樱桃。1996年当年即实现人均增收1000元，开启了村庄的富民之路。

第二个阶段，发展壮大集体经济。1998年大力招商引资，2003年发展“飞地”经济，通过对外租赁工业园、营业房，广开强村富民之路。

第三个阶段，旧村改造。2012年11月启动旧村改造项目，在一个月的时间内顺利搬迁居民528户，共675套房屋，418亩土地，成为高密历史上第一个整村搬迁的村居。

■ 村史馆西墙展示内容

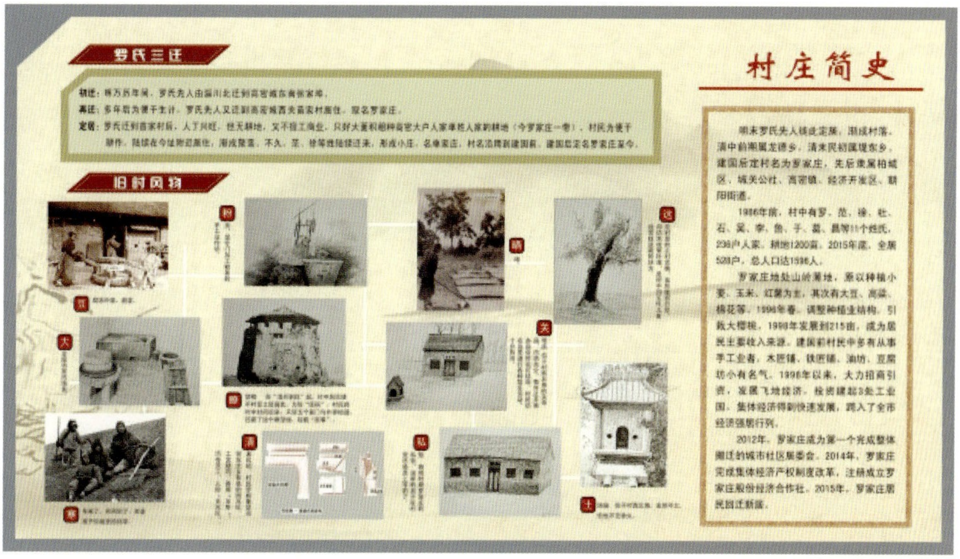

■ 村史馆西墙展示内容

第四个阶段，2015 年 10 月完成多层楼区回迁后，罗家庄从此旧貌换新颜。2014 年在全市率先启动产权制度改革，实现了“资源变资本、资金变股金、村民变股东、村庄变社区”的四个根本性转变。

至 2018 年，村史馆接待全国各地前来参观学习观摩达300余人次。

■ 村史馆西墙展示内容

■ 油画《1951，罗家庄之夏》

2012 年，罗家庄启动旧村改造项目，成为全市第一个整体搬迁的城区居委会。2015 年秋，居民陆续搬进新建小区，旧时村居蜕变为城市社区，300 多年的罗家庄成为历史……

回眸老村，热土沃沃，乡愁悠悠！黯淡了田野风情，远去了白墙黛瓦，尘封了老街旧陌。老村忆，最忆是生态——旧时罗家庄环村皆水系，周围多湿地。春来草木葱茏，盛夏蝉鸣蛙咏，金秋水瘦花黄，隆冬寒塘冰清。四时炎凉晦明、生息荣枯、飞走蠢动、魅力无穷，能不忆老村！为此，罗家庄居委会决定用大型油画的形式再现老村全貌、

追忆生态、珍藏乡愁，时间定格在1951年盛夏。因为此时除村民服饰与清朝、民国迥异之外，生产方式、生活方式、村中风物较之以前变化不大。时代承前启后，村中许多老者都能清楚地回忆起那时的真境实貌，遂于2015年6月着手策划和创作。2016年6月竟稿，作品定名为《1951, 罗家庄之夏》。这是一幅富含人文价值与艺术价值的鸿篇巨制，着眼于生态、着墨于风物、着力于人情，拢一村一夏之情态于一图之内，凡人物120余名、房舍240余间、街巷道路20余条、湾塘水系10余处。

村中老者观后皆言1951年罗家庄的夏天就是这样！

第二编

地形　环境

罗家庄地处城东岭延伸之地，地势较平缓，略呈高凸，西高东低。土质主要为黑黏土、沙壤土，内有3个湾、4条沟。属季风区暖温带大陆性半湿润气候。冬冷夏热，四季分明。

罗家庄地属中国东部环太平洋沿岸地震带、沂沭中强地震带范围，为断裂构造。

第一章 地形地貌

罗家庄地势西高东低，为丘陵区，村东1.5千米即胶河。胶河是高密人的母亲河。

村前水流从西南向东北流入大路沟，汇入胶河东部。村后水流从后沟正西到东南一直流入羊路沟（今“市民之家”前）。村内水大多东流，辗转流入胶河。

1949年前，村中心有一条南北路为村中心大街。村后有一条东西路，名为后大路。村前有一条路，村中心大街以西名为前大街，以东名为湾北路。村中心南北大街沿村外北引，名为北直路。

村南、北、西各有栅栏门。南大门以东、湾北路以北，有一座关帝庙。

罗氏祠堂地处中心大街。

罗家庄地势最矮的地方是南洼。南洼是黑黏土地，即水田，种植麦子、玉米、大豆、高粱等。这里有一座很古老的坟茔，村民把这块土地也称为南大茔，坟茔朝代不详。还有一些家族的坟茔分布在南大茔的北部。西边为鲁家茔，中部为杜家茔、范家茔。

村北叫北洼。北洼有多块黑土地，种植麦子、玉米、大豆、高粱等。后大路北边有大路沟。大路沟北、村中心以西，叫后地；西北是西北窑；最北边是大斜、小斜。

大路沟东北角，村庄以东，自南往北，地名分别叫罗家老茔、范家茔、石家茔。

紧靠村南的地叫南下崖，为沙土地，种植地瓜、玉米、小麦、大豆等。

前大街西头以南，自北向南为范家茔、徐家茔、鲁家茔、昌家茔。

湾北路东头以南，自西至东，为罗家南茔、张家茔、杜家茔、范家茔。徐家茔在罗家茔北面，紧靠湾北路。

东南岭是最高点。此处有一条沟，名为糊迷沟，源头在南湾西岸以南，东南走势，两边是沙土地。糊迷沟和南洋河边界处有一块地，共二三十亩，村民称长阡或者马堂子。

今月潭路以西土地属罗家庄，以东零星地也属之。

村东有吴家茔、范家茔、徐家茔、杜家茔，最东边是罗氏东茔。

在关帝庙以西 100 多米处有一座土地庙。

村西有地名石埠杆，分布着各家族茔盘——西大茔、罗家后茔、马家坟、范家茔，包括一块西舍茔。

第二章　沟　湾

第一节　沟

后大路沟　发源于村西部的梓潼庙岭，东流经东栾家庄至村后中部，与北部来一小沟汇合，向东经田家庄、邓家庄入胶河。为季节性水沟。最宽处为 4 米多，最深处近 3 米。

羊路沟　源自村西南的八里庄北，东北流经卣坊南，至罗家庄南，东流入胶河。为季节性水沟。长 4 千米，最宽处近 6 米，最深处近 3 米。

糊迷沟　源于罗家庄村南大湾。南大湾水南流 300 米，拐向东南流 1 千米入羊路沟。为季节性水沟。最宽处为 3 米左右，最深处约 2 米。

綦大路沟　源自村西东栾家庄前，偏东南流，到罗家庄南与羊路沟汇合。为季节性水沟。最宽处近 2 米，最深处为 1 米多。

第二节　湾

大湾　在罗家庄内中部靠前，村民称其为南大湾。湾纳村内水成，常年有水。20 世纪 70 年代由圆形改为长方形塘，边长 80 米 ×60 米，深 5 米。2012 年，村庄拆迁时填平建楼。

北小湾　为村后 1 个小湾，只有雨季存水。

西小湾　在村前西首。椭圆形，东西最长处 20 米，南北最长处 10 米，深 2 米余，季节性水湾。20 世纪 50 年代，为方便湾南村民出行，在湾中筑南北小路，将湾一分为二。2012 年拆迁填平。

至 2018 年，4 条沟均已无原来面貌。有的被填平建了楼，有的被改道成为泄水沟。3 个湾均在村的整体拆迁时填平，原貌无存。

第三章　气候

第一节　气候特征

罗家庄在季风区暖温带大陆性半湿润气候范围之内，大陆度64.4%。冬冷夏热春秋温，四季分明，光照充足。年平均气温12.5℃~13.8℃。年平均降水量在800毫米以下。一般年降水日有七八十天。气候灾害主要是暴雨、冰雹、霜冻、干热风等。

第二节　四季变化

罗家庄有明显的季节性变化。一般是冬、夏两季较长，春、秋两季略短。以日均温度划分：日均气温22℃以上为夏季，日均气温10℃~22℃为春季和秋季，日均气温10℃以下为冬季。此仅为气温变化一般规律，非定律。各季的气候特征如下。

■ 2018年5月罗家庄居民小区楼前樱花盛开

春季（3—5月）

太阳辐射逐渐加强，但受大陆冷空气南下影响，季内气温变化较大。且冷空气活动频繁，常出现“倒春寒”。“春分”以后，西南风多，地面温度回升较快。季末空气干燥雨少，常出现春旱。

夏季（6—8月） 季内受暖湿气团控制，气压低，气温高，湿度大，多雨。年降水多集中在此季，占全年降水量的60%以上。在降雨时，多暴雨、雷雨，并常发生洪涝灾害。常受东北冷涡影响，有时在雨前有突发性冰雹。凡遇台风北侵，多有暴雨和大雨，也常造成灾害。2013年以来连续干旱，村东胶河断流，胶河上游王吴水库干涸见底。

■ 2018年6月罗家庄居民小区楼前绿茵地

秋季（9—11月） 暖湿气团减弱，并逐渐南还，北风冷高压加强南侵，雨少。天高气爽，气候宜人，干旱也多发生。昼夜温差渐大，舒适感较高。

冬季（12月至次年2月） 太阳辐射量少，受大陆冷空气影响，气温下降。气候寒冷，空气干燥，少雨雪。平均气温多在零下1.3℃以下。极端温度在零下14.1℃上下。近几年无大的降雪，冬季变暖趋势更甚。

20世纪80年代，有一首大家耳熟能详的《二十四节气歌》：

春雨惊春清谷天，夏满芒夏暑相连。
秋处露秋寒霜降，冬雪雪冬小大寒。

后来又有新的《二十四节气歌》村民也有所闻：

地球绕着太阳转，绕完一圈是一年。
按照公历来推算，每月两节不改变。
一年分成十二月，二十四节紧相连。
上半年是六廿一，下半年逢八廿三。
这些就是交节日，有差不过一两天。
二十四节有先后，下列口诀记心间。
一月小寒接大寒，二月立春雨水连。
惊蛰春分在三月，清明谷雨四月天。
五月立夏和小满，六月芒种夏至连。

七月大暑和小暑，立秋处暑八月间。
九月白露接秋分，寒露霜降十月全。
立冬小雪十一月，大雪冬至迎新年。
抓紧季节忙生产，种收及时保丰年。

第三节　日照

罗家庄年平均日照为2558.3小时，日照率为58%。年际变化较大。近几十年中，最多年份出现在1965年，日照时数为2862.5小时，日照率为65%；最少年份出现在1998年，日照时数为2021.4小时，日照率为46%。最多年与最少年日照时数相差841.1小时。近十年，日照时数最多的年份是2018年，日照时数为2524.4小时，较往年偏多187.5小时。

月平均日照时数以5月最多，为264小时；12月最少，为183.1小时。

月平均日照率以7月最低，为46%；10月最高，为63%。

第四节　气温

罗家庄多年平均气温为13.2℃。1月最冷，极端最低气温为零下16.8℃；7月最高，平均气温为25.9℃。极端最高气温为40.8℃。

近十几年来，罗家庄2017年年平均气温最高，为14.3℃，较往年偏高1.2℃；2003年年平均气温最低，为12.9℃。

2009年3月极端最高气温为29.7℃，为高密气象站建站以来3月历史同期极值。同年6月极端最高气温40.8℃，为30年（1988至2018年）日最高气温历史极值，自高密气象站建站以来日最高气温历史极值。8月极端最低气温为13.1℃，为30年来8月历史同期极值。2014年3月平均最高气温为16.5℃，创历年同期极值。2016年1月极端最低气温为零下16.8℃，创历史同期最低值极值。

春季3—4月升温最快，平均升高7.1℃。秋季10—11月降温最快，平均下降7.4℃。秋季降温率虽超过春季升温率，但秋季平均温度高于春季平均温度。

气温高于或等于30℃的高温日数，平均每年为52.1天。近十几年，高温日数最多的为1997年，出现82天；最少的为1993年，出现28天。

高于或等于 30℃的高温日，一般出现在 5 月上旬至 9 月下旬，7 月下旬出现最多，平均数为 7 天。高于或等于 35℃的高温日数，平均每年为 4.3 天，除极个别年份未出现，绝大多数年份有。近年，高于或等于 35℃的高温日出现最多的是 1997 年，出现 14 天；最少的为 2003 年，出现 1 天。高于或等于 40℃的极端高温日，据多年统计资料显示，2002 年 7 月 15 日出现 1 天，2009 年 6 月 25 日出现 1 天。

低于 0℃的低温日数，年平均为 94.2 天，一般出现在 11 月中旬至次年 3 月下旬。低于零下 10℃的低温日数，年平均为 2.4 天。除极少数年份未出现外，绝大多数年份有。近年中 1990 年最多，出现 6 天。

罗家庄多年份平均气温高于或等于 0℃的日子，称农耕期，平均初日在 2 月 16 日，终日在 12 月 9 日，间隔数 298 天。高于或等于 0℃的积温为 4857.4℃。日平均气温高于或等于 0℃的日子，称生长活跃期，平均初日在 4 月 5 日，终日在 11 月 4 日，间隔日数 214 天。高于或等于 10℃的积温为 4327.3℃。

第五节　降水

罗家庄多年份年降水量平均为 674 毫米。年降水量年际变化较大，1964 年最多，降水量为 1303.3 毫米；1981 年最少，降水量为 252.5 毫米，相差 1050.8 毫米。近十年中，2018 年年降水量最多，为 808.2 毫米，较 2017 年偏多 202.0 毫米；日最大降水量为 136.6 毫米，出现在 6 月 26 日。2015 年年降水量最少，为 332.8 毫米，较上年偏少 273.4 毫米；日最大降水量 37.1 毫米，出现在 6 月 25 日。

四季平均降水量：春季（3—5 月）为 91 毫米，占全年降水量的 13.4%。夏季（6—8 月）为 421.7 毫米，占全年降水量的 62.5%。秋季（9—11 月）为 132.3 毫米，占全年降水量的 19.6%。冬季（12 月至次年 2 月）为 29 毫米，占全年降水量的 4.5%。

各月平均降水量：5 月雨量明显增加。6—8 月直线上升。8 月最多。9 月以后迅速减少。10 月，各季风形成，降水较少。12 月最少。

年平均降水日数为 80.3 天，其中，小雨 58 天，占 72.3%；中雨

13.4天，占16.7%；大雨6.6天，占8.2%；暴雨2.3天，占2.8%。年平均降水日数最多的是1964年，216天有降水；最少是1981年，仅有58天有降水。最长连续降雨日数出现在2005年8月3日至8月10日，连降8天，降水量为139毫米。最长连续无降水日数为72天，出现在1998年12月2日至2月12日。最大过程降水量出现在1999年8月10日23时至12日6时，连续降水3天，雨量为300毫米。

第六节　湿度　蒸发

湿度　罗家庄多年平均相对湿度为67%。平均相对湿度最大在1998年，为72%；最小在1988年，为62%。在四季中，春季降水少，空气干燥，气温回升快，空气中水分较少，是相对湿度最小的季节。全年平均相对湿度最小月为4月，为58%。夏季，副热带高压达到全盛时期，空气水汽含量大，降水集中，是平均相对湿度最大的季节，其中，7月至8月平均相对湿度最大，分别为81%和82%。秋季平均相对湿度仅次于夏季，为65%~74%。冬季空气干燥，但气温低，平均相对湿度大于春季，平均为60%~63%。

最小日相对湿度为1%，出现在1996年4月19日。在个别较早年份的7月，也出现过18%的最小日相对湿度。

蒸发　罗家庄年平均蒸发量为1677.5毫米，为降水量的2倍以上。春季蒸发量最大，约为降水量的4.7倍。5月至6月多东南风、南风，风速大，气温急剧上升，湿度减小，为全年蒸发较快时期，蒸发量分别为230.5毫米和221.7毫米。7月至8月，正值盛夏，湿度也大，蒸发却赶不过湿度的增加。秋季和春季蒸发量不差上下，俗语说“春秋莫问路”，即反映了此两季的蒸发较快。冬季湿度不利于蒸发，12月至次年1月，全年蒸发量最小，月平均蒸发量分别为55.6毫米和49.2毫米。

最小月与最大月的蒸发量相差181.3毫米。

第七节　风

罗家庄处北温带季风气候区。

全年多为北风、东南风和西南风，平均频率为11%，方向、频率和风速具有明显的季节性。春季多为北风、西南风，5月平均频率为17%。夏季多东南风，7月平均频率为21%。秋季风向多变，多北风，11月平均频率为13%。冬季多北风，12月频率平均为16%。

大风日数年平均为13.1天。最多年为25天，也有未发生之年。全年以3、4、5月出现最多，8、9月最少。

一年之中，4月风速最大，平均为4.2米/秒。8月至9月最小，平均为2.5米/秒。

风速的变化，一般从每日6—8时开始增大，12—14时达到最大。俗语云，“大风刮不了多时”，15—17时风速开始减小，19—20时趋于稳定，正如俗语云：“日落北风死”。

第八节　霜　雪　雾霾

霜　罗家庄初霜日多出现在11月20日前后。最早为10月17日，出现在1999年；最晚为11月28日，出现在2006年。终霜日期多在

2018年冬罗家庄居民小区雪景

3月29日。最早为3月1日，出现在1988年；最晚为4月25日，出现在1988年与2002年。霜期每年平均为148天。最短为113天，在2003年11月13日至2004年3月4日；最长为187天，在1997年10月28日至次年4月25日。无霜期平均为183天，最长为217天，出现在2006年；最短为183天，出现在2002年。

雪 罗家庄降雪初日平均在11月30日。最早在11月7日，出现在1996年；最晚在12月27日，出现在1992年。终雪日平均在3月12日。最早在1月7日，出现在1997年；最晚在4月1日，出现在1998年。降雪日每年平均为14.2天。最多为21天，出现在1989年；最少为4天，出现在1999年。

积雪 罗家庄年平均积雪日数为11.4天。年积雪日最多达24天，为2000年与2001年。积雪日最长为1999年。日积雪最大深度为20厘米，出现在1957年2月14日。

雾霾 近十年，年大雾日数总体呈逐年增多趋势，2013年1月29日至31日出现持续性大雾天气，最小能见度只有100米，空气质量差，对人体健康不利，对交通造成很大影响。2015年、2016年全年大雾日数各为26天。雾霾天气，2016年最多，为44天，对交通出行和人民生活造成一定影响。

第九节 地温 冻土

地温 罗家庄地温年平均为15.6℃。1月最低，平均为零下11.7℃；7月至8月最高，平均为29.7℃。

地温明显高于气温。各月平均地温，除1月平均在0℃以下外，其他月均在0℃以上。自2月起，地温逐步回升，8月后又逐渐下降，形成周期性的变化，并且秋季地温高于春季地温。

地下5厘米处年平均温度为20.2℃。1月最低，平均为零下0.1℃；8月最高，平均为27.5℃。地下10厘米处温度，年平均为19.9℃。8月最高，平均27.5℃；1月最低，平均为0.5℃。地下20厘米处温度，年平均为14.5℃。8月最高，平均为27.3℃；1月最低，平均为0.9℃。

冻土 罗家庄冻土初日平均在12月2日。最早在11月18日，出现在1987年；最晚在12月17日，出现在1999年。解冻日期平均在3月6日。最早在2月10日，出现在1998年；最晚在3月26日，出现在1988年。

2018年，年最大冻土深度为21厘米，持续4天。

第四章 物候

第一节 动物表现

大雁 “寒露”后七八天经村上空南去。语曰：“大雁不过九月九（农历）。”翌年“春分”前10天再经村上空北飞。

燕子 “清明”前后由南方回来。语曰：“小燕子不过三月三（农历）。”21世纪初，有些燕群延至3月10日前后回来。

布谷鸟 “立夏”后飞来，经村上空，辗转10多日后终鸣北去。初秋回来，仅偶尔闻其鸣叫。

蜜蜂 “惊蛰”起群体活动，深秋冬眠。

蝉 “芒种”后开始鸣叫，“秋分”前后渐终止。

蟋蟀 俗称“促蛰”“蛐蛰”“蛐蛐”“促织”。“处暑”后始鸣，“秋分”后鸣渐终。

蚂蚁 俗称“蚁蛘”。“惊蛰”出洞，“立冬”渐少至绝见。农谚：“蚁蛘打墙雨要来。”

蛤蟆 “谷雨”始鸣，有“蛤蟆打哇哇，六十天吃水饺”之说（即初听到蛤蟆鸣声，再过60天即麦收）。“寒露”终鸣，“立冬”休眠。

蛇 俗称“长虫”。“清明”后起蛰。农谚“燕子低飞蛇过道，大雨不久就来到”。“霜降”前冬眠。

蚂蚱 学名“蝗虫”。“立夏”前后始生，“霜降”后死亡。

第二节 植物表现

小麦 “秋分”播种。农谚：“白露早，寒露迟，秋分种麦正适宜。”“寒露”出苗，“立冬”分蘖，大雪“休眠”，“雨水”返青，“清明”拔节，“立夏”抽穗，“小满”乳熟，“芒种”成熟。正如农谚所言：“小满不满，芒种不忙。”“芒种三日见穗茬。”

玉米 俗称“棒子”。春玉米春季播种，秋玉米麦收后播种。秋玉米

■ 2018年5月，罗家庄居民小区内景

苹果　“谷雨”开花，“秋分”果熟。

枣　“谷雨”发芽，“秋分”成熟。

梨　“谷雨”后开花，“秋分”成熟。语曰：“七月（农历）核桃八月梨，九月柿子挑上集。”

为多，“夏至”出苗三叶，“小暑”七叶，“大暑”拔节，“立秋”抽穗，“白露”乳熟、成熟。

大豆　麦收后播种，“寒露”收获。谚语：“豆子开花，墒沟摸虾。”

谷子　“清明”播种，“大暑”抽穗，“处暑”收割。农谚：“六月六看谷秀。”

高粱　俗称“秫秫”。“谷雨”播种，“大暑”抽穗，“白露”收割。农谚：“谷雨秫秫立夏瓜，过了小满耩芝麻。”

地瓜　“谷雨”后栽秧，“秋分”始成熟，“寒露”收获。自20世纪末，罗家庄很少有栽秧者。

柳树　“立春”芽膨大，“清明”吐絮，柳絮飞时正是桃、李花盛开之时。

梧桐　“谷雨”开花，“霜降”落叶。

白杨树　“惊蛰”开花，“霜降”落叶。

第三节　非生物表现

日月　其晕北风雨。“日晕三更雨，月晕午时风。”

霞　“朝霞不出门（要下雨），晚霞行千里（天晴无雨）。”

虹　“东虹雾露，西虹雨。”

风　“行下春风得秋雨。”“六月北风当日雨。”

云　出现时间与方位及其走向、状态、颜色，均为天气征兆。“早看东南，晚看西北（有云即有雨）。”“落日云里走，雨在半夜后。”“云彩接太阳，必定下一场。”“云东行，车马行。云向西，雨沥沥。”“云彩向南雨涟涟，云彩向西穿蓑衣，云彩向北一阵黑，云彩向东一阵风。”“八月十五云遮日，正月十五雨打灯。”“坷垃云，晒煞人（晴天）。”“西北红黄云，雹子吓煞人。”“黑云风，白云雨。”

雨　“早上下雨一天晴。”“不怕初一下，就怕初二阴。”“重阳无雨看十三，十三无雨一冬干。”“八月初一下一阵，旱到来年五月尽。”

雷　“雷雨三过晌，不下也来打逛荡。”“雷公先唱歌，有雨也不多。”“闷雷拉磨声，雹子必定生。”“先雷后刮风，有雨也不凶。”

露　“露重见晴天。”

雾　“大雾不过三（雨），过三十八天（晴）。”“春雾雨，夏雾热，秋雾冷，冬雾雪。”

霜冻　“立冬”开始，次年“清明”终结。“严霜出毒日。”“冻冻响，萝卜长（初霜冻秋菜仍然生长）。”

雪　“立冬”至“小雪”始降，次年“春分”至“清明”终结。“瑞雪兆丰年。”

第四节　各月物候特征

谚云：“一九二九不出手，三九四九冰上走。五九六九沿河看柳，七九河开，八九雁来，九九加一九，耕牛遍地走。”

1月　冰上走。地裂。蜡梅绽开。

2月　上旬，柳条发芽，荠菜复苏，迎春花蕾膨胀，杨花开。

3月　上旬，小麦返青结束；杏花开；梨树休眠终止，叶芽绽开；大地解冻，开始春耕；蛇复苏。中旬，仲春雷始鸣；杏、梨、桃花芽膨大；柳树发芽；野草发芽。下旬，苹果叶芽绽开，花芽膨大。

4月　上旬，清明断雪，杏花落，小麦拔芽，柳青，高粱播种，燕子来，青蛙出河。中旬，终霜，柳绒落，枣发芽，桃梨花开，苹果初花，梧桐花开。下旬，小麦抽穗，地瓜栽秧，苹果终花。

5月 上旬，种瓜；桃子、樱桃，刺槐开花；壁虎、蝙蝠出穴。中旬，小麦抽穗终止，现花；梨树坐果。下旬，小麦灌浆；玉米套种。

6月 上旬，小麦开始成熟；蝗螂生。中旬，小麦成熟。下旬，杏熟；桃子果实膨大；秋玉米为小喇叭口期；蝉始鸣。

7月 上旬，秋玉米为大喇叭口期；苹果果实膨大。中旬，梨树果实膨大；桃树果实成熟；槐树开花。下旬，秋玉米为抽穗期，黏虫、玉米螟虫发生期。

8月 上旬，秋玉米现雄樱；黏虫、玉米螟发生期。中旬，春谷子成熟；刺槐荚开始成熟。下旬，苹果、梨树果子继续膨大；桃树新梢停长；谷子、高粱、黍子收割；核桃上市；蟋蟀始鸣。

9月 上旬，秋玉米成熟；布谷鸟南去。中旬，燕子南去。下旬，小麦播种；苹果、梨成熟。

10月 上旬，小麦出苗；大雁南飞。中旬，小麦分蘖；蟋蟀终鸣。下旬，初霜，百草枯，蔬菜需防霜冻。

11月 上旬，苹果树、梨树、桃树、刺槐、杨树、泡桐、榆树落叶；蛇蛰眠；蛙入河边罅隙冬眠；壁虎、蝙蝠入穴冬眠。中旬，水始冰；地始冻；收刨大葱。下旬，收大白菜；槐、柳落叶。

12月 百虫蛰伏。菠菜、香菜冻存。

第五章　自然灾害

罗家庄历史上的自然灾害主要有旱灾、水灾、风灾、雹灾等。

旱灾　出现概率较高，受灾面积较大。1949 年大旱；春，70 天未降水。1981 年，全年降水 252.5 毫米，仅占常年降水量的 40%。土壤 20 厘米内含水不足历年的 8%。1996 年夏旱，麦收后，夏播农作物，少雨多旱不能播种，直至 7 月 21 日（农历六月初六日）降雨方播种。2006 年，麦收后不雨，直至 7 月 18 日降水 23 毫米左右，旱情方得缓解。此后，少雨多旱至 2018 年，有全年性干旱，有春旱，有夏旱，有伏旱，有秋旱。

水灾　水灾出现概率较低，次于旱灾。1957 年麦收后，降雨不断，收割的小麦不能打场。7 月 19 日又降雨 167.4 毫米，是 1949 以来日降雨最多的一天。1964 年，降暴雨 8 次，计雨量 907 毫米。1974 年 8 月 13 日，降暴雨 145.4 毫米，村内一片汪洋。1999 年 8 月 10 日 23 时至 12 日 6 时连续降暴雨。11 日 12 时至 16 时，降雨 200 多毫米，农作物普遍减产 2 成以上。2007 年 8 月 6 日 11 时 30 分到 13 时 30 分，一场暴雨袭来，雨量达百毫米，罗家庄村内及村周围低洼处皆水，有居民受灾。

风灾　风灾常有发生，程度不一，且有大风、龙卷风、干热风等。1984 年 3 月 20 日 9 时，风速达 8 级以上，持续 8 个小时，刮毁房屋、折树、刮毁草垛等。1954—1985 年，共出现干热风 114 天，其中严重的有 31 天。1979 年 5 月 28 日至 6 月 1 日，大风连续出现 5 天，为历史上时间最长，危害小麦，造成减产。受厄尔尼诺现象等影响，近年风灾较少。

雹灾　高密属多雹地区。雹灾多集中在 5 下旬至 6 月中旬，9 月下旬至 10 月上旬。1974 年 8 月 26 日至 30 日，连续降雹 4 次，农作物受灾较重。

近年来，冰雹天气时常发生，

2012年6月12日15时30分到16时20分，出现雷雨、大风、局部冰雹强对流天气，罗家庄受灾严重。

虫灾 经常发生，凡发生，农作物必受害，只是程度不同。1950年至1975年中，有15年发生虫灾共计20次，其中主要害虫为红蜘蛛、棉蚜、黏虫、蝼蛄、棉铃虫等。1953年并发红蜘蛛、棉蚜灾害，农作物受害较重。20世纪80年代后，农药广泛使用，虫灾未再发生。

地震 据《高密市志》记载，高密境内有过3次地震。1969年7月18日下午，渤海湾发生7.4级地震，波及罗家庄，房屋摇晃，无倒塌房屋。大队长号召村民到场院或者空地避震。

罗家庄防震救灾组织保障完善，制度健全，工作出色。2016年获得潍坊市地震安全示范社区、全市综合减灾示范社区称号。2017年先后获得山东省地震安全示范社区、国家地震安全示范社区称号。

2017年，为贯彻“安全第一，预防为主”的防震减灾方针，规范社区应急管理制度，提高应对地震灾害发生及次生灾害防治的能力，保障居民的安全健康和生命安全，最大限度地减少财产损失、环境损害和社会影响，罗家庄社区根据实际情况制定以下制度。

（1）应急管理制度坚持“以人为本，减少危害，居安思危，预防为主，统一领导，分级负责，职责明确，快速反应”的原则。

（2）应急管理分“预防、准备、响应和恢复”四个过程。主要内容包括应急管理组织体系、应急救援预案管理、应急培训、应急演练、应急物资保障等。

（3）成立以社区书记为组长，“两委”成员为副组长，社区居民代表、社区楼长、社区管理员等为成员的应急检查领导小组。应急检查办公室设在社区防震减灾办公室，并负责日常管理。

（4）防震减灾应急救援预案的编写与修订由罗家庄社区应急管理制度领导小组负责。预案要符合《防震减灾应急救援预案》，并与上级部门预案相衔接。根据国家法律法规及实际演练情况，适时修订预案，做到科学、易操作。

（5）应急检查。根据年度计划，

每季度至少安排一次全面检查，对各项设施、通讯设备、救援物资储备、救护队人员配备等进行检查，并做好检查记录。

■ 2017 年罗家庄被授予山东省地震安全示范社区称号

第六章 自然资源

第一节 土壤

罗家庄耕作历史悠久，土壤为熟化程度高的农业土壤。耕地总面积1540亩。土壤类型主要有黑黏土、沙壤土两类。

黑黏土 村有黑黏土面积293亩。多分布在村后小斜、大斜、南大茔等地，罗家庄村东、西片适宜种植高粱、棉花、小麦、玉米、大豆等农作物。

沙壤土 村有沙壤土1247亩，分布在村东、西、南面，适宜种植谷子、花生、地瓜等农作物。

第二节 植被

植被分自然植被和人工植被。罗家庄以人工植被为主。自然植被主要分布在田间空隙处，多为杂草。人工植被以用材树和果园为主。2000年后，因城区扩展，村庄及耕地逐渐改造成为居住小区和道路，植被以街两边和小区内人工绿化为主。

第三节 土地资源

罗家庄地势起伏不大，土质较好，适宜种植农作物。黑黏土土层较厚，养分含量大，土质好，适宜种植棉花、小麦等。沙壤土，土层疏松，有机质分解得快，养分含量少，保肥性能差，适宜种地瓜、花生等农作物和果树。2000年以后，土地被征用，罗家庄村逐渐变为城区，已不再种植农作物和果树。

村占地1247亩，部分土地为丘陵性质。21世纪后渐为建筑物所占，地价日高。

第四节 水资源

罗家庄地处低丘陵，东临胶河。

地表水主要靠大气降水获取，因降水量的多寡而决定丰歉。1980年后，降水量渐减。至2018年，基本无地表水，属贫水区。罗家庄地下水不丰富，多数水井只有打到六七米深方能见水，且多为地下水渗出，无大水源。

第五节　植被资源

罗家庄原有植物资源丰富，种类繁多。

有大麦、小麦、谷子、高粱、玉米、大豆、黑豆、红豆、豌豆、红小豆、绿豆、爬豆、豇豆、花生、芝麻、荞麦、穇子、黍子、蓖麻子、向日葵等。

有西瓜、甜瓜、面瓜、梢瓜、南瓜、冬瓜、地黄瓜、蛇瓜、佛手瓜、丝瓜、白菜、青萝卜、胡萝卜、小红萝卜、菠菜、芹菜、辣椒、月扁豆、秋扁豆、猪耳朵扁豆、茄子、西红柿、豆角、芸豆、土豆、黄瓜、茼蒿、圆葱、大葱、大蒜、油菜、马牙子蒜、山药、生菜、苦瓜、绿甘蓝、西葫芦、紫甘蓝、芋头、空心菜等。

有柴胡、蒲公英、马齿苋、车前子、花椒、艾子、薄荷、黑丑、白丑、茴香、蒺藜、苍耳子、菟丝子、芦根、香附、野菊花、枸杞、益母草、地丁草（米布袋）、灰菜、黄蒿、桔梗、沙参、灯芯草、酸枣、芦苇根、透骨草、连翘等。

有藤萝、紫荆、木槿、连翘、铁树、文竹、剑麻、石竹、天竹、毛竹、海棠、塔松、爬山虎、牡丹、芍药、君子兰、玉兰、杜鹃、冬麦、百日红、百合、丁香、玫瑰、仙人球、仙人指、仙人掌、凤仙、水仙、菊花、夜来香、鸡冠花、芭蕉叶、牵牛花、地瓜花、花石榴、发财树、老来少、大头兰、仙客来、一叶兰、兰草、蝴蝶兰、芙蓉、迎春、吊兰、金枣、一串红、金钟、米兰、金橘、蟹爪兰、月季、蜡梅、红梅等。

有苦菜、茅草、曲曲芽、芦草、香草、野苜蓿、野穇子、野萝子、萋萋芽、扫帚菜、花蒜、荠菜、石头萝子、毛子眼等。

有槐树、法桐、黄杨、冬青、雪松、红叶李、紫叶李、大叶女贞、栾树、白蜡、广玉兰、白玉兰、海棠、芙蓉树、苹果树、桃树、梨树、杏树、枣树、石榴树、李子树、柿子树、山楂树、无花果、香椿、桑树、葡萄、银杏树、花椒、枸杞、柳树、榆树、梧桐、刺槐、楸树、白杨树、毛白杨树系列、速生柳系列等。

有红麻、苘麻、棉槐条、芦苇、蓖麻子等。

第六节　动物资源

罗家庄处温暖带季风区，属半湿润地带，动物资源丰富，种类繁多。

有马、牛、驴、骡、羊（绵羊、山羊、奶羊）、猪、狗、猫、家兔、野兔、野狐、黄鼠狼、野狸子、刺猬、田鼠、老鼠、獾等。

有鸡、鸭、鹅、鸽、鹌鹑、红下颏、百灵鸟、虎皮鹦鹉、鹦鹉、麻雀、山鸡、斑鸠、燕子、画眉、喜鹊、布谷鸟、啄木鸟、猫头鹰、老雕、鹰、蜡嘴、鱼叶蛋、芦喳、麦鸡、八哥、泥里扎、黄鹂、灰喜鹊、翠鸟、大雁、窝兰儿、乌鸦等。

有鲫鱼、鲤鱼、草鱼、噘嘴、麦穗子、浮鱼、鲢鱼、黑鱼、泥鳅、黄鳝、鳗鱼、小米虾、大米虾。

有蛾、蝶、蝉、蜜蜂、螳螂、蜘蛛、蝎子、土鳖、蚯蚓、蜗牛、蚰蜒、草鞋底、蜻蜓、蝈蝈、蚂蚱、蹬倒山、黄蜂、蚂蚁、豆虫，萤火虫、棉铃虫、蝼蛄、跳蚤、地老虎、瓢虫、毛毛虫、蚜虫、僵虫、线虫、蚊子、苍蝇、虱子、屎壳郎等。

有青蛙、癞蛤蟆、蝎子、壁虎、马蛇子等。

第三编

党政群团

罗家庄在解放战争初期即有中国共产党活动，从事党的地下工作。1946年6月13日，罗家庄建立新的村组织，在党的领导下发动群众，开展革命宣传活动。1948年村内有10人参加了共产党。

1949年以来，村里主要负责人历经多次变更，但历届“两委”均积极带领群众发扬优良传统，使罗家庄在政治、经济、文化、教育诸方面，取得了喜人成绩。至2018年，各项事业已发生了天翻地覆的变化。

第一章 党组织建设

第一节 机构沿革

1949年前，中国共产党在罗家庄秘密活动。1948年10月，村民罗厚云加入中国共产党，是村内最早的共产党员。之后，杜官升、杜官印、杜官玺、罗会堂、葛荣华、罗高云、徐海峰、鲁松高、石清法加入中国共产党，成为领导农民武装斗争和土地改革的骨干力量。此间，因各种原因，有几人脱离党组织。

1951年，中国共产党的活动由秘密转为公开，罗家庄成立中国共产党党支部。

1958年，人民公社化后，罗家庄与东栾家庄、毛家庄合为一个生产大队，罗家庄是一个党的小组。

1961年，罗家庄由东栾家庄生产大队分出，自为生产大队，成立党支部。

2016年9月，中国共产党高密市朝阳街道罗家庄社区委员会成立。罗相明任党委书记。

表 3-1　中共罗家庄历届党支部委员会一览表

支部书记		副书记		委员	
姓名	任职时间	姓名	任职时间	姓名	任职时间
罗厚云	1950 年 4 月—1951 年 10 月				
罗会堂	1951 年 11 月—1953 年 5 月				
罗花荣	1953 年 6 月—1956 年 7 月				
罗洪显	1956 年 8 月—1958 年 4 月				
邱宗保	1958 年 4 月—1961 年 3 月	栾志聪	1958 年 4 月—1961 年 3 月		
罗洪显	1961 年 4 月—1964 年 9 月				
罗花荣	1964 年 10 月—1965 年 12 月				
罗云山	1966 年 1 月—1969 年 8 月				
罗洪金	1969 年 9 月—1974 年 3 月				
范财明	1974 年 4 月—1975 年 2 月	罗洪利		罗洪金	
罗洪利	1975 年 3 月—1980 年 1 月	罗洪金		徐敬清	
罗洪利	1980 年 2 月—1983 年 11 月	罗洪金		罗坤云	
罗洪利	1983 年 12 月—1986 年 11 月	罗洪金		罗洪学	
罗洪利	1986 年 12 月—1990 年 11 月	罗洪金		徐敬清 罗洪学 范志彬	
罗相明	1990 年 12 月—1998 年 11 月	罗洪金		徐敬清 罗洪学 范志彬	

续表

支部书记		副书记		委员	
姓名	任职时间	姓名	任职时间	姓名	任职时间
罗相明	1998 年 12 月—2001 年 11 月	罗洪金		徐敬清 罗相敏 杜　坤	
罗相明	2001 年 12 月—2013 年 11 月	罗相敏		杜　坤	
罗相明	2013 年 12 月—2017 年 11 月	杜　坤		罗传刚	
罗相明	2017 年 12 月—2018 年 12 月	杜　坤		罗传刚 罗相志 范佳佳	

注：空格处资料未详。

表 3-2　2018 年罗家庄党员一览表

序号	姓名	性别	出生年月	入党时间	备注
1	罗厚云	男	1930 年 3 月	1948 年 1 月	
2	罗洪莲	男	1942 年 3 月	1962 年 7 月	
3	罗相德	男	1943 年 6 月	1964 年 7 月	
4	石有祥	男	1942 年 2 月	1966 年 1 月	
5	罗坤云	男	1937 年 3 月	1966 年 5 月	
6	吴邦兴	男	1936 年 8 月	1966 年 5 月	
7	刘振友	男	1948 年 9 月	1970 年 7 月	
8	李绍申	男	1950 年 1 月	1972 年 8 月	
9	罗洪学	男	1951 年 4 月	1974 年 3 月	
10	范志宗	男	1952 年 7 月	1974 年 4 月	
11	罗洪利	男	1933 年 6 月	1975 年 7 月	
12	石有亮	男	1938 年 11 月	1975 年 7 月	
13	范志升	男	1938 年 5 月	1975 年 8 月	
14	罗锦秀	女	1953 年 7 月	1976 年 7 月	

续表

序号	姓名	性别	出生年月	入党时间	备注
15	鲁东新	男	1958 年 1 月	1983 年 1 月	
16	齐守全	男	1959 年 3 月	1983 年 4 月	
17	李付章	男	1960 年 1 月	1983 年 6 月	
18	单亦财	男	1958 年 4 月	1983 年 9 月	
19	罗相选	男	1962 年 7 月	1985 年 1 月	
20	罗洪海	男	1965 年 1 月	1985 年 1 月	
21	张桂金	男	1964 年 9 月	1986 年 1 月	
22	罗相明	男	1953 年 6 月	1986 年 6 月	
23	范财智	男	1965 年 2 月	1987 年 9 月	
24	杜立华	男	1954 年 1 月	1988 年 1 月	
25	苗金文	男	1967 年 9 月	1988 年 11 月	
26	薛成亮	男	1968 年 11 月	1989 年 6 月	
27	罗相增	男	1956 年 7 月	1990 年 6 月	
28	高义清	男	1968 年 8 月	1990 年 11 月	
29	甄秀花	女	1950 年 1 月	1991 年 1 月	
30	罗　刚	男	1972 年 12 月	1991 年 2 月	
31	夏纪宏	男	1969 年 9 月	1991 年 11 月	
32	杜立荣	男	1952 年 9 月	1992 年 9 月	2014 年转入
33	王教芬	女	1962 年 7 月	1993 年 9 月	
34	徐兆升	男	1972 年 3 月	1993 年 1 月	
35	范　群	男	1972 年 7 月	1994 年 12 月	
36	杜　坤	男	1972 年 8 月	1995 年 5 月	
37	罗相和	男	1959 年 8 月	1996 年 5 月	
38	范玉琦	男	1974 年 11 月	1996 年 7 月	
39	罗传礼	男	1977 年 4 月	2000 年 7 月	
40	罗传刚	男	1978 年 2 月	2000 年 12 月	
41	栾　红	女	1963 年 5 月	2000 年 12 月	

续表

序号	姓名	性别	出生年月	入党时间	备注
42	单际森	男	1973年2月	2001年5月	
43	罗相志	男	1971年3月	2001年6月	
44	范　海	男	1978年3月	2001年6月	
45	罗文杰	男	1981年9月	2003年12月	
46	范　凯	男	1968年7月	2004年12月	
47	徐　敏	男	1981年8月	2005年1月	
48	李　霞	女	1982年9月	2005年12月	2016年9月由咸家转入
49	范佳佳	女	1983年11月	2006年4月	2016年9月由大昌转入
50	巩新亭	男	1971年1月	2006年4月	
51	张彩霞	女	1976年3月	2006年6月	
52	高绪源	男	1984年12月	2006年7月	
53	孙　伟	男	1982年7月	2007年1月	
54	夏传明	男	1979年5月	2007年2月	
55	单秀梅	女	1985年3月	2007年2月	
56	罗传照	男	1985年9月	2007年7月	
57	罗文超	男	1986年10月	2007年10月	2015年12月由东方建筑公司转入
58	仪垂森	男	1962年11月	2008年8月	
59	罗卫国	男	1987年3月	2008年12月	2015年12月由东方建筑公司转入
60	仪　伟	男	1986年1月	2009年4月	
61	卞国强	男	1978年3月	2010年3月	
62	李海华	女	1988年6月	2011年4月	2014年转入
63	苗慧敏	女	1992年1月	2012年12月	2014年转入
64	罗文剑	男	1988年12月	2012年12月	
65	罗　超	男	1990年5月	2013年1月	2016年11月由和平社区转入
66	罗　京	男	1986年2月	2013年6月	
67	杨晶玉	女	1992年1月	2013年11月	2015年4月转入
68	董　凯	男	1993年9月	2014年1月	

续表

序号	姓名	性别	出生年月	入党时间	备注
69	罗洪星	男	1979 年 12 月	2015 年 3 月	2016 年 11 月由华燕转入
70	范玉填	男	1994 年 2 月	2016 年 6 月	
71	罗东方	男	1989 年 9 月	2016 年 12 月	
72	范财胜	男	1951 年 1 月	未详	2017 年 11 月转入
73	刘婧文	女	1989 年 11 月	未详	2018 年 11 月转入

备注：按入党时间排序。

第二节　制度建设

罗家庄自建立党组织以来，一直十分重视党的组织建设。特别是自 20 世纪 80 年代以来，先后制定并修订完善了以“三会一课”、民主评议支部班子、民主评议党员、支部班子任期目标、党员民主议事会等为主要内容的各项规章制度 10 项，不断加强党员队伍建设，提高党员的思想和政治觉悟。

一、“三会一课”制度

（1）党小组会，每月一次，由小组长召集。

（2）支部委员会，一般每月一次，由党支部书记召集。若工作需要，可随时召开。

（3）党支部党员大会，一般每季度一次。由党支部委员召集。

（4）党课，一般每季度一次，以党支部为单位上课。

（5）每个党员和党员干部必须参加“三会一课”。党支部建立《党员参加组织生活考勤簿》和《“三会一课”记录簿》，对无故不参加活动的党员进行批评教育。没有正当理由连续超过 6 个月不参加组织活动的党员，按党章有关规定处理。

二、党员“十带头”制度

（1）带头执行党的方针、政策，在思想上、政治上、行动上同党中央保持一致。

（2）带头深化改革，做改革的开拓者，为村（居）的经济发展创造良好条件。

（3）带头遵守纪律，落实好各种承包合同。

（4）带头维护国家利益，维护

安定团结，抵制不正之风，敢于同坏人、坏事做斗争。

（5）带头执行各项规章制度，坚决按制度办事。

（6）带头创建文明单位、文明岗位，做文明职工、文明村（居）民，开展“五讲、四美、三热爱”活动。

（7）带头帮助后进单位和个人，用思想和实际行动解决实际问题，谈心送温暖。

（8）带头执行计划生育，杜绝计划外生育。

（9）带头完成党委、政府所分配的各项任务。

（10）带头钻研业务，带头学科学技术、用科学技术，勇于开拓创新。

三、党员考核制度

（1）考核目的。增强村（居）党员的责任感和事业心，充分调动社区党员的积极性，共同搞好村（居）党建、服务与建设工作。

（2）考核内容。以政治素质、业务素质和工作纪律三方面为主要内容。重点考核是否贯彻党的路线、方针、政策及上级党组织的指示决定；是否为村（居）群众办好事、实事；是否在加强村（居）党建和搞好村（居）服务与建设工作方面积极主动；是否严格要求自己，秉公办事，清正廉洁。

（3）考核办法。考核采取民主评议的形式进行，一年两次，年终总评。

（4）考核奖惩。对考核成绩突出的党员，给予一定物质奖励，适当时机予以重用。对考核成绩靠后的党员，给予警告、诫勉谈话或调离工作岗位等处分。

四、外出党员管理制度

（1）党员外出必须向党支部说明外出走向和时间，由党支部进行登记。

（2）外出时间为3个月以上半年以下、有固定工作地点的党员，应携带党员临时关系证明信，参加所在地党组织活动，时间为半年以上的应将组织关系转到所在地党组织。

（3）外出流动性大、无固定地点的党员，每季度至少向党支部汇报一次思想、学习和工作情况。

（4）临时外出或就近工作、经商的党员，必须按时返回参加党的组织生活，党组织提前将活动有关事宜通知本人。

（5）3 名以上正式党员集体外出时，建立临时党小组或党支部，要接受本党支部、总支或所在地党组织的领导。

五、民主评议党员、党支部班子制度

（1）民主评议党员、党支部班子的工作，在上级党委领导下，由党支部具体组织，每半年进行一次。民主评议党员，由全体党员和部分群众参加，对全体党员进行评议。民主评议党支部班子，党支部全体党员以及由街道党委委派的党员参加，对领导班子及成员进行评议。

（2）民主评议党员和党支部班子工作，结合年度工作总结、党员年度目标管理考核等工作，采取自评或互评、群众评议与组织审议、定量分析与定性分析相结合的办法进行。

（3）民主评议的结果，作为评先树优、妥善处理不合格党员和上级党组织考察使用干部的重要依据。

六、党员年度目标管理制度

（1）每年年初，党员提出自己的各项目标，经党小组讨论修订，报党支部审批，一式三份，填写《党员年度目标责任书》，分别由党支部、党小组和党员本人保存。

（2）党员年度目标的内容，按照党章要求和党支部的全年工作部署，根据党员的职业、职务、年龄、能力等确定。

（3）党员年度目标完成情况，党小组每季度检查一次，党支部每半年检查一次，年终进行全面考核，党支部建立《党员年度目标管理记录簿》，随时记录检查情况。

（4）党员年度目标实行量化考核，考核结果作为民主评议党员的主要依据。

七、党支部班子任期目标责任制

（1）每届党支部班子，制定出明确具体的任期目标，与上级党委签订《任期目标责任书》，并向党内外公布。

（2）将任期目标分解为年度目标，按照工作分工落实到每个班子成员身上。

（3）每年年终，支部班子对照任期目标及年度目标自查完成情况，上级党组织进行全面检查。检查结果向党内外公布，并填入干部档案。

（4）根据任期目标及年度目标完成情况，上级党组织按奖惩办法规定对支部班子成员进行奖惩。

八、党支部班子民主生活会制度

（1）党支部领导班子至少每半年召开一次民主生活会，全体班子成员必须按时参加。

（2）民主生活会召开之前，要广泛征求党内外的意见，从本单位实际出发，确定召开的时间和议题，提前上报党委，同时通知每个班子成员做好充分准备。

（3）民主生活会要突出重点，注重质量，根据上级要求，每次集中解决支部班子存在的一两个主要问题。

（4）民主生活会要充分发扬民主，认真开展批评和自我批评，班子主要负责同志要以身作则，率先垂范。

九、党员民主议事制度

（1）党员民主议事的内容，主要包括党的自身建设的有关问题、其他与党密切相关的问题。

（2）党员民主议事的一般形式：①召开党员代表座谈会，就有关问题征求意见；②以党小组为单位组织党员座谈发表意见；③举行党员大会，就有关问题展开讨论，发表意见，集中正确意见形成决议。

（3）凡属于民主议事范围的事项，党支部及时提交党员讨论，鼓励党员畅所欲言，对正确的意见认真采纳，对不正确的意见做好解释工作；党员在民主议事中的个人意见未被采纳时，可以保留意见，但必须无条件地执行党组织的决议。

十、民主评议“两委”干部制度

（1）为切实加强对村“两委”干部的民主监督，搞好干部队伍廉政建设，特制定本制度。

（2）民主评议活动，按照上级统一安排组织村民代表每半年和年终进行一次。

（3）民主评议采取面对面的评议和无记名投票两种方式进行。

（4）民主评议要从德、能、勤、绩四个方面，对干部进行评议，根据综合评议，评出优秀、称职、不称职三种类型。

（5）村民代表评议为不称职的

干部，限期半年整改，连续两次被评为不称职的干部，由上级进行评议。

（6）村“两委”干部，要自觉接受村民代表的评议，对村民代表提出的意见，要虚心接受和坚决改正，对提意见的代表不得打击报复，违者严肃处理。

第三节　思想建设

20 世纪五六十年代，罗家庄党支部努力学习领会上级党组织的指示，认真将工作做好。70 年代，每年冬季组织党员学习党的方针、政策，学习中央和各级党委、政府文件。80 年代，组织党员主要学习邓小平同志关于改革开放的理论。90 年代初，组织党员认真学习邓小平同志关于建设中国特色社会主义的理论。1997 年，组织党员开展学习江泽民同志“讲学习、讲政治、讲风气”的“三讲”教育。1999 年，组织党员认真学习“三个代表”重要思想。由于党支部组织党员干部不断深入学习，提高了党员干部的整体素质，多年来党内未出现违规违纪现象，保持了党组织的纯洁性和旺盛活力。

2000 年后，以邓小平理论、“三个代表”重要思想为指导牢固树立和全面落实科学发展观，坚持把“三农”问题作为工作的重要内容来抓，坚持为建设社会主义新农村服务，推动农村走上生产发展、生活宽裕、乡风文明、村容整洁、管理民主的发展道路。努力培养一批有觉悟、懂科学、善经营、会管理的新型农村劳动者和各类实用人才。

2005 年 7 月开始，扎实开展共产党员先进性教育活动，制定了切实有效的实施方案，确保学习的有序性和有效性。活动分学习动员、分析评议、整改提高三个阶段进行。

1. 学习动员阶段，时间为 30 天左右

（1）确定学习内容。组织党员以《保持共产党员先进性教育读本》为基本教材，重点学习党章。把中央关于先进性教育活动的一系列重要指示精神，特别是胡锦涛总书记在保持共产党员先进性专题报告会上的讲话和视察山东的重要讲话纳入学习内容。

（2）采取灵活多样的学习方式。

坚持区别情况，因人施教，学习形式多样化。以集中学习为主，每周安排一次集中学习日。保证不少于40学习时。采取上党课、专题辅导、典型示范、讨论交流、警示教育、现代远程教育、考核检查等形式，增强学习的吸引力，提高学习培训质量。组织开展关于保持共产党员先进性具体要求和不合格党员主要表现的大讨论。

（3）严格学习要求。每个党员记读书笔记不少于1万字，撰写心得体会不少于1篇。经党支部同意，年老体弱的党员与本村有一定文化水平的党员结对子，采取一人读一人听的帮扶措施。身体健康且识字的党员，划分学习小组，采取一人读多人听的帮扶措施，从而达到共同学习、共同提高、不掉队落伍的目的。学习动员阶段结束时，组织在职党员进行学习测验。建立健全实名签到、补课、抽查读书笔记和心得体会、笔记展评、学习测试等制度，确保参学率和效果。党员参学率要求达到95%以上。

2. 分析评议阶段，时间为40天左右

根据不同党员的实际情况，采取适当方式，对党员进行分析评议。

（1）广泛征求意见，坚持开门教育。通过召开座谈会、个别谈话、设立意见箱、问卷调查、上门走访等形式，广泛收集党员、群众对党组织及每个党员的意见。对收集到的意见建议，经适当整理后，属于党组织的，向全体党员和群众代表进行通报；属于党员个人的，向党员本人如实反馈。诚心诚意听取各方面的意见，把问题找准。

（2）做好党性分析。组织党员按照“三个代表”要求，对照本单位党员先进性标准和党员、群众提出的意见，开展“三查三问”活动：一是查党性，问是否符合党员标准。二是查实绩，问为党做了哪些工作。三是查作风，问群众拥护程度如何。据此找出个人理论信念、组织纪律、思想作风、工作作风、廉洁自律等方面的突出问题和在发挥先锋模范作用方面的主要差距，剖析思想根源，做好自我总结。

（3）开展谈心活动。每个党员在自我剖析过程中，要主动找其他党员进行个别谈心，进一步听取党员意见，沟通思想，查找问题，明确方向。

（4）开展民主评议。在党员本人进行剖析的基础上，组织党员学习党员先进性标准，列举不合格党员主要表现，由党员、群众对各党员逐一进行评议。评议采用无记名投票方式进行。党支部综合分析评议结果，并根据征求的群众意见和党员一贯表现，对每名党员做出客观评价，形成初步意见，确定出优秀党员和不合格党员，召开支部大会讨论表决，形成对每个党员的评议意见，并向党员本人反馈，公布评议结果，接受群众监督。

（5）召开专题组织生活会和民主生活会，每名党员都要围绕保持党员先进性的要求，针对存在的问题，认真开展批评和自我批评。党员领导干部既要参加领导班子的民主生活会，又要以普通党员的身份参加党支部或党小组的民主生活会。

3. 整顿提高阶段，时间为 30 天左右

把解决涉及群众切身利益的问题与解决生活困难党员（尤其是老党员）的实际问题结合起来，重点抓好整改方案、整改措施的制定和落实。

（1）制定、落实整改措施。每个党员都要根据自己存在的问题和党组织的评议意见，制定整改措施。制定和落实整改措施的情况，在一定范围内公开，充分听取群众意见，接受党员、群众的监督。

（2）建章立制。结合先进性教育，完善党建工作制度规范，制定巩固教育活动成果、加强党组织建设的意见。完善“三会一课”、民主评议党员、党员目标管理等行之有效的机制。完善监督约束制度，形成党员队伍自我纯洁机制。

（3）组织检查验收。教育活动结束前，由街道教育活动领导小组检查验收，并进行群众满意度测评。

（4）做好活动总结。通过个别走访、召开党员群众座谈会等形式，收集和听取意见，认真分析和回答制定的目标达到了没有、教育活动的成效如何、有什么经验和教训等。在此基础上，认真进行总结，向党工委提交专题报告。在整个过程中，组织党员开展“我为发展做什么”为主题的大讨论，人人献计献策，调动工作积极性。进一步深化帮扶

活动，发挥自身优势，每名党员干部要尽力帮助结对的贫困户，使其尽快改变落后面貌。

进行群众满意度测评，群众不满意超过10%的党员，要及时进行补课。

集中教育活动结束后，又利用3个月的时间，集中抓好整改措施的落实，巩固和扩大教育活动成果。重点落实好“四项任务”：一是检查梳理整改措施落实情况。对应当解决而没有解决的问题，集中力量抓紧解决；一时不能解决的，向群众讲清楚，并创造条件使其得以解决；整改效果不好、多数群众不满意的，在党工委监督下重新整改。二是表彰、宣传优秀党员。采取一定方式，对先进和优秀共产党员进行了表彰，大张旗鼓地进行宣传，弘扬正气，激励先进。三是处置不合格党员。对那些不履行党员义务的党员，认真做好教育帮助工作，限期整改；不符合党员条件的，根据《中国共产党章程》和有关规定，按照正常程序进行组织处理；对违纪党员，按照《中国共产党纪律处分条例》的规定，给予纪律处分。四是健全、落实长效机制，健全党组织和党员队伍建设的长效机制，明确责任，狠抓落实，巩固和扩大学习教育活动成果。

通过先进性教育活动，使党员的作用更加突出，党组织更具活力，群众观念更加新颖。广大党员干部始终保持与时俱进、奋发有为的精神状态，坚持把加快发展作为第一要务，及时研究新情况，探索新规律，总结新经验，做好政治和精神文明建设等方面，迎来超常规、跨越式发展的新局面。

2007年，罗家庄学习贯彻党的十七大会议精神。

2007年7月，全市农村党员干部现代远程教育终端接收站建设完成，罗家庄制订教育培训计划，主要分为五个专题。

（1）生产发展。生产发展必须以科学和技术进步为前提，因此，重点安排学习农村实用技术以及国内外农业介绍、农村经营管理、市场信息、支付导向、科普知识等内容，传播学习先进的科学知识，推动农村经济发展。

（2）生活宽裕。重点学习政策

法规、文化体育、农村卫生知识等内容，丰富党员群众的精神生活，达到物质、精神双丰收的社会主义新社区生活水平。

（3）乡风文明。重点学习公民道德守则、乡规民约、乡村新风、法律常识和文明村镇、文明户建设等内容，从思想上教育广大党员和群众，努力营造和谐文明的新社区。

（4）村容整洁。重点学习环境保护、城镇建设等方面的知识，从产业发展、规划建设、环境保护等方面着手，建设环境整洁的新社区。

（5）民主管理。主要学习政策法规、政治理论、民主管理、财务管理、民主法制等方面的内容，提高广大党员干部的素质和水平，为社会主义新社区建设服务。

社区接收站每月集中收看远程教育不少于3次，每次学习不少于2小时，全年累计教学时间不少于80小时。各专题主要是以学习推动生产发展为主，其他专题兼顾，每个专题学习时间不能少于10小时。

此后，每年初都制订远程教育学习计划，逐步健全完善远程教育《设备管理制度》《信息接收管理制度》《信息反馈制度》等各项规章制度。建立了“四簿一册”，规定社区“两委”干部每月组织党员、群众收看远程教育节目4次，积极推动“党员教育集中学，公共节目全员学，科技知识分类学，群众点播随时学”。引导党员群众提高致富本领，掌握实用技术，逐步培养出一支敢打敢拼的立志服务于社区经济发展的技术人才队伍。

2013年，罗家庄组织党员扎实开展了“两学一做”活动，系统学习了党的十八大，十八届三中、四中全会和习近平总书记系列重要讲话精神，观看了《榜样》《基石》《习近平总书记在庆祝中国共产党成立95周年大会上的讲话》等教育视频，使广大党员普遍接受了党性知识教育，精神面貌焕然一新。同时，落实联系和服务群众制度，激励广大党员干部发挥作用。2013年9月，按照上级的统一规定，社区所有党员补交了党费，共计5854元。

2017年，罗家庄打造品质社区。一是创新基层党建模式。在高密市，罗家庄率先实行大党委制，设社区党委书记1人，副书记1人，委员5人。

与驻区单位党组织签订共驻共建协议，每月召开党建议事会，集思广益，协商解决实际困难和问题。同步建立健全了社区大党委“一会六联”“双诺双述双评”等六项工作机制，由社区党委统筹区域内的“两新”组织。党组织和驻区单位党组织，实现了“组织共建、党员共管、事务共商、服务共帮”的区域化党建新格局。二是形成共驻共建工作局面。设立了卫生治理、绿化维护、国学讲师、法律援助等方面的421个奉献岗位，目前已有市地震局、市公共资源交易中心、市文化产业管委会、胶河生态林场、市人大等8个市直机关部门的40名党员认领了服务岗位，为下一步党员到社区开展服务打下了基础。三是注重党员先锋作用的发挥。以党员先锋模范作用的发挥化解不和谐因素。在罗家庄小区建立起诚信、睦邻等4个党小组，将各楼栋长和党员予以公示，通过“亮身份”、划分责任区等措施，激励优秀党员参与社区建设。党员在管理区域做好上情下达和下情上传，及时排除化解矛盾纠纷，筑牢“第一道防线”，将不和谐因素全部消灭在萌芽状态，有力地维护了社区的正常秩序。

2018年，每月5日党员生活日集中学习党的十九大精神，每个党员的手机都下载“灯塔党建在线”APP，每个季度最低学6个学时，并纳入党员考核范围内。

■ 2019年1月5日罗家庄党支部党员（部分）合影

附：2018 年朝阳街道党工委党员积分制管理考核办法

党员管理是党组织按照党章和党内的有关规定，通过一定的方式和手段，使党员认真履行义务、正确行使权利的活动。为建立健全党员联系和服务群众机制、规范基层党组织活动、提升党员教育管理水平、进一步转变党员作风，街道党工委特制定以“党员积分卡”为统领的党员积分制管理考核办法。

一、党员积分构成

党员积分由基准分、奉献分、扣减分和一票否决四部分组成。

（一）基准分

分值为 100 分，具体内容及赋分如下。

1. 理想信念（10 分）。坚持马列主义、毛泽东思想、邓小平理论、“三个代表”重要思想和科学发展观，深入学习贯彻党的十八大和十八届历次全会精神以及习近平总书记系列重要讲话，具有坚定的共产主义理想信念；树立正确的世界观、人生观和价值观；坚持党的领导，认真贯彻执行党的路线、方针和政策。

2. 宗旨观念（10 分）。坚持党和人民的利益高于一切，密切联系、服务群众，向群众宣传党的路线、方针、政策，及时向党组织反映群众的意见和要求，维护群众的正当利益。

3. 组织观念（10 分）。认真履行党员义务，积极参加组织生活和党组织开展的其他活动，自觉按期交纳党费；执行党的决定，服从党的分配，积极完成党组织交办的各项任务；关心党的工作，向党组织提出合理的意见和建议；虚心接受党内监督。

4. 工作态度（10 分）。有较强的事业心和责任感，积极向上，虚心学习，勤奋工作，任劳任怨，工作踏实，服务质量好。

5. 工作创新（10 分）。解放思想，与时俱进，积极探索工作中的好方法，着力解决工作中存在的热点、难点问题。

6. 工作业绩（10 分）。立足本职岗位，履行岗位职责，多办实事、好事，较好地完成工作任务。

7. 遵纪守法（10 分）。自觉遵守党的纪律，执行国家的法律法规和各项规章制度。

■ 社区党员学习党的十九大精神

8. 忠诚团结（10 分）。维护党的团结和统一，对党忠诚老实，言行一致，不搞小团体；不参加封建迷信及不法活动；认真开展批评和自我批评，勇于揭露和纠正工作中的缺点、错误。

9. 品德风尚（10 分）。发扬社会主义新风尚，吃苦在前，享受在后，乐于助人，无私奉献，团结同事，邻里和睦，家庭和谐；保护国家和人民的利益，在危急时刻能挺身而出，不怕牺牲。

10. 先锋模范（10 分）。带头参加经济社会事业建设，在工作、学习和生活等各方面发挥先锋模范作用，树立良好的党员形象。

（二）奉献分

各党支部根据党员奉献情况，视奉献大小考核积分。

1. 党员每月主动找群众谈心不少于一次，听取群众的意见和要求，党员将联系情况记录好反馈给党支部的记 2 分，与群众谈心但没有记录的记 1 分。

2. 党员主动联系流动党员并及时了解流动党员的学习、工作、生活情况，向流动党员传达支部各项工作任务，记 2 分。

3. 党员主动做好入党积极分子培养工作，年内培养 1 名优秀青年列为入党积极分子的，记 3 分。

4. 义务为群众解决生产生活中

的实事，每件记1分；结对帮扶弱势群体，切实为困难群众解决实际问题的，采取计件方式，每件记2分；每资助1名贫困学生，记3分。

5. 带头清理居委会辖区内卫生，维护村居环境的，记3分；积极参加有意义的宣传或文娱演出的，每次记2分；党员在维护社会稳定，纠纷调解，参加处理“急、难、险、重”事件，在群众关注的热点、难点问题等方面做出贡献的，采取计件方式，每件记5分；见义勇为的，每次记10分；党员积极支持发展集体公益事业，每捐献1000元记5分，1000元以下的记3分。

6. 带头尊老爱幼、维护邻里团结、赡养老人的，记2分；自觉抵制不正之风，红白喜事从简的，记2分。

7. 每转移1名农村劳动力，在本街道范围内缺工企业就业6个月以上的，记2分；积极参与招商引资，引进资金2000万元以上的记20分，1000万元以上的记10分，500万元以上的记5分。引荐人系两人以上的，按照每人所占的引资额，分别记分。

8. 党员支持并积极参与街道、居委会安排的重点工作（如拆迁调地），在规定时间内完成目标任务的，计20分。

9. 其他活动的积分由各党支部视情况研究决定。

（三）扣减分

1. 按学习计划规定，每缺席一次扣2分。

2. 按远程教育学习的有关规定，每缺席一次扣2分。

3. 按党费收缴有关规定，不按规定缴纳党费的，一次扣2分。

4. 按党员定期向党组织汇报思想的制度，每出现一次不按时汇报的情况扣2分。

5. 按“三会一课”制度规定，“三会一课”每缺席一次扣2分。

6. 按党的组织生活制度，组织生活会每缺席一次扣5分。

7. 按民主评议党员制度的规定，评议优秀率达不到50%的，扣20分。

8. 按流动党员管理有关规定，不向党组织汇报思想工作的，扣5分。

9. 违反党内纪律规定的，按纪律处分高低扣50~100分。

10. 党员（包括直系亲属在内）

不赡养老人并被反映到支部的，扣10分。

11. 搞赌博、迷信活动的，扣20分。

12. 党员及其直系亲属每次不按规定参加B超检查的，扣20分。

13. 有违章建设行为（包括直系亲属在内）的，扣30分。

14. 党员本人参与组织非正常上访或背后指使他人非正常上访的，根据情节轻重，扣30~50分。

15. 在上级党组织或所在支部安排的重点工作（如旧村改造、项目调地、维护社会稳定）中，没有发挥带头作用的，视情节轻重扣30~50分。

（四）一票否决

主要包括：①不执行党支部决定，弄虚作假骗取积分，无正当理由不参与奉献积分，无正当理由完不成公开承诺，违法违纪以及违反经党支部集体研究确定的其他事项等；②干扰、阻挠市委、市政府决策部署实施和重点工作任务推进；③在群众中散布谣言和小道消息，组织、煽动和参与越级上访、非法上访；④在计划生育、安全生产、环境保护、廉政建设等方面发生严重问题。

二、积分办法

（一）积分方式

党员积分按照“申报—汇总—核实—公示”四个步骤进行。积分方法主要有三种：一是支部考核积分。基准分由各支部按照有关记录直接考核积分。二是党员申报积分。党员将自己的奉献情况向支部报告，党支部核实后予以积分。三是班子提议积分。党支部对党员工作完成情况进行评价后积分。对这三种形式的积分，党员本人确认无误后，由考评小组每月登记一次，每季度认定一次，并在各党支部的党务公开栏内公示。对于年老体弱、卧床不起或长期生病无生活自理能力的，征得本人同意，可不列入考核范围，经支部全体党员大会评议后直接确定档次。

（二）方法步骤

1. 党员积分个人申报表。每月由党支部收集党员积分个人申报表，支部每月汇总登记备案。

2. 支部季度认定。各党支部每季度审核认定一次增加分和扣减分，并登记备案。

3. 支部半年评议。各支部每半年召开一次由全体党员和群众代表参加的民主评议会议，评议确定每名党员的基本分，年底汇总计算出总积分，其中每半年考核一次的基本分各占 50%，增加分和扣减分累计算分。总积分经党员本人签字确认后，各支部上报上级党组织。一票否决事项，由上级党组织审核认定。

4. 公示。将公示贯穿奉献积分确定全过程，每个步骤结束后，各基层党支部都要通过一定的形式向党员、群众公示。党员对积分情况有异议的，可以在民主评议会上提出，经全体党员和群众代表讨论决定后，当场公布。

三、积分运用

深入开展争创星级党员先锋活动，由各党支部根据党员全年积分确定党员星级，最高为五星。党员积分 = 基准分（100 分）+ 奉献分 − 扣减分。党员总得分为 130 分（含 130 分）及以上的，授五星党员先锋；总得分为 120~130 分（含 120 分）的，授四星党员先锋；总得分为 110~120 分（含 110 分）的，授三星党员先锋；总得分为 100~110 分（含 100 分）的，授二星党员先锋；总得分为 90~100 分（含 90 分）的，授一星党员先锋；总得分为 90 分以下的，不授星。注重结果运用，对四星以上的党员，优先推荐评选优秀党员、后备干部及晋级晋职等；对于总积分为 100 分以下的，取消各类评先树优资格；对于总积分为 80 分以下的党员，在年度民主评议党员时直接评议为不合格，并由所在党支部对其进行诫勉谈话；对连续两年奉献积分不满 80 分，经诫勉无效的，由所在党支部报上级党组织批准同意后，按党内有关规定做出处理。预备党员年度积分达不到 120 分以上的，对其延期转正。

■ 支部生活日

第二章　村级行政

1946年冬，罗家庄在共产党的领导下，建立了人民民主基层政权，设村长、农救会长、自卫队长、青救会长、妇救会长、民兵队长、儿童团长及村文书。带领群众宣传党的政策，开展“土改”斗争，支援解放战争。

1956—1958年，是农业生产合作化时期，1956年罗家庄成立高级农业生产合作社时名为建国社。高级农业生产合作社，实际也是村行政机构。

1958年9月，全县人民公社化后，罗家庄与东栾庄、毛家庄为一耕作区，罗家庄分为2个生产队。

1961年6月15日，中央下发《农村人民公社工作条例（草案）》，并制定“调整、充实、巩固、提高”的八字方针，确立人民公社、生产大队、生产队三级所有，队为基础的管理体制。基本核算单位下放到生产队。罗家庄自此方为生产大队。生产大队设大队长、副大队长、大队会计、民兵连长，共青团支部书记，妇女会长等。生产大队下设4个生产队，每个生产队设生产队长、副队长、会计、保管员等。

1967年，大队改成革命委员会，直至1971年恢复大队管理机构。

1981年12月，城关公社更名为城关镇。1984年4月，更名为高密镇。是年秋，罗家庄改队建村，撤销大、小生产队组织，成立罗家庄村民委员会。村委会由主任、委员组成，下设村民小组，协助村委会服务全村各家各户农业生产及一切村务事宜。

1996年，罗家庄村民委员会更名为罗家庄社区居民委员会。

2007年1月，政企分开，居委会以服务居民为根本，保障居民的合法权益。

表 3-3　1949—1958 年罗家庄主要干部一览表

职务	任职人员
村　长 大队长 村主任	罗肖云 杜官升 石清法 罗正云
	栾志聪 罗会堂 罗坤云
	罗洪锦
农会长	罗会堂
自卫队长	罗湘云
民兵队长	鲁松高 罗贞云 罗高云
妇救会长	罗秀芬 范志美 王桂兰
青救会长	
儿童团长	罗洪利
村（大队）会计	罗洪儒

表 3-4　1959—1983 年罗家庄大队主要干部一览表

职务	任职人员
大队长	栾志聪 罗会堂 罗坤云
保管员	罗坤云 罗云龙 罗洪儒 杜立贤
妇女主任	徐秀芬 刘玉梅 甄秀花
民兵连长	罗云喜 徐金山 徐敬清 罗相明
会计	罗洪儒 徐先进 范志彬
团支部书记	罗洪宪 罗云淑 范才明 罗洪金 罗金秀 罗桂花 罗相明

表 3-5　1958—1983 年罗家庄生产队长、会计一览表

时间	生产队名称	队长	会计
1958—1960	一队	罗召云	
	二队	罗洪新	
1961—1983	一队	吴邦兴 罗洪利 杜立华 徐兆星	罗云陛 罗洪德 杜立俊 罗洪兴
	二队	徐邦清 罗坤云 石有亮 罗洪华	罗坤云 石有亮 徐秀娟 罗洪学 罗传仁
	三队	罗洪昌 罗洪坤	于永清 罗洪尧 范志安
	四队	罗相华 范志松 罗书云 范志升	范才胜 范志彬 罗相秀

表 3-6 罗家庄历届村（居）民委员会一览表

届数	换届时间	主任	副主任	委员
1	1984	罗洪金	徐敬清	范志彬 刘玉梅 罗坤云
2	1986	罗洪金	杜立华	范志彬 罗坤云 甄秀花
3	1988	罗洪金	罗相明	范志彬 甄秀花 罗坤云
4	1990	罗洪金	范志彬	徐敬清 罗坤云 甄秀花
5	1993	罗洪金	范志彬	徐敬清 罗坤云 甄秀花
6	1996	罗洪金	范志彬	徐敬清 罗相敏 甄秀花
7	1999	罗相敏	徐敬清	杜　坤 甄秀花 罗洪学
8	2002	罗相敏	徐敬清	杜　坤 罗传刚 罗相志
9	2004	罗相敏	徐敬清	杜　坤 罗传刚 罗相志
10	2007	罗相敏		杜　坤 罗传刚 罗相志 王教芬
11	2011	罗相敏		杜　坤 罗传刚 罗相志 王教芬
12	2014	罗传刚	罗相志	杜　坤 范佳佳 王教芬
13	2017	罗相明	罗传刚	杜　坤 罗相志 范佳佳

表 3-7 改革开放后罗家庄获得荣誉统计表

年度	荣誉名称	颁奖单位
1997	农村工作先进单位	开发区党工委
1998	安全村	潍坊市社会治安综合治理委员会
	农村工作先进村	中共高密市委、高密市人民政府
	先进团支部	开发区团工委
	“春蕾计划”先进单位	开发区党工委
1999	先进民兵连	中共高密市委、高密市人民政府
	创安工作先进居委会	山东省社会治安综合治理委员会
	农村工作先进单位	开发区党工委、管委会
	招商引资先进单位	开发区党工委、管委会
	先进妇代会	高密市妇联
	先进妇代会	开发区党工委

续表

年度	荣誉名称	颁奖单位
1999	先进管电组织	高密市供电局东城供电所
	民兵工作先进单位	开发区管委党工委
	尊师重教先进单位	开发区管委党工委
2000	尊师重教先进单位	开发区管委党工委
	企业发展先进单位	开发区管委党工委
	党风廉政建设先进单位	开发区管委党工委
	计生责任目标达标一等奖	开发区管委党工委
	团的工作先进单位	开发区团委
	全区党建先进单位	开发区管委党工委
	思想政治工作先进单位	中共高密市委、高密市人民政府
	招商引资暨农村工作先进单位	开发区管委党工委
	农村经济工作先进村	中共高密市委、高密市人民政府
	党员富民带动工程示范村	中共高密市委
	文明单位	中共高密市委、高密市人民政府
	先进妇代会	开发区管委党工委
	先进妇代会	高密市妇联
2001	先进民兵连	高密市人民政府、高密市人民武装部
	先进民兵连	开发区管委党工委
	文明单位	中共高密市委、高密市人民政府
	尊师重教先进单位	开发区管委党工委
	经济发展综合奖	开发区管委党工委
	党员富民带动工程示范村	中共高密市委
	纳税先进单位	开发区管委党工委
	农村工作先进村	中共高密市委、高密市人民政府
	先进妇代会	高密市妇联
	红旗妇代会	高密市妇联
	招商引资及农村工作先进单位	开发区党工委、管委会

续表

年度	荣誉名称	颁奖单位
2002	实施春蕾计划先进单位	开发区党工委
	党员富民带动工程示范村	中共高密市委
	优秀农村青年科技示范基地	中共高密市组织部
	环境卫生工作先进居委会	开发区管委会
	经济发展综合奖	开发区党工委管委会
	农村工作先进单位	中共高密市委、高密市人民政府
	第五次人口普查先进集体	潍坊市统计局人普领导小组
	敬老模范居委会	中共高密市委、高密市人民政府
2003	经济发展综合奖	开发区党工委、管委会
	幸福村	山东省妇联
	美在家庭创建活动示范居	开发区党工委、管委会
	先进民兵连	高密市人民政府、高密市人民武装部
	美在家庭示范居	高密市妇联
	城区综合治理先进单位	中共高密市委
	文明单位	中共高密市委、高密市人民政府
2004	农村工作综合奖	开发区党工委、管委会
	先进基层党组织	中共高密市委
	高密市“美在家庭”创建活动示范居	高密市文明办妇联
	农村经济工作先进村	中共高密市委、高密市人民政府
	十强居委会	开发区党工委管委会
	安全居委会	高密市社会治安综合治理委员会
	文明单位	中共高密市委、高密市市人民政府
	人口与计划生育目标管理责任达标一等奖	高密经济开发区党工委、管委会
	红旗妇代会	高密经济开发区党工委、管委会
	妇女儿童工作先进集体	中共高密市委、高密市人民政府

续表

年度	荣誉名称	颁奖单位
2004	尊师重教先进单位	开发区党工委、管委会
2005	农村经营管理工作先进村（居）	中共高密市委农村工作领导小组办公室、高密市农村经济管理局
	城市绿化工作先进单位	中共高密市委、高密市人民政府
	平安高密建设先进基层单位	高密市社会治安综合治理委员会
	农村经济工作先进村（居）	中共高密市委、高密市人民政府
	妇女儿童先进集体	中共高密市委、高密市人民政府
	红旗妇代会	开发区党工委
	十强居委会	开发区党工委、管委会
2006	平安高密建设先进基层单位	中共高密市委、高密市人民政府
	农业农村工作先进村（居）	中共高密市委、高密市人民政府
	潍坊市百优团支部（总支）	共青团潍坊市委
	农村经营管理工作先进村（居）	中共高密市委农村工作领导小组办公室、高密市农村经济管理局
	经济发展十强居委会	高密经济开发区党工委、管委会
	尊师重教先进单位	高密经济开发区党工委、管委会
	先进妇代会	高密市妇联
2007	红旗妇代会	潍坊市妇联
	慈善募捐先进单位	中共高密市委、高密市人民政府
	平安高密建设先进村居	中共高密市委、高密市人民政府
	尊师重教先进单位	朝阳街道党工委、办事处
2008	红旗妇代会	潍坊市妇联
	先进基层党组织	中共高密市委
	科学发展十强居	高密经济开发区党工委、管委会
	农村经营管理先进村居	高密市农村工作经济管理局
	人口责任目标达标一等奖	高密经济开发区党工委、管委会
	新农村建设示范村居	中共高密市委、高密市人民政府

续表

年度	荣誉名称	颁奖单位
2008	平安高密建设先进村居	中共高密市委、高密市人民政府
	人口和计划生育工作先进单位	中共高密市委、高密市人民政府
	尊师重教先进单位	高密经济开发区党工委、管委会
	运动会优秀组织奖	高密经济开发区党工委、管委会
	潍坊市红旗妇代（委）会	潍坊市妇女联合会
2009	敬老模范居委会	高密经济开发区党工委、管委会
	科学发展先进居委会	高密经济开发区党工委、管委会
	支持财源建设先进单位	高密经济开发区党工委、管委会
	尊师重教先进单位	高密经济开发区党工委、管委会
	新农村建设先进村（居）	中共高密市委、高密市人民政府
	捐资兴教先进单位	高密经济开发区党工委、管委会
	人口责任目标考核优秀奖	高密经济开发区党工委、管委会
	人口和计划生育工作先进单位	中共高密市委、高密市人民政府
2010	十佳先进妇女组织	高密经济开发区党工委、管委会
2013	文明城市创建工作先进单位	高密市朝阳街道党工委、办事处
	科学发展先进居委会	高密市朝阳街道党工委、办事处
2014	平安高密建设先进村	中共高密市委、高密市人民政府
	科学发展先进居委会	高密市朝阳街道党工委、办事处
	农村集体产权改革先进单位	高密市朝阳街道党工委、办事处
	尊师重教先进单位	高密市朝阳街道党工委、办事处
2015	尊师重教先进单位	高密市朝阳街道党工委、办事处
	金孚隆杯广场舞大赛三等奖	高密市委宣传部、电视台
	基层组织建设先进单位	高密市朝阳街道党工委、办事处
	社会事业发展先进居委会	高密市朝阳街道党工委、办事处
	城市建设先进居委会	高密市朝阳街道党工委、办事处
2016	省级文明社区	山东省精神文明建设委员会
	科学发展先进居委会	高密市朝阳街道党工委、办事处

续表

年度	荣誉名称	颁奖单位
2016	环境卫生先进单位	高密市朝阳街道党工委、办事处
	社区工作先进单位	高密市朝阳街道党工委、办事处
	潍坊市五四红旗团支部（总支）	共青团潍坊市委
	基层组织建设先进单位	高密市朝阳街道党工委、办事处
	先进基层党组织荣誉称号	中共高密市委、高密市人民政府
	市级文明社区	潍坊市精神文明建设委员会
	全是民主法治示范村（社区）	潍坊市司法局、潍坊市民政局
	潍坊市示范农家书屋	潍坊市文化广电新闻出版局
	先进职工之家	潍坊市总工会
	潍坊市先进村（社区）综合性文化服务中心	潍坊市文化广电新闻出版局
	全市综合减灾示范社区	潍坊市减灾委员会、民政局
	潍坊市民主法治示范社区	潍坊市司法局
	潍坊市地震安全示范社区	潍坊市地震局
	市级绿色社区	潍坊市精神文明建设委员会办公室、潍坊市环境保护局
	潍坊市优秀基层综合性文化服务中心	潍坊市委宣传部
	高密市老年体育工作先进单位	中共高密市委、高密市人民政府
2017	省级文明社区	山东省精神文明建设委员会
	高密市最美志愿社区	高密市团市委
	国家地震安全示范社区	国家地震总局
	省级“四型就业”社区	山东省人力资源和社会保障厅
	书香社区	中国图书馆学会
	山东省地震安全示范社区	山东省地震局、山东省民政厅 山东省科学技术协会
	山东省体育总会组织建设先进单位	山东省体育总会
	山东省“示范农家书屋”	山东省新闻出版广电局
	全市老年体育工作先进单位	高密市政府

续表

年度	荣誉名称	颁奖单位
2017	环境卫生先进单位	朝阳街道党工委、办事处
	集体产权制度改革先进单位	朝阳街道党工委、办事处
	基层组织建设先进单位	朝阳街道党工委、办事处
	科学发展先进居委会	朝阳街道党工委、办事处
	全省综合减灾示范社区	山东减灾委员会、民政厅
	潍坊市优秀基层综合性文化服务中心	中共潍坊市委宣传部、潍坊市文化广电新闻出版局
	潍坊市先进基层妇女组织	潍坊市妇女联合会
2018	山东省老年人明星健身站点	中国体育彩票
	尊师重教先进单位	高密市朝阳街道党工委、办事处
	四德工程建设示范点	中共山东省委宣传部
	先进党组织	中共潍坊市委
	山东省老年人明星健身站点	中国体育彩票
	开展优生优育指导工作先进社区	山东省计生协会
	潍坊市维护妇女儿童权益先进集体	潍坊市妇女联合会
	2014—2017 年度山东省群众体育工作先进单位	山东省体育总会

第三章　群众团体

1946 年罗家庄建村后，相继建立农民、青年、妇女、少年等群众团体组织，这些群众团体组织在土地革命斗争、解放战争、抗美援朝及社会主义建设各个时期都发挥了极其重要的作用。

第一节　农民团体

1946 年，罗家庄成立农民救国会（简称“农救会”），罗会堂为会长。农救会在区委的领导下，组织农民开展“反奸诉苦”“斗地主”“打恶霸”“减租减息”等活动，提高了农民的觉悟，并在组织民兵站岗、放哨、动员参军、支前等方面做了很多工作。尤其是在土地革命和“土改”复查中，农救会是主力军。

1964 年 11 月，村里成立了贫下中农协会（简称“贫协”），罗花荣担任贫协主任。贫下中农协会成立后，主要配合社会主义教育和“四清运动”。“文化大革命”中，贫下中农协会参与管理学校等，改革开放后撤销。

第二节　青年团体

1946 年，罗家庄成立青年救国会，发动村民踊跃参军，支援前线等。

1951 年，罗家庄建立了青年团支部，支部书记由罗会堂担任。青年团支部积极发动青年志愿抗美援朝、学文化、开展扫盲工作，积极带领团员青年开展互助合作生产运动，在农业合作化运动中，团员青年是主力军。

1957 年 7 月，为扫除青年文盲、提高文化水平，村团支部号召村民积极参加村里办的识字班、夜校等，使成年人中的文盲逐年减少。

20 世纪 60 年代，在团员青年中开展共产主义教育。学习毛主席著作，同时开展以学雷锋事迹为主的学雷锋活动，涌现出许多积极分子，促进了社会良好风气的形成。

1978年后，党的改革开放政策深入人心，村民学技术、学知识、学文化和搞活经济的意识大大提高，有的团员成为发展经济、勤劳致富的先锋。2000年，罗家庄被开发区团委授予团的工作先进单位，2006年获共青团潍坊市委颁发的潍坊市百优团支部，2017年获潍坊市五四红旗团支部。

1958年至2018年，共青团支部书记先后由罗洪显、罗云淑、罗锦秀、范才明、罗相明、罗洪金、罗传芳、杜坤、罗传刚、范佳佳、罗卫国等担任。

第三节　妇女团体

1946年，罗家庄成立革命妇女救国会（简称“妇救会”）。妇救会主任由罗秀芬担任。妇救会主要组织广大妇女学政治、学文化，走上街头扭秧歌、唱革命歌曲，宣传土地革命，揭露旧社会的黑暗，提倡妇女放脚、婚姻自由等，同时发动妇女积极支援解放战争，为前线战士做军鞋、动员参军等。

1949年后，广大妇女积极参加互助合作运动，学习文化，开展爱国增产活动。

1957年，民主妇女联合会改称妇女联合会（简称“妇联”），由范志美任主任。人民公社时期，广大妇女在社会活动、生产劳动和家庭中发挥了“半边天”的作用，特别是在“农业学大寨”高潮中，广大妇女同男劳力一样，积极参与农田水利基本建设工程。

1971年，妇联改称革命妇女联合会，由徐秀芬任主任；1981年改称妇女联合会，由刘玉梅任主任，简称“妇联”。实行家庭联产承包制后，妇女们响应党的号召，积极发展商品经济，勤劳致富，同时积极落实计划生育措施，参加创“五好文明家庭”等社会主义精神文明活动。

1987年，甄秀花任妇女主任，号召妇女开展“关爱老人，评先树优，双学双促，双学双比”活动。1996年，产业结构调整，号召妇女科学种田，孝敬公爹公婆，尊老爱幼。2000年后，开展“三八”妇女节、重阳节、“三新”教育、春蕾计划活动，开展创建文明户、争当好媳妇、巾帼文明队学习教育活动。2010年，王教芬任妇女主任，开展“十大孝星”“十大健康老人”“五好文明家庭”等评选活动。2018年，范佳佳任妇女主任，号召妇女开展“女性健康工程”“两癌检查”，评选“最美家庭”“五好文明家庭”等活动。

第四节　少年团体

儿童团　1945年冬，罗家庄成立儿童团组织，儿童团长由罗洪利担任。儿童团的任务是组织全村8~15岁的少年，唱革命歌曲，宣传党的政策，在村头路口站岗放哨，盘查过往行人（各村村民以当时村里签发的“路条”为通行证件），参与土地革命活动，为政府送信，还积极参加学文化、破除迷信、拥军优属等活动。解放战争时期，儿童团对革命事业也有很大贡献。

少年先锋队　1949年，罗家庄少先儿童队组织在小学里成立，由学校聘请教师担任并负责组织活动。1953年，村少先儿童队改名为少年先锋队（简称“少先队”）。1955年开始执行少先队章程。

1966年，少先队组织取消。1980年，村学校重新恢复少先队组织活动，直至2000年8月与开发区小学合并。

第四章　社区主题馆

社区主题馆和村史馆都于2016年6月建成启用，位于罗家庄社区党群服务中心一楼北侧，占地面积200平方米，总投资40万元。2016—2018年接待访问300余次。

为“树立样板、提供可复制经验”，罗家庄在中共高密市委党的建设工作领导小组办公室的指导下，建设了城市社区主题馆。

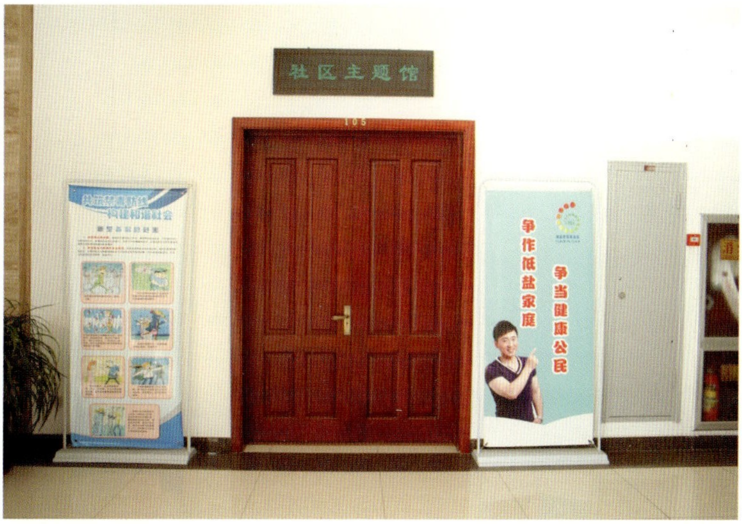

■ 社区主题馆入口

习近平总书记指出：社区工作很重要，一是要抓好党的建设，二是要抓好为民服务。社区工作一步一步踏实、踏牢了，人民的生活状态也就“无拘无碍”了。因此，罗家庄社区通过谱写“五小五大”五彩华章，展示新型城市社区建设的探索与实践。

■ 社区主题馆内“前言”

第一篇章：小社区，大党委，党旗引领聚民心 罗家庄社区在全市率先试点大党委制。社区大党委三级网络架构，在罗家庄社区党委的领导下由三部分组成：第一部分是网格党支部，根据社区的成长性特点，将社区划分为6个网格，分别设立了党支部。第二部分是“两新”组织党组织，截至2018年，社区有瑞云纺织、盛德纺织两个非公企业党组织和市群众艺术团党支部、市棋类协会党支部等5个新社会组织党支部。第三部分是驻区单位党组织，主要包括市法院机关党总支和市检察院机关党总支。

■ 社区主题馆内“小社区，大党委，党旗引领聚民心”展示区一

在社区建设过程中，坚持三维模式推进党的建设。

第一维度，纵向上，建立核心主线，即设立社区大党委、网格党支部、楼院党小组、党员中心户四级网络，确保党的工作一抓到底，件件落实。

第二维度，共驻共建，即横向上统筹区域内的“两新”组织党组织和驻区单位党组织，共建社区大党委，实现“发展共商、资源共享、党员共管”机制，全面提升为民服务水平。

第三维度，互联网＋党建，利用罗家庄智慧社区信息平台及高密党建云平台等现代化手段，实现线上与线下互动，推动党的建设和党员教育管理服务信息化。

■ 社区主题馆内“小社区，大党委，党旗引领聚民心”展示区二

社区在贯彻“小社区，大党委，党旗引领聚民心”中坚持四项制度。

第一项制度是“一会六联”制度。“一会”即每季度召开一次社区大党委会议；“六联”即党建工作联促、思想文化联教、社区治安联防、社区服务联办、环境卫生联抓、基础设施联建。

第二项制度是建立“双诺双述双评”制度。“双诺”即年初社区党委征求社区内居民的需求，建立“共建项目清单”，签订《共驻共建责任书》。年中，进行双向述职。年底，进行双向评议。

第三项制度是党员双重管理制度。认真落实在职党员到社区报到的制度，同时鼓励在职党员积极参与社区党组织生活和公益活动，同时定期反馈在职党员参与社区建设的情况。

第四项制度是联系服务群众制度。大工委委员每人联系一个社区和一个贫困户，帮助其解决实际困难。大党委委员每人联系一个网格和一个贫困户。同时，广泛联系辖区内的群团组织，利用本单位的资源优势，统筹提升为民服务水平。建立“1+3”工作机制。即社区大党委行使领导权，社区党员群众代表大会行使决策权，社区居民委员会行使执行权，社区监督委员会行使监督评议权。实行“五议一备案两公开”。社区的事务，由党组织提议、社区“两委”班子商议、与驻区单位联议、党员群众代表会议审议、社区“两委”班子集体决议，之后报街道党工委备案、审议，研究结果及时向社区居民公开。

第二篇章：小网格，大民生，社区服务零距离 罗家庄社区北到凤凰大街，南到康成大街，西到晏子路，东到月潭路，辖区面积1平方千米，全部建成后可容纳居民3000多户，1万多人。根据社区的成长型特点，划分了6个网格。

■ 社区主题馆内“小网格，大民生，社区服务零距离”展示区

第一网格，罗家庄居民回迁区；第二网格，阳光绿城、阳光庭院等小区和瑞云纺织、鸿基纺织等企业；第三网格，孚日锦绣花园和孚日职工宿舍；第四网格，丰华汽修厂、盛德纺织等企业；第五网格，黄金花园、市人民法院和市人民检察院；第六网格，全宇·圣华广场、东方明珠等项目。

同时，为每个网格配备了网格长，明确网格长要当好“五大员”：党的政策宣传员、党群关系联络员、矛盾纠纷调解员、社情民意信息员、社区问题巡视员。在日常巡视的过程中做好“三查看”。

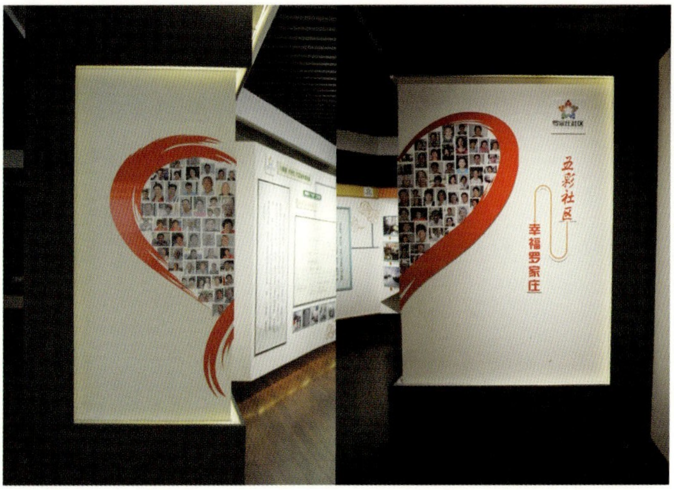

■ 社区主题馆内“五彩社区，幸福罗家庄”展示区

为了规范网格长的工作，让居民的各项事务在第一时间得到落实，罗家庄创新网格长“六步工作法”，网格长走访、记录、解决居民问题并及时回复居民。定期评价网格长，并将好的做法加以推优并运用。

第三篇章：小联动，大合唱，民呼我应解民困　通过“四社联动”服务居民。以社区居民为核心，通过社区、社会组织、社会工作者、社区志愿者这“四社联动”合作，为社区居民提供专业服务。

为了规范社会组织，成立了社会组织孵化中心，将社区内根据群众需求形成的社会组织雏形、萌芽型社会组织和初创型社会组织，统一纳入孵化中心进行孵化，聘请专业人员进行指导，形成规范化的社会组织，以更好地为社区居民提供服务。

■ 社区主题馆内“小联动，大合唱，民呼我应解民困”展示区

在“四社联动”过程中，创新了“237 工作法”。

“2”，就是建设好线下、线上两个平台，在线下平台重点打造“一厅、两校、十室、两馆、两中心”。

“3”，就是推行服务“三化”：社区服务项目化、服务手段专业化和志愿服务常态化。“7”是指有 7 支长期活跃在社区的志愿者服务队。

■ 社区主题馆内“237 工作法”展示区

第四篇章：小舞台，大视界，文化积聚正能量　根据社区内居民的需求，设置了 12 处功能各异的功能室，同时抓住不同群体、不同类型、不同的时间节点，定期开展不同的活动，如表彰文明户、庆祝重阳节。评选出的“四德之星”和优秀典型张榜上墙。

■ 社区主题馆内“小舞台，大视界，文化积聚正能量”展示区

第五篇章：小触屏，大效果，智慧平台联万家　智慧社区依托有线电视，建立罗家庄频道；依托宽带专线建设政务系统和居民信息系

统；依托移动网络建立党建微平台和潍V社区。社区罗家庄频道中设置了社区简介、社区党建等9个板块。将线上和线下的优秀资源以及社区的最新动态都及时地传送到罗家庄频道上，与居民共享资源。

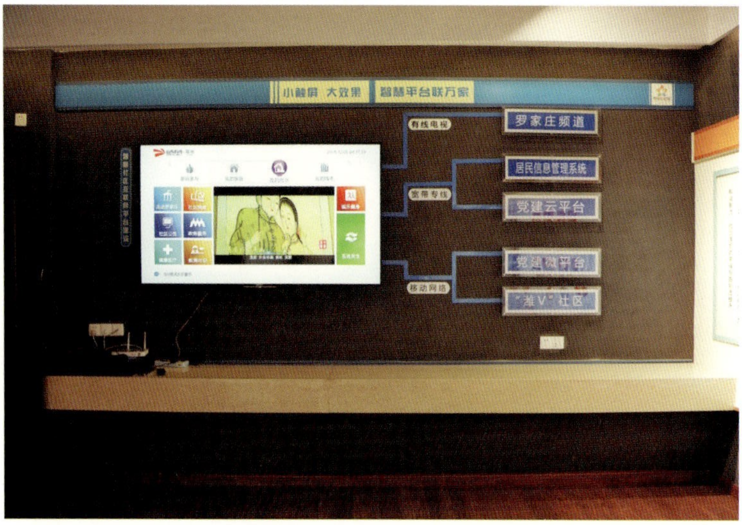

■ 社区主题馆内“小触屏，大效果，智慧平台联万家”展示区

第四编

村庄建设

1949年，由于受经济条件的限制，罗家庄的大多数村民仍居住在土墙草顶的老房子里，村庄建设缓慢，而人口增长速度较快，村民住房条件相形见绌。改革开放后的1980年，村民才开始翻新或新建住房。之后便一发而不可收，村民住房条件越来越好，大多是砖瓦房或水泥混凝土建筑，甚至有的住房是钢结构的，且建筑质量不断提升。到整村搬迁改造时，全村绝大多数的居户已翻建新房。

2012年11月，由于城市发展的需要，整村开始搬迁改造，2013年4月开工建设，2015年10月完成多层楼回迁，至2018年搬迁户回迁完毕，全部居民都住上了宽敞、明亮、卫生、水暖配套齐全的新楼房。

第一章　村庄旧貌及改造

■ 旧村一角

■ 老村居民房

第一节 旧村

罗家庄处高密城东岭的延伸地带，多岭地，交通不便，住房简陋。全村有 9 个姓氏，罗姓户最多，无大户人家。

村民的住房都是土打墙，麦草盖顶，窄而矮小，木棱窗户，多为 3 间。门楼矮小，大门简陋。多数村民居住面积为 30 多平方米。1949 年后，人们的居住条件逐步改善，但变化不是很大。改革开放以后，罗

■ 罗家庄旧地名标志

■ 罗家庄新地名标志

■ 2012 年罗家庄村貌（曙光路西）

家庄逐步形成翻新与新建住房的高潮，到2012年全村整体拆迁时，多数村民已住上新建平房。

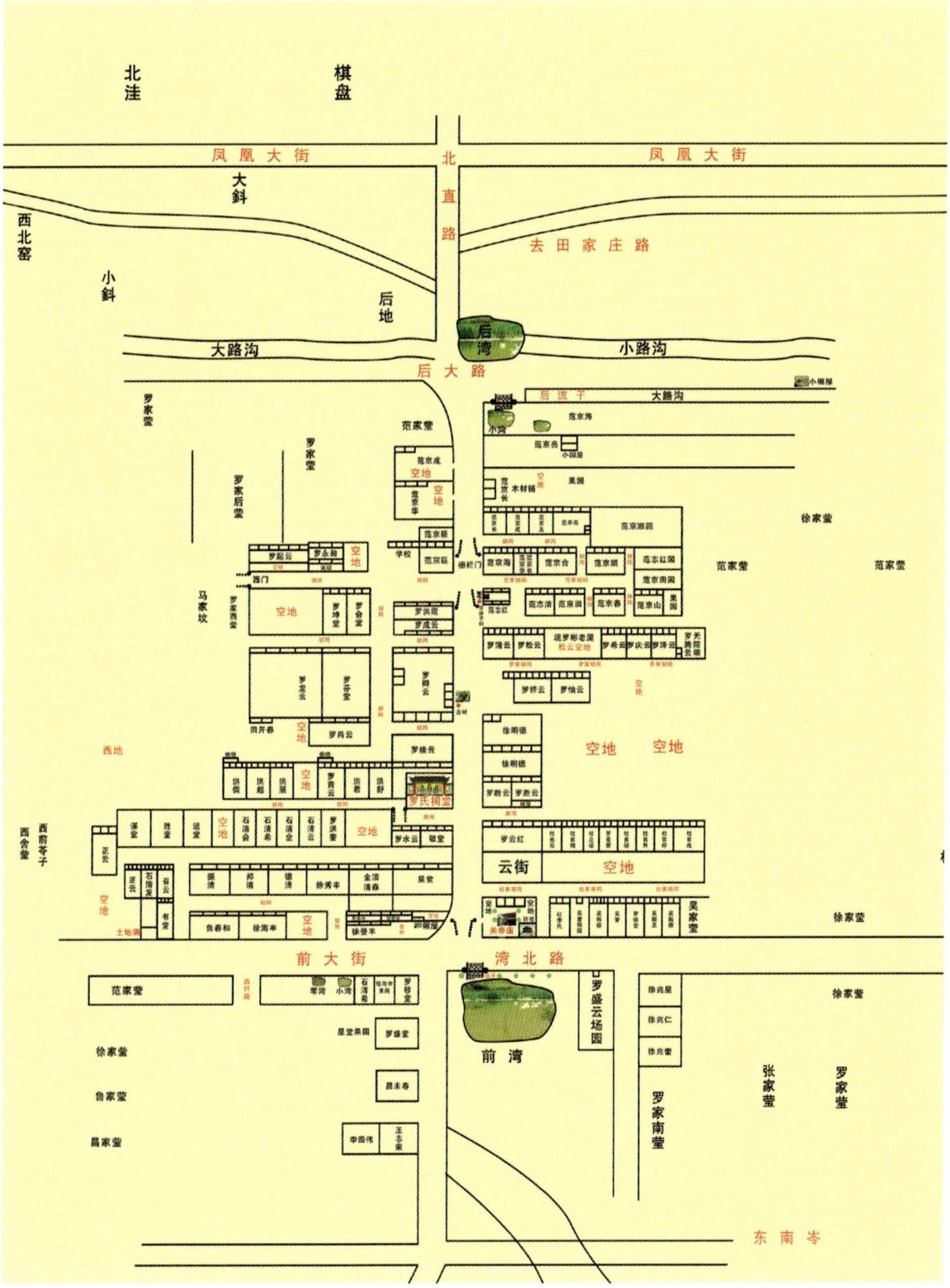

■ 1947—1949年罗家庄平面图（此图于2015年2月根据本村居民范志升回忆绘制而成）

第二节 旧房改造

1949年前后，村民在原有房屋基础上修补，偶有建新房者，村里人也未顾及。1970年后，村委对旧村改造的大致规划为：村民新建房要到公社（镇）批复。规定新宅基东西宽13米，南北长16米。正房建4间，宽6米。每排要一致，要建砖瓦房。1980年后，大一点的住房南北宽约8米，大部分房子还是6米左右。在安排建新房或旧房翻新时，要顾及大街和小街的规划。旧房翻新时，所用标准和新建房一致。

■ 旧村一角

1990年，制定新建房制度，杜绝违建现象，统一规定，尺寸一样，面积一样，每户均占地3分。

1994年春，在村前中心大街东侧（现曙光路东侧、罗府新城小区）有5户始建二层小楼，以后有陆续新建或翻新的，每户2间一栋，房屋建筑和院子南北共长20米，其中房屋建筑南北长8米宽，东西宽4米。有70余户建楼房，占地70余亩，此地成为罗家庄的地标，被称为楼，楼东面的地称楼东地。

2012年，罗家庄实施整体拆迁。11月5日在村委院内开旧区改建动员大会，是日大风，气温骤降。会后村干部分片挨家挨户走访，有序展开工作。每天晚上12点，村干部在村委办公室总结一天的拆迁工作，商议下一步的计划。拆迁以前，在村里做好了摸底工作，干部、群众一致同意协议，没有出现大的阻碍。675处房，至12月5日全部拆完。

2015年第一批居民回迁到罗家庄小区多层楼，2018年第二批居民回迁至罗府新城高层楼。

■ 2012年罗家庄旧区改建会议现场

第二章　新村

第一节　新村

罗家庄新村，基本在老村原处改建，总占地60亩，建有5层居民楼17栋。罗家庄社区办公楼坐落在小区中心前部。罗家庄小区东西长，南北窄，呈长方形。南为花园街，

■ 罗家庄小区前期建设中

■ 罗家庄社区一角

■ 罗家庄小区后期建设中

东是曙光路，北与阳光绿城小区为邻，西隔鸿基织布厂便是晏子路。

罗家庄小区院内，突出了“孝”文化建设特色，居委会投资6万多元安装了新“二十四孝”石雕。为记住乡愁，不忘乡情，居委会把老村的碾搬来安装在小区院内，碾上刻着“1956年建国社”字样。

拆迁以前居民习惯在自家小院内晾晒衣物，回迁小区居住后，为

■ 罗家庄小区“孝”文化石雕作品

■ 罗家庄社区一角

■ 老碾

方便居民晾晒衣物，居委会特意在小区院内安装晾衣竿。同时，打水井2眼，方便居民洗衣服和浇灌小区内的绿化草木。联合有关部门安装居民健身器材，使小区内卫生整洁、环境优雅，方便居民健身、娱乐。

另在罗家庄小区偏东南罗府新城小区内西北部沿曙光路有3栋17层高层楼，为罗家庄高层楼回迁区。

■ 罗家庄小区内安装晾衣竿

■ 2018年罗家庄小区鸟瞰图

第二节　回迁安置

2012年全村675处房屋整体拆迁，实行房屋产权调换和货币补偿两种方式，居民自由选择。其中，选择房屋产权调换的有550户，剩余户主采用货币补偿方式，自行解决居住问题。

回迁户安置地点及户型：原则上在花园街南北、曙光路两侧。楼房设计有多层和高层两种。多层有85平方米、95平方米、118平方米、125平方米4个住宅户型。高层有95平方米、115平方米、125平方米3个户型。

第三节　回迁楼房建设标准

经过多次论证讨论，村委会与居民达成共识，并确定了回迁楼房建设标准。

墙体　外墙保温、柔性腻子、弹性涂料。

楼梯　多层楼为大理石台阶，高层楼为水泥砂浆抹面台阶，不锈钢栏杆。高层楼单元设一部电梯和室外连廊。

室内　①设单元对讲门、入户钢制门，卧室及卫生间门为夹板门，塑钢窗，封闭南向阳台。②客厅、卧室墙面为混合砂浆墙面，刷普通涂料。贴面砖踢脚板，天棚刮腻子，刷普通涂料。楼地面为全瓷地面砖，规格为600毫米×600毫米。厨房、卫生间墙面为瓷砖墙面，规格为300毫米×200毫米。③屋面为水泥瓦屋面。平屋面按标准设保温层。防水层为SBS。④室外门口设砼防滑

■ 2015年9月罗家庄回迁安置会议现场

■ 2016 年罗家庄小区首届业主代表大会现场

坡道。

安装工程 ①水、电、暖，一户一表。②预留有线电视、电话、宽带接口。开户费自理。③多层楼统一安装太阳能设备，高层楼不设太阳能。④天然气入户。开户费自理。⑤设水盆、洗手盆、坐便器。⑥统一安装暖气片。集体供暖，供暖费自理。

楼外配套 硬化、绿化。

物业 物业统一管理，住户需缴纳物业管理费。

第四节 门头商业房

村小区凡沿大街楼房，均设门头商业房，供本村或外地人租赁或购买经营用。门头商业房多为两层。无论是多层楼还是高层楼，下设门头商业房的两层以上仍安排为居民住房。

第三章　社区

2016年6月20日，朝阳街道罗家庄社区成立，位于高密市东部新城区，南至康成大街，北至凤凰大街，东至月潭路，西至晏子路。

面积约1平方千米，辖罗家庄小区、阳光绿城、阳光庭园、芙蓉苑、海宇小区、孚日·锦绣花园、黄金花园、罗府新城、全宇·圣华广场、东方明珠、天福世纪城等居民区。驻有市法院、市检察院、朝阳创业总部、瑞云纺织、鸿基纺织、金孚隆超市及维也纳商务酒店等机关、企事业单位。

社区全部建成后可居住人口3000户、10000余人。辖区内有党员327人，其中直管党员73人，协管党员254人。社区内有法院、检察院两家共建共享单位，其中法院党员人数为198人，检察院党员人数为135人。共建共享企业瑞云纺织党员人数3人。社区承接的公共服务涵盖计划生育、志愿者、社区救助、残疾人、复退军人、孤寡老人、贫困户、健康促进等20余项。

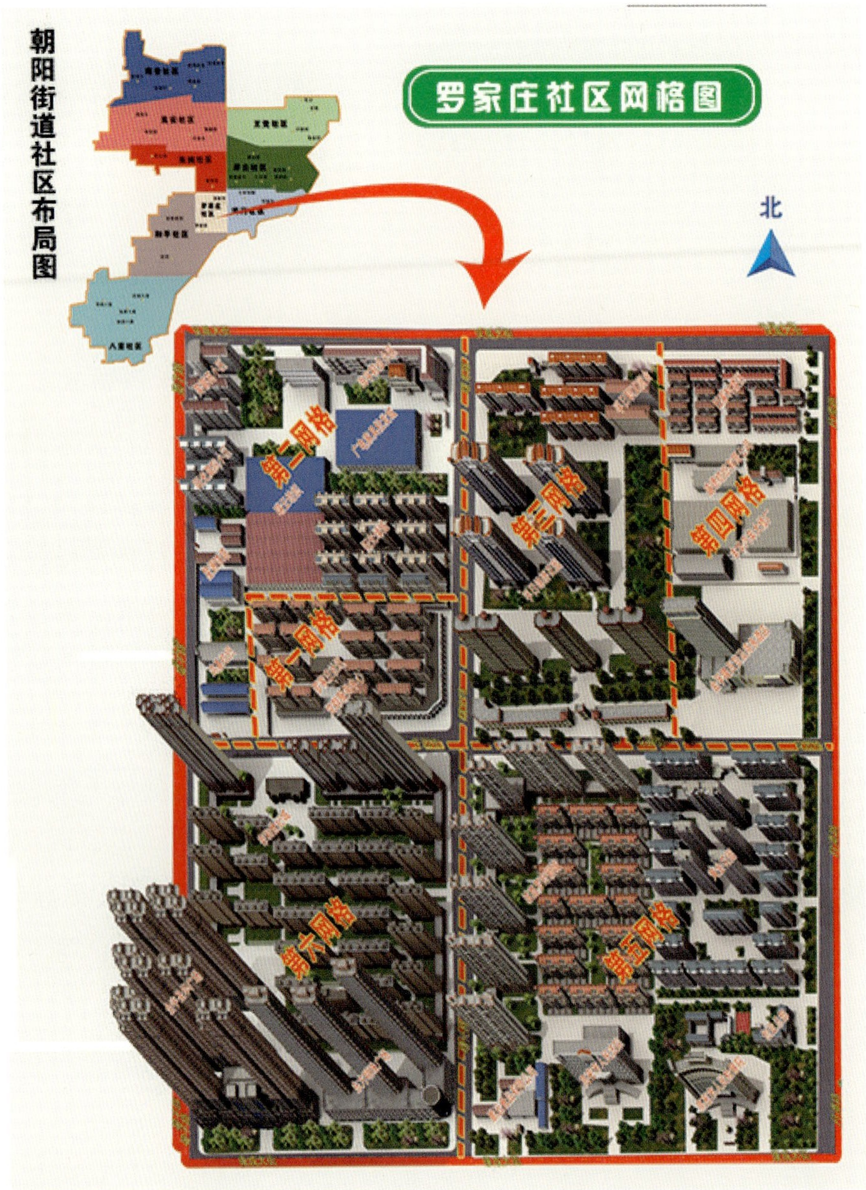
朝阳街道社区布局图
罗家庄社区网格图
北
第一网格
第二网格
第三网格
第四网格
第五网格
第六网格

第五编

产业

1949年前，罗家庄的村民多是种租地的佃户，谓之“全村八顷地，七顷是租地”，绝大多数村民都不富裕。

中华人民共和国成立后，在中国共产党和人民政府领导下，废除封建土地制度，进行土地改革，走农业合作化的道路。在农业合作化和人民公社时期，整地改土，大搞农田水利基本建设，逐步改善生产条件。推广应用先进生产技术和优良品种，使农业生产水平有了一些提高。1982年后，实行家庭联产承包责任制，极大地调动了农民的生产积极性，粮食年年丰收。

罗家庄和大多数农村相同，工副业一直不发达，只有木匠、铁匠几家规模不大的工匠铺。1978年党的十一届三中全会召开后，改革开放的春风吹暖了罗家庄大地。罗家庄历届“两委”依靠党的富民政策，充分利用当地资源优势，大力发展工副业、第三产业，走工业强村富民之路。1992年，罗家庄划归经济开发区后，依据新的规划，在原有的土地上建起了厂房，相继有了工业园、市场和商业区，结束了农业生产的历史。至2018年，全社区居民人均纯收入14440元，接近全国平均水平。

第一章 工业

第一节 队办副业

1960年，贯彻国家经济“调整、充实、巩固、提高”方针后，罗家庄队办副业得到逐步发展。1962年1月，确立了人民公社、生产大队、生产队三级所有，队为基础的农村经济体制，以生产队为基本核算单位，社员劳动实行评工记分，按工分进行分配，但集体经济困难，社员无钱可分。为改变生活环境，按照党和政府“以农为主，以副养农”的要求，罗家庄大队和生产队曾多次组织副业项目，且主要是为本大队社员服务的副业，但终未形成气候。

表 5–1　1960—1979 年罗家庄队办副业统计表

队别	项目	地点	负责人	人员	产品	时间
1 队	木业组	老牛棚	罗洪功	3	农具、橱柜	1964—1968
	磨坊	新建房 2 间	范志升	2	磨面	1970—1975
1 队	粉坊	老房 3 间	罗洪利	5	粉条	1970—1979
2 队	粉坊	老房 3 间	徐邦清	5	粉条	1972—1979
1 队	豆腐坊	老房 3 间	罗洪利	3	大豆腐	1960—1965
2 队	豆腐坊	老房 3 间	徐邦清	3	大豆腐	1960—1965
2 队	铁匠组	借 2 间厢屋	昌进才	4	农具、生活用品、修理	1966—1967
	缝纫组	借用 1 间屋	李香兰	2	加工衣服	1972—1973
	铸造厂	老房	罗相林	6	铸铁管子	1974—1975
1 队	砖窑厂	羊路沟南	罗洪利	5	青砖	1965—1968
2 队	砖窑厂	羊路沟北	徐邦清	5	青砖	1966—1968
大队	砖窑厂	羊路沟北	石清水	5	青砖	1966—1968

第二节　队办企业

1983 年 1 月，罗家庄实行家庭联产承包责任制，充分调动了农民的种粮积极性，粮食产量成倍增长，连年获得丰收。剩余劳动力逐年增多，村“两委”审时度势，适时把剩余劳动力组织起来，在队办副业的基础上大搞村办工业企业，办起了纸箱厂、硬脂酸厂、石灰窑厂、农机服务队、鞋厂、建筑公司等。

表 5-2 罗家庄村办企业统计表

企业名称	地点	负责人	人员	产品	时间
纸箱厂	原罗家庄小学	罗云波	6	纸箱兼加工鞋	1982—1989
硬脂酸厂	庄南新建，占地 30 亩	李新民	30	硬脂酸	1985—1990
拉链厂	庄南新建，占地 4 亩	杜立华	6	金属拉链	1985—1990
石灰窑厂	村东南，占地 3 亩	杜立华	6	石灰	1986—1989
农机服务队	老村委大院	徐兆敏	4	服务本村企业、村民	1986—1989
鞋厂	老村委	徐才荣	13	皮鞋、劳保鞋	1986—1988
建筑公司	村东南新建	罗相明	50	房屋建筑	1986—1990

第三节 集体产业

1990 年后，经过村办企业改制，特别是自 2000 年招商引资以后，罗家庄再次迎来了新的发展机遇，先后引进个体私营业户、台资以及外贸企业 15 家。包括东方建筑安装有限公司、亚泰木业有限公司（台资）、星源实业有限公司、海宇鞋业有限公司、瑞云纺织有限公司、鸿基纺织有限公司、孚日塑料制品有限公司以及马来大壮有限公司（外资）等。

2003 年 8 月，在东观音堂地片征地 26.35 亩，建筑厂房面积为

■ 2011 年阳光新城门头商业房

7180平方米，建筑办公楼及生活楼面积为522平方米，对外租赁。

2011年2月，购买阳光新城小区门头房28套，建筑面积为2982.82平方米，对外租赁。是年8月，购夏庄工业园29.9亩。

2018年12月，购罗府新城小区门头房12套，建筑面积为1795.3平方米，对外租赁。

第四节　个体企业

属罗家庄村民的企业，有个体运输业户15户，拥有大型运输车12部。有挖掘机经营户2户，有大型挖掘机2部、小型挖掘机1部。有中型制鞋厂3家、酒店3家、中型百货商店7家、小型副食销售点6处、皮革制造业1家。

高密市东方建筑安装有限公司

高密市东方建筑安装有限公司是一家集房屋建筑施工、装饰、设备安装、地基与基础、钢结构于一体，具有一系列综合能力，经国家建设部核定的二级建筑企业，以“一流的管理、一流的质量、一流的技术、一流的服务”立足于建筑市场。公司原负责人为罗相和，现负责人为罗文杰。

公司总部设于高密市开发区晏子路中段康成大街北，资产总额为2000余万元，有各种机械设备136台。有员工1200余人，其中一级建造师2人，二级建造师10人，有职称的经济、技术管理人员共180人。公司下设16个科室、12个项目部，是山东省重点建筑施工骨干企业。

代表工程有：亚泰木业办公楼，吊装、包装三层大型车间，休闲娱乐中心工程；齐鲁纺织城工程；孚日家纺热电厂准备车间二、三期，制线厂仓库等工程；KK商贸城工程；城西居委会住宅、综合楼工程；黄金花园、宜居家园、农信花园二期等高层住宅小区工程；阳光新城、绿城、福泰城市花园、书香蔓城住宅小区；德福商业广场；金孚隆百货及商务酒店；豪迈社区、豪迈城市花园；孚日锦绣花园、福泽花园。在几十年的发展历程中，该公司始终把企业的信誉和质量作为企业的生命，形成了一整套科学而灵活的管理体系及科学高效、合理低耗、严密可行的施工管理办法，连续多年被上级主管部门评为质量安全双优单位，被潍坊市企业局评为第九届潍坊市优秀民营企业，被高密市工商局评为文明诚信民营企业，被开发区评为十强企业，重合同、守信用企业，资信 AAA 级企业。2006 年 7 月 10 日，正式通过北京质量体系审核中心 ISO 9001 质量体系认证。“重承诺，守信用，追求卓越”是该公司发展的永恒主题。

山东鸿基生物科技股份有限公司

山东鸿基生物科技股份有限公司成立于 2012 年 3 月，地处高密市高新技术开发区，交通便利，环境优越。公司注册资本为 500 万元，法定代表人为范群。

公司占地 203 亩，是一家专业从事食用菌养殖、销售、研发于一体的农业产业化企业。公司自成立以来，始终坚持“忠诚、团结、奋进、创新”的企业理念，不断提高管理水平和质量标准，培养了一批精干的管理人员和一支高素质的专业技术队伍。通过与国内知名食用菌研究所合作，不断改良产品性能，使产品质量达到高水平。生产过程中，采用全自动智能模拟自然环境，所有原料皆无污染，全天然，无任何人工合成添加剂，真正实现了绿色、环保、标准化、可复制。废菌包可做有机肥，能带动种植业的发展。

公司还在进行秀珍菇、鸡腿菇、茶树菇、猴头菇等珍稀食用菌的种植和研发，致力于打造全国养生菇第一品牌和江北地区最大的特色食用菌生产及深加工基地；是全国首家实现南菇北种和珍稀食用菌周年化生产的企业。

如今，该公司生产的杏鲍菇已经成为半岛地区最具影响力的品牌之一。2013 年底，该公司被评为潍坊市农业产业化重点龙头企业。

2014 年，该公司食用菌产品通过全国有机食品认证，公司品牌“野生菌”被中国食用菌商务网评为上榜品牌。

2015 年，该公司通过潍坊市农产品质量安全生产示范园区的验收。被高密市授予科普先进单位、高密市退伍军人培训基地、中国食用菌协会示范企业。

2017 年，山东鸿基生物科技股

份有限公司正式在蓝海证券挂牌上市。

董事长范群为兵工部部级省委选调生、高密市东城商会会长，获得了多项国家专利，荣获高密市富民兴高劳动奖章、潍坊银行杯青年创业大赛二等奖等。

天一公司

天一公司下辖高密市天一建业有限公司、高密天一机械科技有限公司、高密天一机械有限公司，罗峰任董事长兼总经理。

该公司成立于2005年，全称为高密市天一钢结构安装有限公司，位于高密市夷安大道（北）3666号。主营钢结构的建筑设计、加工制作与安装服务，拥有先进的数控钢结构流水线，配备全自动八抛头抛丸机及专业检测设备和相关设计软件。公司于2008年扩建，更名为高密市天一建业有限公司，法人代表罗峰，注册资金1100万元人民币，集房屋建筑工程、钢结构工程生产及安装业务为一体。公司施工经验丰富，近几年施工过的工程项目主要有：高密华安凤城丽景，高密市凤城中学综合服务楼及会议室，高密市职业教育中心学校1号、2号宿舍及11号学生餐厅，山东斯达克生物科技有限公司生物降解项目生产工厂办公楼、1号厂房，山东盛德物流有限公司商务中心、2号楼等。

高密天一机械科技有限公司于2013年成立，位于高密市夏庄镇城北工业园3666号，占地约68000平方米，法人代表刘京都，注册资金5060万元人民币。公司通过了ISO 9001质量管理体系认证、ISO 14000环境管理体系认证、OHSAS 18000职业安全健康管理体系认证。拥有潍坊市企业技术中心、潍坊市“一企业一技术”研发中心、潍坊市涂塑复合钢管工程研究中心三个研发平台，是山东省高新技术企业；拥有授权发明专利2项、实用新型专利12项和计算机软件著作权2项，2016年12月国家专利局公布及进入实质审查阶段发明专利3项。2017年荣获潍坊市科技进步二等奖。

该公司主要加工销售涂塑复合钢管、钢丝网骨架复合管、超高分子量聚乙烯管、加强筋螺旋焊管、高压供回液管、瓦斯抽放管、水暖管、保温管、防腐管、通用管道配件、抛丸机、扩孔机、涂塑钢管专用设备、自动焊接设备等经营国家允许范围内的货物进出口贸易。

高密天一机械有限公司于2014年成立，位于高密市高新技术产业开发区泰和路西段南侧，占地约3.6万平方米，法人代表罗旭成，注册资金1600万元人民币。公司配备整套专业生产设备流水线，拥有专业技术人员60多名，主要加工销售棉花机械及配件、钢结构、农业机械及配件、石材切割机、剪板机、压力机(不含铸造、电镀工艺)。

高密市鸿基织布厂

高密市鸿基织布厂创立于1997年，租罗家庄村办企业原拉链厂厂房，法人代表人范凯，有8台织布机，员工6人。1998年，有织布机24台，员工10人。1999年搬迁到小庄工业园，有织布机48台，员工16人。2000年，在罗家庄花园街与晏子路交叉口路北征地5亩，投资1000多万元建厂，织布机增至52台。2001年厂房建好后搬迁。2006年又扩5亩厂房，织布机增至260多台。2010年再次扩大规模，在月潭路和醴泉大街交叉路段建分厂，上了15000纺纱锭。至2018年，织布机增加到318台。2018年投资1000多万元安装最新式喷气织布机32台。该厂为170多人提供了就业岗位。

山东盛扬智能机器人有限公司

山东盛扬智能机器人有限公司创立于2017年，注册资金1000万元，公司下设研发部、设计部、摄影部、后勤部。其中，研发部拥有核心博士研究团队16人，主攻智能机器人ARM嵌入式集成电路模块、智能家居集成电路模块研发。目前拥有60余项机器人专利。产品涵盖餐厅服务机器人、教育、家庭陪护、智能家居、导游解说、医学、启蒙教育机器人7大种类50多个品种。

2017年5月，该公司自主研发出第一代有轨餐厅服务类机器人，分送餐机器人、迎宾机器人、点餐机器人。6月开始，该公司先后与中国科学院自动化研究所、上海机器人研究协会、深圳机器人协会达成技术对接合作协议。10月，该公司和深圳某公司共同研发推出第一代智能教育类机器人。12月，该公司和深圳某公司共同研发推出第一代智能陪护类机器人、第二代智能展厅解说机器人、第一代智能家居机器人。是年，荣获山东省人社厅和省委统战部联合举办的“2017 年山东大学生泛海扬帆创业行动”项目三等奖；被评为朝阳街道创新发展示范企业、中科智谷最佳创业企业、中科智谷最具创新企业。

附：大队窑场记

罗家庄大队党支部于 1966 年春决定办窑场。其投资少，见效快，当年即可见收入。尤其是庄东南的东南洼土质好，没有沙子，土层深，适宜烧砖。由被称为“能人”的石清水为技术员负责此项工作，范志彬管理财务，李洪祥看护场地，另有磕坯的壮年数名。

党支部既已决定，便迅速行动。首先大队从各生产队调人先建窑。彼时的烧砖窑名为马蹄窑，是用土坯在地面垒起，中空，圆筒形，留一窑门。由门向窑内挖一通道，通道上为烧窑的炉子。窑四周用土包起来，并要修一斜坡作为上窑顶之路径。在远处从外观看这种窑像一个大土堆。

窑建成后便平场子、磕坯。磕坯用斗子，即用一指多厚的木板做成和砖一样的空隙，两个砖的模子连在一起，称斗子。将斗子放在木凳上，放上和好的泥，磕出来就是砖坯。将坯晒干，装在窑内即可烧成砖。其程序如下。

装窑。土坯装入窑内，一般一窑约装 1 万块砖。

烧窑。在窑炉里烧煤。此为对技术要求最高的一道工序，添煤、火候都要时刻注意，不能有丝毫的放松。火候小了不熟，火候大了便成了一体，生了与熟大了，砖都会成为废品。

砖烧熟后，封了窑顶要窨水，一窑砖要用上百担水，人挑着担爬到窑顶将水倒在窑顶上的池子里，使水向窑内烧成的热砖上渗。通过窨水，使砖成为青砖。

出窑。待窑里的砖凉后，一块一块搬出，垒好。

窑场的活都很重，所以有俗语云：“窑场无轻活。”

烧窑是个技术活，如掌握不了全套技术，砖易成为废品。这一切技术活便由石清水学习、研究、指导着干。石清水当过兵，人又聪明，做事有一种不服输的劲头。但是，他从来没烧过窑。自接下此任务后，他四处投师、研究，终于掌握了烧窑技术。回想当初窑点火后，石清水日夜守在窑旁，数夜不能合眼。在罗家庄烧窑这件事上，他的确功不可没！

第一次窑烧成了，党支部去祝贺，村里的人都很高兴，曾放鞭炮庆祝。

窑场办了3年之后，不少公社办起了烧红砖的轮窑，红砖成为新兴起的砖，罗家庄烧青砖的马蹄窑只得停产。可这3年的办青砖窑场的经历，又一次证明了罗家庄人的勤劳、聪明和拼搏精神！

（罗洪学撰）

第二章　农业

第一节　所有制与经营体制

土地私有制与“土改”

历史上，罗家庄祖辈多为佃户，种租地。1946年后，在党和政府领导下，开展土地改革，凡种之租地一律成为已有。又从占有土地太多者调出一些，让给土地太少的户，大体做到了人占土地平均化。1951年2月始，县人民政府向农民颁发土地证。

互助合作

互助组　历史上，凡一户无力耕种者，多是两户合作，称“轧伙”。1949年后，农民在恢复发展生产的过程中，个体或轧伙生产势单力薄的矛盾渐渐显露出来，政府便号召农民本着“自愿互利”的原则，组成生产互助组。生产互助组，可采用以工换工、以畜工换人工等办法。生产互助组的建立，对促进农业生产的发展、改善农民生活起到了积极作用。

初级社与高级社　1954年，罗家庄始办初级农业生产合作社（简称“初级社”），名建国社，社长罗泊云。翌年，又成立了顺华社，社长杜官印。初级社实行入社自愿、出社自由的政策，土地按级评产，大牲畜、大农具折价入股，统一经营。在收益分配上实行按劳记工，“四六”分红（劳力占四成，土地、畜力、大农具占六成）。

1956年，为指导全国农业的发展，党中央制定出台发展农业生产的纲领性文件——《农业发展纲要（1956—1969）》（简称《纲要》），对农业合作社管理工作和奋斗目标做出切合农村实际的具体规定。广大社员认真学习，努力为实现《纲要》的目标而奋斗。

当时，为组织社员认真学习、贯彻落实《纲要》精神，罗家庄每年都制订生产计划，争取实现目标。后将两个农业生产初级社升级为高级社，名建国社，社长罗泊云。新农业生产高级合作社的生产方式、生产工具没有多大的改变，但生产技术在聚众之长中得到改进。在党和政府的领导下，社员在农作物的密植、种子改良等方面，成绩较为突出。

人民公社

1958 年 9 月，城关镇成立人民公社，称曙光人民公社。人民公社实行政社合一，下设耕作区、生产队，由公社统一核算。罗家庄与东栾庄、毛家庄合为一个耕作区。罗家庄分为两个生产队，一队队长为罗召云，二队队长为罗洪新。

1959—1961 年，社员们的生产、生活陷入极端困难中。

1962 年 1 月，贯彻中央《农村人民公社条例（草案）》（简称《条例》）。该《条例》对人民公社的性质、体制、管理制度做出明确规定。确立人民公社、生产大队、生产队三级所有，队为基础的农村经济体制，土地归生产队集体所有，生产队为基本核算单位。土地、产量、牲畜、农具、征购任务固定到各生产队。社员劳动实行评工记分，按工分进行分配，即按劳分配。给每户社员分配少量自留地，自由种植。罗家庄自成大队，支部书记为罗洪显，大队长为罗会堂，会计为罗洪儒，下分 4 个生产队。从此，农业生产恢复常态，社员生活水平有所提高。

家庭联产承包责任制

党的十一届三中全会后，罗家庄认真贯彻中共中央《关于印发进一步加强和完善农业生产责任制的几个问题的通知》，按照党和政府要求，1981 年实行“分组作业，责任到人，联产计酬”及“五定一奖”农业生产责任制。1982 年 1 月实行家庭联产承包责任制，即“三提五统”的经济管理模式。至此，生产队管理模式宣告结束。土地仍旧归集体所有，但按人口平均分包到户，农民自主生产经营，除交足国家的，其余全部归农民所有。

生产队的集体资产和主要农具，均按折算价格处理给农户，之后，农业投入全部由农户自负。1984 年，村委会与村民签订土地承包合同。村里留有部分机动地，为人口变动调整使用。“大包干”调动了农民的生产积极性，粮食产量连年提高，使农民彻底解决了温饱并有节余。

20世纪80年代，在“共同富裕”思想指导下，罗家庄的农业开始向多元化发展，除搞好粮食生产外，很多村民成为多种经营项目的带头人，纷纷建厂、开公司等。人人忙碌，各业兴旺，村民经济收入逐步提高。

罗家庄“两委”按照党和政府的方针政策，自1984年始，逐步制定适应新时期要求的发展措施，发展经济和农业扩大再生产。扩大水浇面积，在不增加肥料和用工的前提下，引进良种良法，不断改进耕地技术，及时防治农作物病虫害。

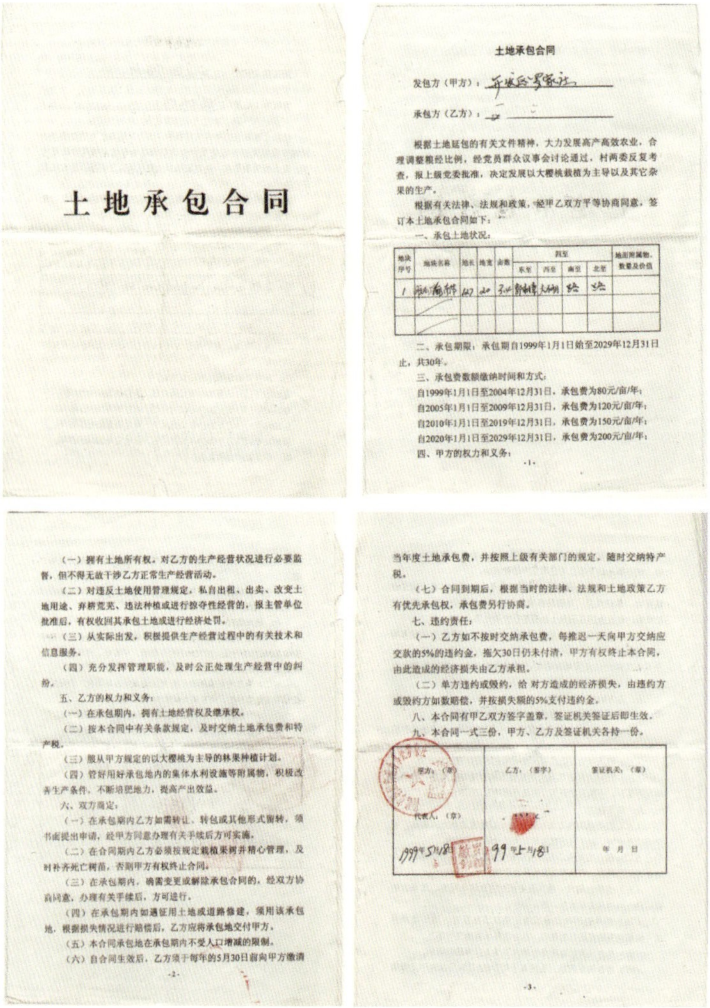

土地承包合同

土地承包合同

发包方（甲方）：[illegible]

承包方（乙方）：[illegible]

根据土地延包的有关文件精神，大力发展高产高效农业，合理调整粮经比例，经党员群众议事会讨论通过，村两委反复考查，报上级党委批准，决定发展以大樱桃栽植为主导以及其它杂果的生产。

根据有关法律、法规和政策，经甲乙双方平等协商同意，签订本土地承包合同如下：

一、承包土地状况：

地块序号	地块名称	地长	地宽	亩数	四至				地面附属物、数量及价值
					东至	西至	南至	北至	
[illegible]	[illegible]	[illegible]	[illegible]	[illegible]	[illegible]	[illegible]	[illegible]	[illegible]	

二、承包期限：承包期自1999年1月1日始至2029年12月31日止，共30年。

三、承包费数额缴纳时间和方式：

自1999年1月1日至2004年12月31日，承包费为80元/亩/年；

自2005年1月1日至2009年12月31日，承包费为120元/亩/年；

自2010年1月1日至2019年12月31日，承包费为150元/亩/年；

自2020年1月1日至2029年12月31日，承包费为200元/亩/年；

四、甲方的权力和义务：

·1·

（一）拥有土地所有权，对乙方的生产经营状况进行必要监督，但不得无故干涉乙方正常生产经营活动。

（二）对违反土地使用管理规定，私自出租、出卖、改变土地用途、弃耕荒芜、违法种植或进行掠夺性经营的，报主管单位批准后，有权收回其承包土地或进行经济处罚。

（三）从实际出发，积极提供生产经营过程中的有关技术和信息服务。

（四）充分发挥管理职能，及时公正处理生产经营中的纠纷。

五、乙方的权力和义务：

（一）在承包期内，拥有土地经营权及继承权。

（二）按本合同中有关条款规定，及时交纳土地承包费和特产税。

（三）服从甲方规定的以大樱桃为主导的林果种植计划。

（四）管好用好承包地内的集体水利设施等附属物，积极改善生产条件，不断培肥地力，提高产出效益。

六、双方商定：

（一）在承包期内乙方如需转让、转包或其他形式流转，须书面提出申请，经甲方同意办理有关手续后方可实施。

（二）在合同期内乙方必须按规定栽植果树并精心管理，及时补齐死亡树苗，否则甲方有权终止合同。

（三）在承包期内，确需变更或解除承包合同的，经双方协商同意，办理有关手续后，方可进行。

（四）在承包期内如遇征用土地或道路修建，须用该承包地，根据损失情况进行赔偿后，乙方应将承包地交付甲方。

（五）本合同承包地在承包期内不受人口增减的限制。

（六）自合同生效后，乙方须于每年的5月30日前向甲方缴清

·2·

当年度土地承包费，并按照上级有关部门的规定，随时交纳特产税。

（七）合同到期后，根据当时的法律、法规和土地政策乙方有优先承包权，承包费另行协商。

七、违约责任：

（一）乙方如不按时交纳承包费，每推迟一天向甲方交纳应交款的5%的违约金，拖欠30日仍未付清，甲方有权终止本合同，由此造成的经济损失由乙方承担。

（二）单方违约或毁约，给 对方造成的经济损失，由违约方或毁约方如数赔偿，并按损失额的5%支付违约金。

八、本合同有甲乙双方签字盖章，签证机关签证后即生效。

九、本合同一式三份，甲方、乙方及签证机关各持一份。

甲方：（章） 代表人：（章） [illegible]	乙方：（签字） [illegible]	签证机关：（章） 年 月 日

·3·

■ 1999年罗家庄居委会与村民签订的《土地承包合同》

科学种田，理论和实践相结合，积累了不少成功经验，单位面积作物产量不断提高。

1999年5月，为了稳定和完善以家庭承包经营为基础、统分结合的双层经营体制，落实中央关于土地承包期再延长30年不变的政策，促进农村经济发展和社会稳定，切实保护承包者的合法经营权，根据潍坊市人民政府《关于切实做好延长土地承包期工作的实施意见》的要求，高密市人民政府特发土地承包经营权证，承包期限从1999年1月1日始，到2029年12月31日止。

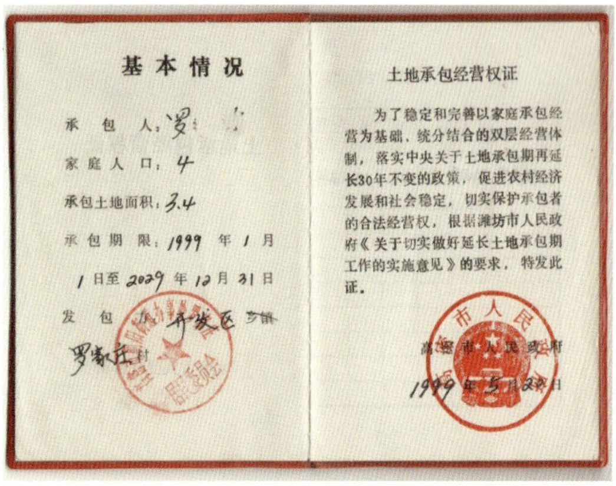

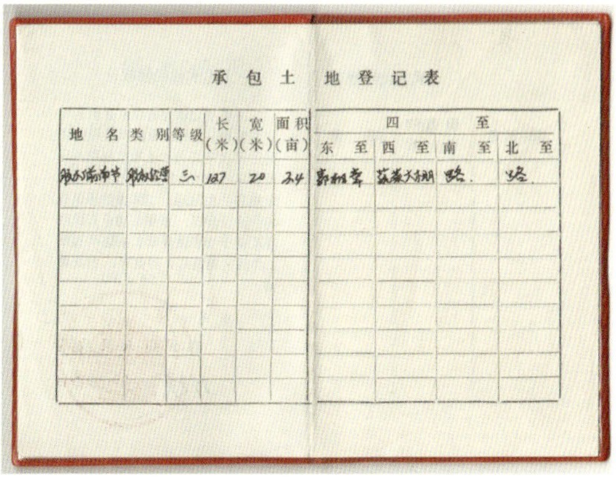

■ 1999年高密市人民政府颁发的《土地承包经营权证》

2000年后，由于化肥的充足供应、农业机械化的发展和除草剂的使用，农业生产如虎添翼，农民们吃得饱、穿得暖，摆脱了历史上数千年来的重体力劳动，只需干一些辅助性的农活。

由于城市的发展，自20世纪90年代罗家庄向城区发展起，土地渐为城市发展所用。村“两委”领导居民大搞工业、第三产业，走工业、第三产业富民之路。2018年，居民人均纯收入达到14440元。在村庄规划建设上，坚持高起点规划、高标准建设的原则，使居民住进了现代居民小区，居住条件得到彻底改善，使“人人有价值，家家住楼房”成为现实。

表5-3　罗家庄各时期村占面积及耕地面积情况统计一览表

年份	村占面积（亩）	耕地面积（亩）	备注
1949	80	1800	不计流转土地
1958	100	1540	
1982	280	1201	
1998	370	520	
2012	420	0	

表5-4　罗家庄老地名统计表

地址	地名
村北	北洼，大路沟，大路沟北，后地，小斜，西北窑，大斜，罗家老茔，北范家茔，石家茔
村南	南洼，南下崖，南大茔，陆家茔，杜家茔，南范家茔，徐家茔，鲁家茔，吕家茔，罗家南茔，张家茔
村东	长阡地（又名马趟子），吴家茔，罗家东茔
村西	西大茔，马家坟，西舍茔

表 5–5　罗家庄家庭联产承包责任制村民分配土地一览表

户名	人口（人）	口粮地（亩）	备注
罗相起	7	10.35	一队
罗相春	3	7.83	一队
罗洪贵	4	6.15	一队
张士珍	3	3.74	一队
罗山云	6	10.73	一队
罗洪林	6	8.27	一队
葛荣华	1	1.39	一队
罗洪平	4	3.68	一队
罗贞云	1	5.1	一队
罗洪文	4	7.13	一队
罗洪水	4	7.91	一队
罗云陛	6	10.61	一队
罗洪森	4	6.67	一队
杜立金	4.4	6.99	一队
杜立贤	4.3	10.89	一队
杜立成	7.3	14.46	一队
吴振玉	2.4	13.46	一队
徐　建	2	3.58	一队
徐金山	4	6.61	一队
杜立春	3.5	5.9	一队
杜立俊	5.5	8.43	一队
罗洪荣	2	3.79	一队
罗相杰	3	7.62	一队
罗洪利	11	10.14	一队
罗洪儒	6	6.45	一队
罗传义	1	3.59	一队
吴邦兴	4.7	7.29	一队

续表

户名	人口（人）	口粮地（亩）	备注
徐敬清	6	11.08	一队
罗洪德	4	6.3	一队
杜立华	6	8.85	一队
罗洪正	2	0.28	一队
罗相喜	4	5.66	一队
罗洪举	2	1.91	一队
鲁东明	3	2.53	一队
杜立富	5	8.94	一队
吴顺金	3	3.8	一队
罗相增	3	3.94	一队
吴邦福	3.6	4.74	一队
吴邦森	3	2	一队
吴邦起	3.3	5.98	一队
罗洪俊	1	3.19	一队
杜官印	7	14.02	一队
徐兆松	5	8.89	一队
徐兆仁	6	9.47	一队
吴邦龙	4.7	8.4	一队
徐清森	7	10.1	二队
徐清田	2	4.26	二队
罗开云	2	3.24	二队
罗泊云	4	8.7	二队
罗坤云	4.5	11.5	二队
石有亮	7	14	二队
石清宝	7	9.1	二队
徐海峰	6.5	6.2	二队
罗高云	2	6.5	二队

续表

户名	人口（人）	口粮地（亩）	备注
罗云三	1	1.6	二队
罗希云	4.5	9.5	二队
罗洪彩	5	9.4	二队
罗京云	3	10.4	二队
罗厚云	1	3.1	二队
石清水	4	9.7	二队
石有山	3	4.2	二队
罗洪近	4	6.5	二队
李洪金	7	10.9	二队
徐兆文	4	6.2	二队
罗召云	7.5	7.8	二队
石有运	3	7.2	二队
罗洪学	4	5.2	二队
徐文清	2	4.5	二队
石有祥	4	7.9	二队
徐兆臣	9	18	二队
昌万祥	4	8.6	二队
罗洪华	4	7.7	二队
罗传仁	8	19.7	二队
徐世清	2	2.8	二队
徐兆运	1	5.7	二队
徐振清	8	8.6	二队
罗洪赞	6	10	二队
石清会	5	8.5	二队
石有起	3	5.4	二队
李建花	2	1.5	二队
罗洪明	4	4.3	二队

续表

户名	人口（人）	口粮地（亩）	备注
徐兆敏	4	5.7	二队
杜德运	4	4.2	二队
高金斗	4	3	二队
单义才	3	3	二队
孙孝三	3	2.1	二队
昌进财	2	1.2	二队
罗洪新	3.8	4.06	三队
罗相明	3.3	4.52	三队
罗相光	3.3	5.78	三队
罗相正	3.3	3.4	三队
罗相合	3.3	4.51	三队
罗芝堂	6	11.9	三队
罗相礼	7	12.23	三队
罗洪昌	4	2	三队
罗相森	4	5	三队
罗相选	2	3.4	三队
罗相聪	4	8.35	三队
罗洪尧	8	12	三队
罗洪仁	5	7.74	三队
于永龙	5	12.17	三队
罗洪锦	6	12.71	三队
范志安	6	9.35	三队
范京夕	4	9.73	三队
范才芹	6	7.72	三队
范志会	4	6.73	三队
范志俊	4	4.4	三队
范才瑞	4	5.91	三队

续表

户名	人口（人）	口粮地（亩）	备注
范才忠	5	9.38	三队
范志芹	6	10.2	三队
罗相林	7	9.59	三队
罗传光	4	6.89	三队
罗传明	4	5	三队
罗云山	3	5.87	三队
范志增	4.6	10.22	三队
范志华	5.7	10.27	三队
罗云朋	5	9	三队
罗洪顺	1	2.1	三队
罗洪山	4	5.2	三队
范志法	6	11.29	三队
范才华	5	13.04	三队
罗云生	6	9.75	三队
范才新	1	1.7	三队
范才民	4	6.73	三队
罗洪斌	7	8.34	三队
罗洪先	2	0.82	三队
范才成	4	4.58	三队
陈欣玉	3	1.1	三队
罗相田	4	5.96	四队
罗相华	6	10.35	四队
范玉平	4	5.07	四队
范才东	2	5.69	四队
罗洪喜	5	7.73	四队
罗洪录	3	3.1	四队
范志强	8	12.42	四队

续表

户名	人口（人）	口粮地（亩）	备注
罗洪伦	2	10.04	四队
范志松	6	10.91	四队
范才金	4	10.39	四队
罗相文	4	8.96	四队
范才同	3	8.24	四队
范志才	5	7.59	四队
罗洪洽	4	2.9	四队
罗相伟	5	14.23	四队
李玉秀	3	3	四队
范才云	5	8.5	四队
罗云友	4	7.26	四队
罗云龙	6	12.39	四队
范志升	4.7	10.81	四队
罗洪亮	7	13.03	四队
罗洪光	4	6.96	四队
范才胜	6	8.99	四队
范才奇	5	8.35	四队
范才明	3	3.46	四队
范志善	2	3.09	四队
罗相功	2	3.8	四队
范才荣	4	3.04	四队
罗相敏	5	8.05	四队
罗　彬	5	7.84	四队
范才光	4	10.36	四队
罗洪忠	3	4.74	四队
范玉光	3	4.5	四队
罗传信	3	3.6	四队

续表

户名	人口（人）	口粮地（亩）	备注
范志起	5.5	10.66	四队
范志斌	5.5	12.83	四队
范志修	6	13.83	四队
范才福	3	4.12	四队
范玉堂	3	3.35	四队
合　计	710.7	1201.26	

备注：“人口”一栏中的小数点是指家中老人由子女平均抚养。

表 5-6　1998 年罗家庄家庭联产承包责任制村民分配土地一览表

户名	人口（人）	承包土地数（亩）	备注
罗洪华	3	1.5	大斜
罗　军	3	1.5	大斜
罗开云	2	1	大斜
罗高云	2	1	大斜
罗洪国	2	1	大斜
于　亮	3	1.5	大斜
杜立华	3	1.5	大斜
李少春	3	1.5	大斜
罗洪伦	1.5	0.75	大斜
范志增	4	2	大斜
徐兆云	6	3	大斜
石有贞	1	0.5	大斜
石有臣	3.7	1.85	大斜
石有磊	3.6	1.8	大斜
石有山	6	3	大斜
惠秀英	3	1.5	大斜
罗传来	4	2	大斜

续表

户名	人口（人）	承包土地数（亩）	备注
罗洪皎	3.3	1.65	大斜
罗洪兴	3.4	1.7	大斜
卞瑞金	3	1.5	大斜
王秩俭	3	1.5	大斜
陈日华	3	1.5	大斜
陈华杰	3	1.5	大斜
宋书花	4	1.75	大斜
范才锋	3.5	1.75	大斜
李春宝	3	1.5	大斜
范　刚	4	2	大斜
范　杰	3	1.5	大斜
孙来久	3	1.5	大斜
李延世	5	2.5	大斜
范玉杰	4	2	大斜
范才云	4	2	大斜
范玉光	4	2	大斜
徐兆文	4	2	大斜
罗云友	3	1.5	大斜
罗相伟	4	2	大斜
罗传增	3	1.5	大斜
罗传进	3	1.5	大斜
范才同	3.6	1.8	大斜
范才功	4.5	2.77	大斜
范才金	3.5	1.75	小斜
范才荣	4	2	小斜
石福芹	3	1.4	小斜
李玉香	2	1	小斜

续表

户名	人口（人）	承包土地数（亩）	备注
石福杰	2	1	小斜
李德义	4	2	小斜
王述一	2	1	小斜
范志友	2	1	小斜
范志仁	1	0.5	小斜
刘清宝	5	2.5	小斜
宫献伟	4	2	小斜
罗欣芳	6	3	小斜
王述明	4	2	小斜
罗洪顺	5	2.5	小斜
罗传明	4	2	小斜
范才杰	3	1.5	小斜
蒋卫华	2	1	小斜
罗相喜	3	1.5	小斜
鲁秀美	3	1.5	小斜
罗　红	2	1	小斜
罗相伦	3	1.5	小斜
郭相章	3	1.5	小斜
杜德运	4	2	小斜
杨合来	3	1.5	小斜
张金兰	4	2	小斜
徐兆军	4	2	小斜
范玉平	5	2.5	小斜
范玉堂	4	2	小斜
罗传芳	2	1	小斜
罗传仁	4	2	小斜
王新美	3	2	小斜

续表

户名	人口（人）	承包土地数（亩）	备注
吴邦啟	5	2.5	小斜
罗相山	3	1.5	小斜
罗洪利	2	1	小斜
范志善	2	1.85	小斜
罗传友	3	1.5	预制厂东
罗传志	4	2	预制厂东
罗相峰	4	2	预制厂东
王新美	3	1.5	预制厂东
杜德福	4	2	预制厂东
杜立贵	3	1.5	预制厂东
杜立富	1	0.5	预制厂东
管培录	3	1.5	预制厂东
罗洪运	4	2	预制厂东
罗　芳	2	1	预制厂东
罗相增	1	0.5	预制厂东
徐美华	2	1	预制厂东
刘振友	4	2	预制厂东
邱贵富	4	2	才山家西
徐清森	4	2	才山家西
石明星	4	2	才山家西
闫述芝	2	1.7	才山家西
罗传光	5	2.5	才山家西
范才啟	4	2	才山家西
范　欣	2	1	才山家西
罗洪锦	3	3.8	才山家西
罗洪林	4.5	2.25	相田家西
刘居兰	2	1	相田家西

续表

户名	人口（人）	承包土地数（亩）	备注
罗洪涛	3	1.5	相田家西
罗洪敏	3	1.5	相田家西
罗　亮	6	3	相田家西
罗建芝	2	1	相田家西
葛桂英	1	0.5	相田家西
燕志双	3	1.5	相田家西
罗洪仁	2	1	相田家西
罗　肖	3	1.5	相田家西
罗　顺	1	0.5	相田家西
罗相文	4	2	相田家西
罗洪礼	5	2	胶木厂西
范才忠	4	1.94	胶木厂西
吴邦森	3	1.67	胶木厂西
徐清田	2	1.02	胶木厂西
吴邦庆	1	0.68	胶木厂西
吴邦林	4	2.04	胶木厂西
高玉英	5	2.38	胶木厂西
罗相和	4	2.75	胶木厂西
罗相夕	3	1.7	胶木厂西
罗相坤	4	2.04	胶木厂西
罗传磊	4	2.04	胶木厂西
徐兆林	3	1.7	胶木厂西
徐振清	3	1.7	胶木厂西
陈振华	4	2	胶木厂西
罗芝堂	6	2.96	胶木厂西
罗洪山	4	1.97	胶木厂西
杜立俊	5	2.63	胶木厂西

续表

户名	人口（人）	承包土地数（亩）	备注
罗洪亮	6	4.08	胶木厂北
管　欣	2	1	胶木厂北
陈文杰	4	2	胶木厂北
柴生臣	3	1.5	胶木厂北
王彦法	3	1.5	胶木厂北
李玉忠	4	2	楼东
范志升	5	2.5	楼东
昌万祥	5	2.5	楼东
徐爱庆	5	2.5	楼东
范玉夕	4	1.9	长阡地
范　宣	4	1.9	长阡地
单亦财	4	2.6	长阡地
石有功	4.7	2.27	长阡地
周德法	6	3.18	长阡地
甄秀花	3	1.9	长阡地
罗相光	4	2	北公墓东
罗洪俊	3	1.5	北公墓东
徐清山	3	1.5	北公墓东
徐清仁	2	1	北公墓东
徐兆俊	4	2	北公墓东
潘长军	3	1.5	北公墓东
王宝祥	5	2.8	北公墓东
李丹福	3	1.5	北公墓东
李丹华	3	1.5	北公墓东
李丹刚	2	2.19	北公墓东
褚贵杰	4	2	四队场后
李建花	4	3	四队场后

续表

户名	人口（人）	承包土地数（亩）	备注
李丹友	3	1.5	四队场东
罗洪学	5	2.5	四队场东
罗洪明	4	2.45	四队场东
范才芹	3	1.51	献好家前
范玉华	3	1.51	献好家前
范玉香	3.7	1.94	献好家前
范才民	6	3.02	献好家前
罗云朋	5	2.59	献好家前
苑振全	3	1.51	献好家前
范才智	4	2.16	献好家前
范才山	4	2.16	献好家前
李玉海	3	1.51	献好家前
罗洪彬	4	2.16	献好家前
李瑞香	3	1.51	献好家前
范志安	5	2.8	献好家前
罗洪文	5.5	2.8	村委前
石有运	4	2.16	村委前
罗相田	4	2.16	村委前
马金富	4	2.16	村委前
高金斗	3	1.51	村委前
焦言来	3	1.51	村委前
罗洪旗	4.5	2.38	村委前
徐孝芳	3	1.51	村委前
罗洪水	4.5	2.38	村委前
罗相敏	6	3.02	村委前
罗　彬	5	2.59	村委前
罗洪彩	4.5	2.3	村委前

续表

户名	人口（人）	承包土地数（亩）	备注
罗洪和	3.5	1.9	村委前
罗洪光	4.5	2.38	胶木厂前
范才光	3.4	1.73	胶木厂前
张桂金	3	1.51	胶木厂前
徐兆松	2	1.08	胶木厂前
罗贞云	2	1.08	胶木厂前
王述建	4	2.16	胶木厂前
王述政	3	1.51	胶木厂前
陈欣玉	5	2.59	胶木厂前
宫新亭	4	2.16	胶木厂前
齐守全	3	1.51	胶木厂前
罗洪龙	3.3	1.73	胶木厂前
杜乐善	6	3	胶木厂前
范才尚	3	1.5	大棚前
范志强	2	1	大棚前
范才友	3	1.5	大棚前
徐立秋	3	1.5	大棚前
徐先忠	2	1	大棚前
宋华富	6	3	大棚前
宋振刚	3	1.5	大棚前
刘德朋	3	1.5	大棚前
李乃华	4	2	大棚前
仪连策	4	2	大棚前
李常来	3	1.76	大棚前
石有起	7	3.5	南大茔
罗洪江	6	3	南大茔
徐文清	4	2	南大茔

续表

户名	人口（人）	承包土地数（亩）	备注
罗传信	4	2	南大茔
赵修香	4	2	南大茔
罗新艳	1	0.5	南大茔
范才森	1	0.5	南大茔
鞠桂兰	2	1	南大茔
杜立金	4	2	南大茔
杜立贤	5	2.5	南大茔
周永兰	2	1	南大茔
杜立成	3	1.5	南大茔
杜德红	3	1.5	南大茔
范志华	5	2.5	南大茔
罗相林	6	3	南大茔
罗天真	1	0.5	南大茔
徐兆敏	5	2.5	南大茔
徐　彬	4	2	南大茔
葛学忠	3	1.5	南大茔
赵宽江	3	1.5	南大茔
王树伦	3	1.5	南大茔
王淑兰	2.3	1.15	南大茔
吴邦龙	1.3	0.65	南大茔
罗相聪	4	2	南大茔
范才文	4	2	南大茔
范志芹	4	2	南大茔
范才武	3	1.5	南大茔
罗相森	5	2.5	南大茔
李玉章	4	2	南大茔
罗相选	4	2	南大茔

续表

户名	人口（人）	承包土地数（亩）	备注
周永和	3	1.5	南大茔
徐先国	4	2	南大茔
罗相成	4	2	南大茔
罗相全	3	1.5	南大茔
张凤英	2	1	南大茔
杨法海	3	1.5	南大茔
赵洪昌	4	2	南大茔
范志才	5	2.5	南大茔
马德升	2	1	西南洼
罗洪贵	3	1.5	西南洼
张　杰	1	0.5	西南洼
罗　杰	3	1.5	西南洼
杜立春	3.5	1.75	西南洼
徐敬清	6	3	西南洼
黄家军	3	1.5	西南洼
罗洪尧	9	4.5	西南洼
李凤英	2	1	西南洼
邱文彬	3	1.5	西南洼
罗洪坤	5	2.5	西南洼
付希忠	3	1.5	西南洼
齐全文	6	3	西南洼
吴顺荣	4.6	2.3	西南洼
吴顺进	3.7	1.85	西南洼
王钦山	5	2.5	西南洼
王教芬	4	2	西南洼
罗洪荣	3	1.5	西南洼
罗相礼	5	2.5	西南洼

续表

户名	人口（人）	承包土地数（亩）	备注
范才志	5.5	2.75	西南洼
范志啟	4	2	西南洼
石福林	4.7	2.35	西南洼
罗相正	4	2	西南洼
王守伟	3	1.5	西南洼
石福波	3.6	3.29	西南洼
罗洪杰	6	3	耩麦茬
罗兰花	3	1.5	耩麦茬
罗洪平	5	2.5	耩麦茬
罗洪森	3	1.25	耩麦茬
罗洪海	3.5	1.75	耩麦茬
杜立美	4	2	耩麦茬
徐兆伟	6	3	耩麦茬
于永隆	4	2	耩麦茬
徐金山	4	2	耩麦茬
李绍申	4	2	耩麦茬
罗洪山	4	2	耩麦茬
罗洪顺	6	3	耩麦茬
罗　芳	7	5	耩麦茬
刘炳海	1	0.5	耩麦茬
合　计	1005.9	519.61	

第二节 农作物种植

罗家庄的土地分布村庄四周，只是部分地块与邻村有交叉。主要种植小麦、谷子、高粱、地瓜、玉米、棉花、黍子、豌豆、绿豆、荞麦、豇豆、小豆、大豆、花生、芝麻、蓖麻子，大白菜、萝卜、大葱、韭菜、胡萝卜、扁豆、豆角、芫荽、芹菜、方瓜、菠菜、土豆等。

耕作形式

耕作形式主要有一年一作、二年三作、间作套种等。

一年一作 1958年前，春地瓜、春花生、春大豆为一年一作农作物。1958年后，只有春地瓜仍为一年一作。尤其是1975年后，一年一作农作物耕种面积降至最低。

二年一作 指春谷子、高粱、春玉米、春花生、秋玉米收获后秋种小麦。第二年夏收小麦后，再种秋玉米、大豆、秋地瓜等。秋玉米后再种小麦，大豆、秋地瓜歇茬。

间作套种 有时只是在小麦地里套玉米，但人们不甚习惯。小麦地里套花生，也是在有墒的情况下，偶有为之。

品种改良

1949年前，多是把已种的农作物品种选优作为下一年的种子，品种多退化而单一。1949年后，政府不断引进新品种推广。1965年后，随着农作物品种的更新换代，农作物逐步实现了良种化。

小麦 1949年后，罗家庄一直种植的品种为大芒白麦和红麦。1953年，引进大洋麦、半芒、扁穗等品种。1966年，引进济南2号、4号，昌乐5号等品种。1975年，曾引进墨西哥春麦，未推广。1980年，先后引进泰安1号，山东福六三，济南13号、7号，烟农15等品种。1984年始，种植宝丰、2980等品种。

地瓜 1949年前，栽植品种为本地地瓜，细长，有筋，红皮，含糖量高，但产量低。1950年，引进新品种胜利百号；1958年，种植面积进一步扩大，但1965年后，此品种退化严重，不但蔓长，且常有黑斑病发生。此后，先后推广696、青农等新品种。1973—1975年，种植窝地瓜，因成本高、用工多基本未推广。1984年后，地瓜种植被淘汰。

谷子　1949年前后，播种面积较大，有大八岔、猫尾穗子等品种。合作化后，谷子种植几乎被淘汰，为玉米所取代。

高粱　1949年前后，播种面积较大，产量较低，但抗涝。合作化后，由于农田水利的发展，被淘汰。20世纪70年代初，曾推广夏高粱但未成功。

玉米　20世纪50年代初始大量种植，但品种不良。1955年，引进金皇后、大粒红、小粒红、大马牙等品种。1968年，推广新单1号、群单105等杂交新品种。1970年，种植中单2号、鲁原单4号、单玉6号等品种。1982年，引进昌单4号、烟单2号。1990年，种植掖单12号、13号，鲁单50，农大108、981等品种。农大108品种产量高。

大豆　1949年前，大豆品种为黄豆和小绿粒。1950年，引进爬蔓青、大粒青、小粒青、平顶黄等品种。1970年，种植丰收黄、向阳1号、鲁豆4号、中黄13等品种，但种植面积甚小。

小杂粮　村里自古有种植小杂粮的习惯，只是种植面积不大，品种多样，也不大注重品种。

种植方法

条播　此方法是农作物播种的主要方法，适用于小麦、谷子、高粱、大豆等。20世纪60年代前，以传统的木质独腿耧播种；大豆多用犁穿沟，用手撒种；也有用双腿耧播种者。之后曾推广用牛、马、骡拉播种机播种，但基本未推广开。1970年后，除用畜力播种外，多采用机械播种方式。

墩播　也称“点播”，即用牲畜拉犁开沟后，按墩点种，多适用于花生、玉米及瓜、菜等。亦有用锨、镢头等工具挖穴播种的。

主要农作物种植方法如下。

小麦种植　1956年农业高级社前，多采用宽垄种植法，木质独腿耧耩，行距45厘米左右，每亩用种五六千克。最好的地块亩产为七八十千克。

1956—1983年，逐步采用密植法，并推广畦播，每畦5~10行，每亩用种7.5千克左右。由于肥料不足，亩产不到150千克。

1984年以后，每亩用种量控制在3.5~5千克，基本苗20万株以上。

亩产数量大幅提升。

播种小麦，自古农谚曰“白露早，寒露迟，秋分种麦正宜时”。1984年以后，种麦延至“寒露”。因肥水条件好，为防小麦年前旺长，中期管理浇水时间在11月和来年的3月最适宜。收割在芒种之后，有“芒种三日见麦茬”的说法。由于机械化耕作、化肥使用量大、品种优良、管理及时等因素，小麦亩产不断提高，在正常年景下，亩产多为450千克。

玉米种植 1970年前，玉米以穴播为主，且沿用传统的种植方法，即用犁开沟后，人工点播。方法是用手将2~3粒玉米种点入湿土中，边点种边用脚掩埋踩一下。每亩基本苗为2000~2500株。

1981年后，逐步推行机械播种，生产效率大大提高，一般亩基本苗在4000株左右。

另外，罗家庄还种植以下作物。

棉花 自1966年始，大面积种植，每个生产队约种60亩，全大队共种240亩。品种常更新，管理要跟上，尤其是虫害连年不断，需要用心防治。亩产三四十千克，个别地块可产50千克。20世纪90年代后，停止种植。

甜菜 1975年始种，每个生产队种植30多亩，全大队种植近150亩。20世纪80年代末停止种植。

苘麻 1949年前后，村里多为零星种植，以备做鞋和纺生产绳索。合作化后，随着科学技术水平的提高，鞋多买成品，绳索多以尼龙、塑料、化纤等制成，麻类种植遂绝迹。

蜡条　紫穗槐 这些经济作物自古仅是零星栽植，以做手编用品。20世纪80年代以后，随着生产工具的转型，条编弃用，被塑料筐等替代。

药材 罗家庄有部分野生药材，如瓜篓、蒲公英、车前子、蝉蜕，但人们无采药的习惯，也不甚重视。

除草剂的使用

20世纪80年代前，除草多用锄头或耘锄。每年雨季来临，农田里的草长得很快，如不及时除草，势必妨碍农作物的正常生长。80年代后，人们使用除草剂除草，效果明显，但也造成了昆虫被杀灭、野生植物消亡之恶果。

病虫害防治

地下害虫主要有蝼蛄、蛴螬、地蛆、地老虎等，地上害虫有黏虫、麦叶蜂、蚜虫、玉米螟、造桥虫、豆虫、食心虫、韭蝇、葱蝇、红蜘蛛、蝗虫等。

1949年前后，虫灾年年有，人们用草木灰、苦树皮和手抓等办法来灭虫。因无特效药，庄稼遭灾严重，造成减产，严重时颗粒无收。农业合作化后，虫灾也不断发生，早期用农药“六六六”“砒霜”拌种子，后使用“呋喃丹”治地下害虫，效果都较好。其特点是药效长，但药在作物体内残存时间过长，因而对人畜有危害，后被禁用。20世纪80年代使用敌杀死、速灭杀酊，药效更加显著，次生危害亦甚。

常见的粮食作物病害有全蚀病、丛矮病、纹枯病、根腐病、腥黑穗、锈病。蔬菜常发生的病害是疸疸、黑斑病、软腐病、灰霉病等，危害都很大。

危害小麦最严重的病害是锈病，有红、黄、黑之分，人们称之为“丹”，常有发生，有“黄丹轻，红丹重，遇到黑丹就要命”和“黄丹吃单饼，黑丹不归种”的说法。

防治病害的药物，1949年前基本没有。农业合作化后，杀菌多采用波尔多液、铜皂液、石硫合剂、代森锌。20世纪70年代，森锰锌、百菌清、多菌灵、粉锈宁等低毒高效农药被广泛用于大田、菜地，杀菌效果很好，对人体危害也较小。

第三节 林果业

苹果 农业生产合作化后，罗家庄栽植苹果树。在东南岭有100亩苹果园，于1970年栽植，“大包干”时，包产到户，由五六户承包。品种有小国光、大国光、金帅、红香蕉。1987年砍伐40亩，之后被砍尽。

大樱桃 罗家庄的耕地皆属山岭薄地，自古温饱难继，因近城区，村民多靠手工业谋生。1996年，村“两委”经反复考察论证，决定调整种植业结构，以支部书记罗相明为首的部分干部、群众在东南岭建大樱桃示范园，但大棚樱桃因经济等因素没有普及，只有罗相明家建了一个面积约2亩的钢结构樱桃大棚。1998年秋，种植结构调整，在村前高姚路南又发展种植户57户，面积达到215亩，有其他杂果树共230亩，后来发展到260亩，一举改变了村民的传统耕田种植模式。居民年人均纯收入净增1000元。

2004年因城市建设征地，砍了一批樱桃树，到2006年全部砍完。截止到2006年，罗家庄耕地被全部征用，罗家庄村民成为失地农民。

支部书记罗相明等在罗家庄樱桃大棚内

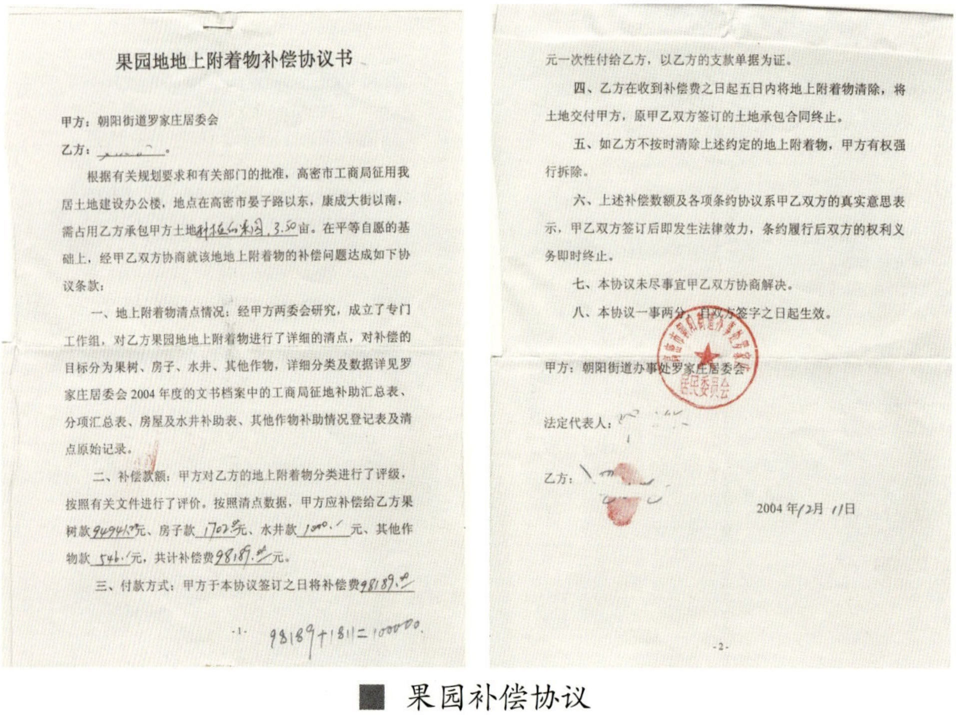

果园地地上附着物补偿协议书

甲方：朝阳街道罗家庄居委会

乙方：

根据有关规划要求和有关部门的批准，高密市工商局征用我居土地建设办公楼，地点在高密市晏子路以东，康成大街以南，需占用乙方承包甲方土地种植的果园，3.50亩。在平等自愿的基础上，经甲乙双方协商就该地地上附着物的补偿问题达成如下协议条款：

一、地上附着物清点情况：经甲方两委会研究，成立了专门工作组，对乙方果园地地上附着物进行了详细的清点，对补偿的目标分为果树、房子、水井、其他作物，详细分类及数据详见罗家庄居委会2004年度的文书档案中的工商局征地补助汇总表、分项汇总表、房屋及水井补助表、其他作物补助情况登记表及清点原始记录。

二、补偿款额：甲方对乙方的地上附着物分类进行了评级，按照有关文件进行了评价。按照清点数据，甲方应补偿给乙方果树款94941.3元、房子款1702.0元、水井款1000.1元、其他作物款546.1元，共计补偿费98189.0元。

三、付款方式：甲方于本协议签订之日将补偿费98189.0

-1- 98189+1811=100000.

元一次性付给乙方，以乙方的支款单据为证。

四、乙方在收到补偿费之日起五日内将地上附着物清除，将土地交付甲方，原甲乙双方签订的土地承包合同终止。

五、如乙方不按时清除上述约定的地上附着物，甲方有权强行拆除。

六、上述补偿数额及各项条约协议系甲乙双方的真实意思表示，甲乙双方签订后即发生法律效力，条约履行后双方的权利义务即时终止。

七、本协议未尽事宜甲乙双方协商解决。

八、本协议一事两份，自双方签字之日起生效。

甲方：朝阳街道办事处罗家庄居委会

法定代表人：

乙方：

2004年12月11日

-2-

果园补偿协议

表 5-7　1996 年罗家庄樱桃园承包情况一览表

承包户	面积（亩）	承包户	面积（亩）
罗相明	1.8	杜　坤	3.3
罗相金	1.8	杜立春	6.3
罗相成	1.8	罗相和	1.5
徐敬清	2.61	合　计	20.85
杜德运	1.74		

表 5-8　1999 年罗家庄樱桃园承包情况一览表

承包户	面积（亩）	承包户	面积（亩）
罗洪学	3.4	罗洪水	5.1
郭相章	4.2	罗洪文	5.1
罗洪皎	3.4	罗洪兴	3.3
罗云波	1.9	范才友	2.1
李延世	3.26	范才尚	3.9
徐艳花	3.1	吴邦啟	2.1
邱贵富	5.17	杜立贤	3.3
石明星	3.8	徐兆星	2.1
仪宗周	5.2	罗相明	3.9
罗洪平	5.1	杜　坤	3.9
罗洪顺	3.9	甄秀花	2.55
罗传信	1.95	罗艳萍	1.35
罗传成	1.94	罗相礼	3
罗相敏	6.9	范志啟	3.43
杨合来	3.9	杜立俊	3.65
罗相文	3.3	罗洪山	3.48
范玉平	3.9	石有功	3.48
李玉海	10.79	石福林	5.03

续表

承包户	面积（亩）
罗希云	3.48
罗洪林	2.5
罗相田	3.48
李绍申	5.03
罗　彬	7.48
罗　顺	3.48
黄家军	3.53
罗相周	3
徐文清	5
刘振友	2
葛学忠	4
徐兆敏	6.3
巩新亭	1.88
齐守全	1.82
罗相林	5
罗天真	4
合　计	197.86

林木　罗家庄始终无成片林木，1949年前后，村民零星种植毛白杨、槐树、榆树、柳树、楸树、梧桐、刺槐等。20世纪50年代初，速生杨始传入。农业合作化后，村委的办公室周围、小学绿化带以及街道绿化带多植此树。

第四节　畜禽养殖

1949年前后，罗家庄是农村，家家都务农，需要牲畜耕种拉车，多数户都喂养牲畜，有的户还有两头牛或驴。农业合作化后，户养牲畜按折算价格归合作社。1962年，牲畜分给各生产队饲养，自此牲畜的添减均由各生产队自行决定。生产队建设牲口棚，设饲养员2人，备有精饲料和草。1983年底，随着生产队的解体，牲畜被分到户，生产队在农业生产中的耕地、运输主要靠牲畜牵引。20世纪70年代，有的生产队曾购买小拖拉机耕地、运输，但未普及。大牲畜在农业生产中曾经长时间起过重要作用，直至20世纪80年代后期，方为机械所代替。

马　1949年前，罗家庄无养马的。公社化后，各生产队添置胶轮马车，开始饲养马匹。1965年全村饲养马1匹，1972年饲养马最多时为4匹，1980年后逐渐减少，实行“大包干”后养马户增多。

骡 1949年前后，罗家庄没有饲养骡的。公社化以后，因骡的力量大于马，生产队多愿意饲养。1965年全村有骡1头，1978年全村有骡6头，实行“大包干”后村里骡的数量逐渐减少。

驴 1949年前后，罗家庄饲养驴的户不少。因驴除用于农业生产的耕地外，还可拉磨磨面。农业合作化后，因它力气小，一个生产队只保留2头。1981年，全村有驴12头。实行“大包干”后，村民养驴者减少。

牛 1949年前后，村民饲养牛的不少。因牛力气较大，所以饲养牛的人家较多。农业合作化后，各生产队的大牲畜中，牛为最多。1962年，罗家庄全村4个生产队有牛21头。到1983年生产队解体时，全村养牛48头。之后，机械取代了牛。

猪 1949年前，村里养猪的户不是很多，个别生活富裕一点的户养猪1~2头，俗话说“养猪图攒粪，挣钱是枉然”。合作化后，党和政府提倡“大养其猪”，生产队有猪圈，多时饲养四五头。社员将其作为副业，多数户养猪1~2头。1976年后，养猪可挣工分，所以家家户户都养猪。罗家庄生产队和社员养猪存栏量最高年份达到401头。

家兔 罗家庄养家兔兴起于20世纪60年代初。70年代，养兔有任务，公社每年分任务，完不成者有罚，超养者有奖，谁也不愿受罚，因此，养兔量不小。学校勤工俭学也养兔。1984年以后，随着村办企业的发展，农户养兔陆续消失。

狗 农家养狗历史悠久，几乎家家都养狗，用于看家护院防盗，罗家庄同样如此。1959年，养狗逐渐减少，几乎绝迹。改革开放后，养狗又逐渐兴起，多饲养小型宠物狗。

鸡 鸡是农家传统家禽之一，有着悠久的历史。村民养的多是散养蛋鸡，鸡蛋自己舍不得吃，拿到市场卖了，以贴补家用。20世纪80年代后，为使环境清洁卫生，散养鸡被人们所反对，便改为圈养。1994年，徐兆臣成为养鸡专业户，建有鸡舍43间，出售肉鸡最高批达1.2万只。2014年因建设用地停止养鸡。

貂 2001年，徐爱庆曾发展养貂场，最多时年养1900只貂。2011年因建设用地停止养貂。

表 5-9 1961—1982 年罗家庄畜禽饲养情况统计表

年度	大牲畜					生猪（头）		禽类（只）	羊（只）	备注
	总数	牛（头）	驴（头）	骡（头）	马（匹）	总数	母猪			
1961	62	22	4	×	×	×	×	×	×	前无统计
1962	24	21	3	×	×	40	3	118	70	
1963	30	26	4	×	×	148	5	120	20	
1964	32	28	4	×	×	76	9	150	30	
1965	37	31	4	1	1	47	6	200	40	
1966	42	36	4	1	1	145	5	230	10	
1967	39	33	4	1	1	183	11	160	13	
1968	42	36	4	1	1	127	7	190	19	
1969	43	36	4	1	2	190	12	240	22	
1970	37	30	4	1	2	237	13	220	25	
1971	43	34	4	1	4	226	14	260	30	
1972	37	30	2	1	4	110	8	300	26	
1973	34	28	1	1	4	121	9	310	19	
1974	48	39	1	1	7	194	17	360	10	
1975	40	31	1	1	7	304	43	350	38	
1976	33	24	3	1	5	401	29	380	42	
1977	38	24	7	1	6	271	21	420	44	
1978	41	25	6	6	4	230	19	447	42	
1979	40	27	5	4	4	248	22	680	46	
1980	35	22	4	5	4	290	17	720	80	
1981	48	31	12	1	4	270	10	740	36	
1982	57	48	4	4	1	310	20	460	23	后无饲养

注：“×”系未查到统计资料。

第五节　农田建设

调地改土

农业合作化后，土地归集体所有，但土地与周围村穿插错落，耕种不方便。人民公社化后，在公社的规划下，大致解决了各生产队土地错落的问题，使各生产队的土地基本连成片，方便耕种。罗家庄人均占有土地比较多，在调地中，调出土地100亩给邻村。20世纪60年代，罗家庄的农田水利基本建设工程开始。按照机械化作业的框架，土地按沟、路、渠统一规划。70年代，在公社统一规划下，罗家庄将土地整平成方，改造土壤，先后将南洼台田沟整平，把岭地沟整平，联成一大方，为1983年以后农业的大发展奠定了基础，并成为造福村民的大工程。至此，罗家庄有土地1200亩，分布于村庄四周。改革开放以后，因道路拓展、城市建设和招商引资的要求，农业用地逐渐变更为建设用地。到2006年，罗家庄由原来以农为主的村庄转为城市社区。

水利建设

罗家庄虽东临胶河，但地下水并不丰富，历来吃水靠深井，灌溉无水。吃水井多在六七米深，提水用井绳，盛水用瓦罐、木桶，1949年后，才逐渐改用铁桶。

20世纪60年代初，上级号召打井灌溉。1985年前，打大口井22眼，挖方塘6个，因地下水不丰富，打了井往往也解决不了灌溉问题，用水问题仍然得不到解决。

1990年，罗相明联系水利局领导，请潍坊水利专家来勘测找水。专家共来了7个人，免费勘测，把罗家庄全部都找遍了，也没有找到水源，因五六米以下全是红板岩。罗相明仍不死心，又请来省里的专家，还是没有找到地下水源。罗相明与专家决定到村东胶河河床上打井。后打7眼井，都为14~16米深。挖蓄水池1座（石灰窑北侧高岭上），宽20米，长40米，深4米。从胶河井底顺出3根直径100毫米、长4500米的管道，从沟底下通到蓄水池，设3台发电机、3台高压泵。

打井和挖蓄水池用了1个月时间，罗相明吃住都在工地。终于，浇灌庄稼的水源解决了，浇地仅拿电费即可，老百姓的生活有希望了。小麦、玉米年年增产增收。

“大包干”后，有些户在承包地里继续打大口井，但1992年在城区建设中井被陆续填没。

参与水利工程

自20世纪50年代末修建王吴水库开始至80年代初，罗家庄多次参与建设水利工程，有的是本公社的，有的是全县的。

王吴水库 1958年4月6日始，罗家庄出工30人，自带独轮车、铁锨、镐头、筐等，用时50天。

峡山水库 1958年11月6日始，罗家庄出工20余人。之后，又有数次参与。每次都出工20余人。1975年5月，罗家庄出工8人参加峡山水库护坡工程，7天的任务，2天完成。

北胶莱河 1973年3月，北胶莱河整修第一期工程开工，罗家庄出工80余人，用时60天。1974年3月1日，整修北胶莱河第二期工程开工，4月18日竣工，罗家庄出工50余人，修郭阳河高密段、昌邑吴家堡段。

北郊新河 1975年冬，北郊新河第三期工程开工，全大队出工160人，自带粮食、车、牛、筐、铁锨、镐，吃住在工地，用时两个月，直到腊月二十五日方完工。

人工湖 1987年秋，出工160人，自带工具，用时40天完成任务。

第六节 农具改革

1949年前后，罗家庄所用农具多为传统农具。人民公社化后，有的传统农具被弃用。改革开放后，农业机械化发展提速，农具基本实现了机械化。

耕翻农具改革

1949年前后，耕翻农具主要为木犁。人民公社化初期，始有七步犁问世。七步犁为木犁，轻巧，坚固，耕得深，松土也较好，人用起来顺手。但它需要两头壮牲口才能拉动，终未全面推广。后双轮双铧犁研制成功，因它有两个犁，需要两头壮牲口方能拉动。20世纪70年代，12马力拖拉机得以推广，耕得深又快，深受生产队欢迎，但供不应求，农机部门进货后，分配到公社，由公社再向大队分配。1983年后，有的

■ 村史馆陈列的农具、家什

户买12马力拖拉机耕地和运输，拖拉机耕地迅速覆盖全村。20世纪90年代，使用播种机连耕带播，一次完成耕播，进入更高的机械化阶段。

播种农具改革

因作物而异，播种方式不一，播种农具亦多种多样。条播用独腿耧；点播用犁开沟，用手点种；地瓜是先用犁起垄，再用手栽秧。1980年后，试用小麦播种机。20世纪90年代后，更先进的小麦播种机被普遍使用。2000年后，播种玉米也使用机械。自此，原需数天干的活，用机械后仅几个小时就可完成，大大解放了农村生产力。

收割农具改革

即使人民公社化后相当一段时间，收割庄稼仍是用镰、镢等手工收获。小麦是手薅或用镰割，玉米是人工掰和用小镢刨，大豆用镰割，地瓜用大镢刨，直至20世纪末方逐渐用机械收割。

脱粒器具改革

历史上，小麦脱粒多用大牲畜拉碌碡，谷子、高粱是用大牲畜或人拉滚子脱粒，玉米脱粒和擦地瓜干是用纯手工。即使到了合作化后期的20世纪70年代，这一现状仍然无改变。80年代始，小麦脱粒使用“450型”滚筒式脱粒机，电力带动，脱粒快，净率高，得到农民普通认可。之后，玉米脱粒机等也制造出来，受到农民欢迎。

运输工具改革

1949年前后，运输工具主要是用大牲畜牵引的独轮车和用扁担挑。1958年，改用轴承式小推车。小推车比独轮车轻、小，不用牲畜牵引而用人推即可，人们用着很顺手。20世纪60年代初，各生产队都添置胶轮马车，其载重量大大增加，用马或骡牵引，一人赶车。胶轮马车在整个合作化时期发挥过重大作用。“大包干”后，农民始用地排车运输，后很快换成机动三轮车或手扶拖拉机、小拖拉机等，运输逐步实现机械化。

表5-10　1961—1982年罗家庄农机具统计表

年度	犁（架）	耙（挂）	耧（架）	手推车（辆）	地排车（辆）	马车（辆）	耘锄（把）	人力喷雾器（台）	水车（台）	双铧犁（架）
1961	14	8	1	27	4	×	4	3	10	10
1962	12	8	8	24	4	×	4	4	10	10
1963	12	12	8	24	4	×	4	8	12	12
1964	16	12	8	24	4	×	4	8	12	5
1965	16	12	8	28	4	×	6	11	6	8
1966	16	16	8	28	4	×	6	10	6	8
1967	16	16	10	28	4	×	6	18	6	8
1968	16	16	10	32	4	×	8	18	3	5
1969	20	16	10	32	4	×	8	18	3	5
1970	20	16	10	32	4	×	8	22	3	5
1971	20	16	10	34	4	1	8	22	3	5
1972	20	16	10	34	4	1	8	20	1	5
1973	24	16	10	34	4	4	8	20	1	5
1974	24	18	10	34	4	4	10	23	1	3
1975	24	18	10	36	5	4	10	23	1	3
1976	24	18	10	36	5	4	10	24	1	3
1977	24	20	10	36	5	4	10	24	1	3

续表

年度	犁（架）	耙（挂）	耧（架）	手推车（辆）	地排车（辆）	马车（辆）	耘锄（把）	人力喷雾器（台）	水车（台）	双铧犁（架）
1978	24	20	10	38	5	5	10	24	×	2
1979	24	20	10	38	5	6	8	18	×	2
1980	18	20	10	38	5	6	8	18	×	2
1981	18	18	10	34	1	6	6	10	×	2
1982	18	18	10	34	1	6	6	10	×	1

注：“×”系未查到统计资料。

表 5-11　1961—1981 年罗家庄动力机械统计表

（单位：台）

年度	播种机	柴油机	汽油机	锄草机	磨面机	粉碎机	碾米机	喷灌机	水泵	电机
1961	1	×	×	×	×	×	×	×	×	×
1962	1	×	×	×	×	×	×	×	×	×
1963	1	×	×	×	×	×	×	×	×	×
1964	1	×	×	×	×	×	×	×	×	×
1965	2	×	×	×	×	×	×	×	×	×
1966	2	×	×	×	×	×	×	×	×	×
1967	2	×	×	×	×	×	×	×	×	×
1968	1	×	×	1	×	×	×	×	×	×
1969	1	×	1	1	×	×	×	×	×	×
1970	1	1	1	1	×	×	×	×	×	×
1971	1	1	1	1	×	2	1	1	×	×
1972	1	1	1	1	×	2	1	1	×	3
1973	1	1	1	1	1	2	1	1	×	6
1974	1	1	1	1	1	2	1	1	3	6
1975	1	2	1	1	2	1	1	2	3	8
1976	1	2	1	1	2	1	1	2	3	7

续表

年度	播种机	柴油机	汽油机	锄草机	磨面机	粉碎机	碾米机	喷灌机	水泵	电机
1977	1	3	1	1	3	2	1	9	5	7
1978	1	3	1	1	3	2	1	9	5	7
1979	1	3	1	1	3	2	1	9	5	7
1980	1	3	1	1	3	2	1	9	5	7
1981	1	3	1	1	3	2	1	9	5	7

注："×"系未查到统计资料。

第七节　肥料

农家肥料

历史上，罗家庄的农家肥料是当家肥料，直至 20 世纪 70 年代末仍占主要地位，普遍应用于农田施肥。

圈肥　主要是牲畜粪便。历史上，多数村民一般是在住宅院内西南角挖一方坑，四面和底用石头或砖砌之。攒粪是各户农民经常性的而且是非常重要的事项。除牲畜粪便外，凡烂树叶、草、脏土等都堆到圈里，经过发酵后，作为农作物的基肥或追肥。农业合作化后，积肥也是生产队紧抓不放的工作之一。20 世纪 70 年代号召"大养其猪"，目的之一就是攒粪。改革开放后，由于化肥使用逐渐增多，农家肥逐渐不被人们重视，后来村民种庄稼完全抛弃农家肥而用化肥。

人粪尿　1949 年前后，人畜粪尿多混合为圈肥。自 20 世纪 60 年代始，人粪尿单积，由生产队收集，经沤制发酵后施用。人粪尿一直是生产队重视的重要肥源，直至生产队解体。

草木灰　1949 年前，各家的草木灰入圈内。1949 年后，政府向群众宣传那种做法会使草木灰和粪便肥效流失太多，要单积。农业合作化后，生产队单收单存草木灰，多用于地瓜施肥。

沤肥　1958 年后，政府提倡沤肥，大沤大造绿肥。生产队号召社员拔青草，收集树叶，加麦糠和土、水培成堆，经过一段时间的发酵，成为肥料。改革开放后，化肥逐渐满足供应，沤肥停止。

土杂肥 农业合作化后，提倡广泛搜集土杂肥，如湾泥、院内外脏土、炕土、鸡窝脏土。广搜土杂肥。从20世纪60年代至70年代中期，生产队对此项任务一直抓得很紧。改革开放后，化肥的供应逐渐增多，土杂肥使用渐少。

饼肥 即大豆饼和花生饼。饼肥是很好的有机肥。1949年前后，较富裕的农户有时施用，一般农户用不起。人民公社化后，生产队也很少施用。施用化肥以来，饼肥少有施用的。

化学肥料

1949年后，人们对化肥的肥力认识不明。20世纪50年代初，有时传入少量化肥，人们尚不敢用。农业合作化后，始广泛施用。由供销合作社独家经营，较长时间供不应求。早期的化肥，主要是硝酸铵、尿素。20世纪70年代初，增加了氨水、碳酸氢铵、磷肥、磷酸钾等。80年代初，磷酸二铵复合肥深受人们欢迎。之后，所用化学肥料多是复合肥，而且由多渠道敞开供应，成为农作物高产的主要因素之一。

第八节 经营管理

土地私有化时期，农户自主经营，努力生产，勤俭持家，增产节约。农业合作化后，家大业大，经营管理成为重要问题之一。

劳动管理

初、高级农业生产合作社存在时间短，尚未形成完善的劳动管理制度，只是根据男女劳动力的强弱，干活记工分，听从分配。人民公社化后，初以公社统一核算，以各村或数村为生产大队，实行“大兵团作战”，造成一定的混乱。1962年，核算单位下放，生产管理由生产大队负责，每年制订生产计划。以劳动标准记工分，按劳取酬。以“四小”管理为基本的劳动管理方式。“四小”为小段计划、小段包工、小段定额、小组作业。为鼓励社员积极参加劳动，生产大队制定了劳动奖惩制度，奖勤罚懒。大队对生产队还制定了“四定”管理方法，即定点管理、定期评比、定工劳动、定额补助。生产队的劳动管理，基本是生产队长前一天借记工的时间安排次日的生产活动。每晚记工分，分数由生产队长定，小队会计记在社员手持的“记工手册”上。

生产队的木匠、铁匠、瓦工等，除在队办副业里干的人，外出劳动者可交现金买工分，参加分配。非农业户口人员家属住本村且属农业户口的人员亦参照此法执行。

生产大队组织的农田基本建设、治水改土等由大队统一规划，生产队承担施工任务。各生产队按人口平调完成的工程工日。

实行“大包干”后，若有出工任务，由村里安排各农户出工完成。直到20世纪90年代，有工程多雇佣有机械的户完成，很少用车推、手挖等完成了。

物资管理

人民公社化后，生产队的物资管理保管员设账簿，物资入库、出库随做记录，季末清库，达到账实相符。大牲畜也要造册登记。1962年核算单位普遍下放到生产队后，生产队设保管员，同样设账簿，物资入库、出库随做记录。仓库采用两把锁、两把钥匙的办法，保管要求账簿齐全，手续完备，管理细致。自1961年至2018年，罗家庄账簿保存完好，1959年的账簿亦有保存，全市罕见。村委几经辗转，数次搬迁，家什皆弃，唯账簿无虞。

财务管理

人民公社化后，尤其是1962年核算单位下放到生产队后，生产大队和生产队都设会计，负责本队社员工分管理和收益分配的具体核算。

1963年春，按照上级业务部门要求，各生产队要编造“一年早知道”，即将本年度的收入支出、劳动工分进行预测，提前做“收益分配核算”，以激发社员的劳动积极性。由于此项活动作用不大，推行2年后便停止。20世纪80年代初“大包干”后，村委会的财务管理事务单一，只要理好账簿，即可把财理好。

收益分配

农业合作化后的收益分配，主要体现在粮食和现金的分配上。

粮食分配 高级合作化时，粮食分配多是按“人五劳五”或“人六劳四”的比例分配。

1954年，国家实行粮食统购统销政策，农业人口标准口粮为每人每年360斤。

1962年，核算单位下放到生产队，粮食按“人六劳四”的比例分配。1964年改为“人七劳三”。“大包干”后，村民每年人均口粮一直稳定在500斤以上。

罗家庄在人民公社化后，1964年完成征购任务最多，共125002斤，其中瓜干5884斤、大豆6010斤；1961年完成征购任务最少，其中完成夏粮小麦30630斤，秋粮36848斤。

1995年粮食价格放开，粮食征购任务逐渐取消。

现金分配　人民公社后，一直执行“多劳多得，按劳分配”的原则。核算办法：户劳动工日总和 × 生产队工分值 = 户应得金额数。从中扣除本户所分配的粮食、柴草、瓜菜等实物折款总数，余额为兑现金额。有现金兑现的户为余款户，无现金兑现的户为缺款户。1970年前，罗家庄全大队人均分配金额历年均在100元以内(含实物折款和现金)。

每年分别给予烈军属、残疾军人、复员退伍军人、困难户、五保户工分照顾，参与粮款收益分配。公职人员家属若为缺款户，交款买粮。

“大包干”充分调动了农民的生产积极性，加上化肥、农作物优良品种、农机的使用等因素影响，粮食产量比20世纪70年代成倍增长。

1992年始，罗家庄进入经济快速发展阶段。

2014年9月，罗家庄股份经济合作社成立，在全市率先试点进行集体资产改制，制定了《经济组织改制及资产折股量化方案》等一系列改造配套方案，对每个居民所应得的股份进行了量化，对居民所持的股权进行了系统规范，确定了股权流转的原则，确保村级股份制公司正常运转。社区集体资产通过对外承包租赁形式运营每年取得100万元的收入，也让每一位居民切实享受到了自己的股份带来的实惠。425户1194人，每人持股4.2万元。年底统一为失地农民发放失地补助金。

2018年，居民人均纯收入达14440元，是1978年的200多倍。

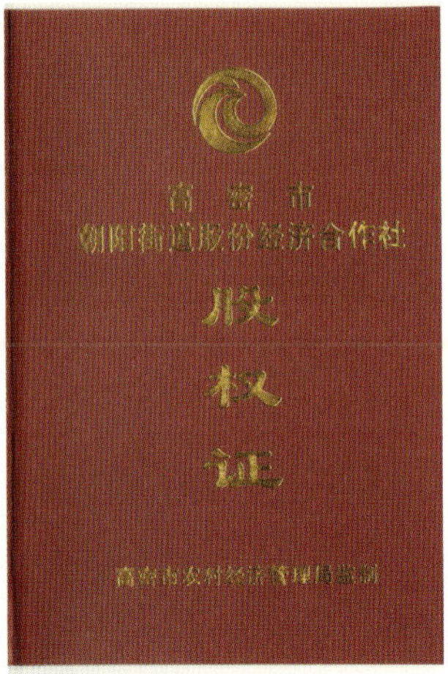

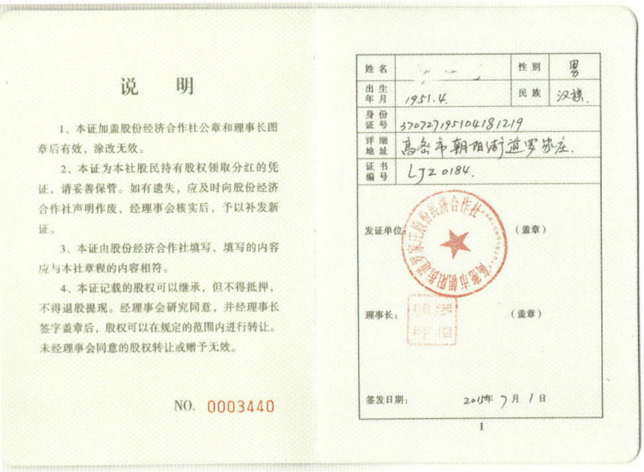

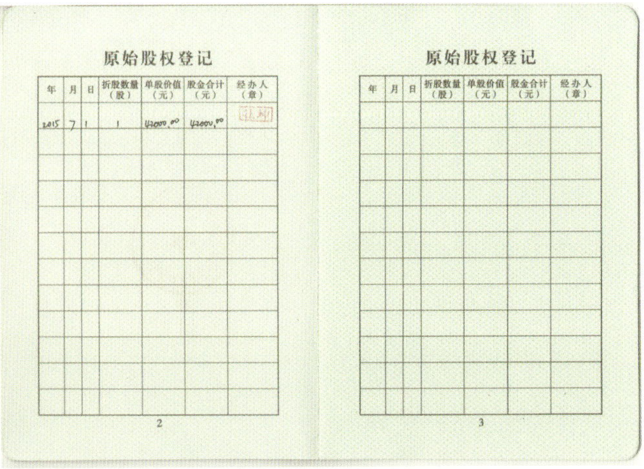

■ 高密市朝阳街道股份经济合作社股权证

表 5-12　1961—1982 年罗家庄粮食收入分配统计表

年度	总户数（户）	总人口（人）	粮田面积（亩）	单产量（斤）	总产量（斤）	完成国家征购任务（斤）	分给社员			
							粮食总数（斤）	人均（斤）	夏粮（斤）	秋粮（斤）
1961	114	511	1121	235.9	264449	67478	200307	392.0	23.8	368.2
1962	121	533	1093	310.9	339784	70000	223955	420.2	121.8	298.3
1963	121	564	1082	390.0	421980	80000	263424	467.1	64.6	402.5
1964	121	590	1094	389.3	425941	125002	247614	419.7	97.0	322.7
1965	126	604	1096	423.3	463899	100315	276748	458.2	77.3	380.9
1966	131	648	1001	489.9	490389	90082	296859	458.1	78.7	379.4
1967	128	629	947	425.8	403254	86867	249424	396.5	73.4	323.1
1968	125	646	951	345.7	328749	81858	198527	307.3	54.3	253.0
1969	123	663	944	408.7	385773	83043	237448	358.1	116.3	241.8
1970	126	683	908.1	466.4	423505	84715	263701	386.1	85.5	300.6
1971	129	689	897.8	461.9	414727	75159	252656	366.7	108.8	257.9
1972	131	696	832	443.6	369055	78800	232029	333.4	127.8	205.6
1973	134	702	862.5	503.4	434154	76203	283276	403.5	71.2	332.4
1974	135	705	841	448.4	377101	74906	255166	361.9	96.4	265.6
1975	136	714	802	594.6	476840	78750	285419	399.7	105.2	294.6
1976	139	703	721	757.0	545772	82786	324879	462.1	113.4	348.8
1977	143	707	701	484.8	339820	31358	238710	337.6	90.5	247.2
1978	141	714	614	727.5	446703	38068	327415	458.6	63.8	394.7
1979	145	731	700	675.2	472625	45837	359244	491.4	129.6	361.8
1980	151	721	700	676.5	473574	42484	297219	412.2	92.8	319.4
1981	154	714	700	381.3	266934	30073	190219	266.4	126.3	140.1
1982	162	721	700	802.6	561830	57000	×	×	×	×

表 5-13 1961—1982 年罗家庄经济收入分配统计表

年度	总收入（元）	总支出（元）	税金（元）	分给社员（元）	人均（元）	其中		10 分工值（元）
						分现金（元）	人均（元）	
1961	49129.00	49129.00	2966.36	24468.00	×	2643.40	5.17	0.651
1962	47522.88	47522.88	2668.62	26337.62	×	3818.52	7.16	0.4703
1963	61963.00	16454.00	2708.00	38405.00	70.00	12578.00	22.30	0.565
1964	59004.71	15721.52	2843.69	36169.69	61.22	10988.00	18.62	×
1965	67034.13	21123.42	3055.94	35172.42	58.52	8871.93	14.76	×
1966	102741.00	27712.00	2832.00	50455.00	77.86	18779.00	28.36	0.5374
1967	104506.36	25522.39	3104.01	53099.13	84.40	21646.92	34.40	0.6632
1968	96226.85	34178.48	3094.5	48388.87	74.90	22752.31	35.46	0.61057
1969	113946.34	29122.90	3097.10	66345.34	100.00	35680.02	53.20	0.6567
1970	115251.17	34869.80	3097.10	64454.27	94.40	30820.85	45.13	0.59893
1971	123555.83	43075.55	3104.90	65169.38	94.58	35635.50	48.71	0.5247
1972	91235.59	44289.97	3108.6	39828.02	57.22	14013.36	20.13	0.3963
1973	93692.19	35811.06	3100.9	50183.23	71.48	24129.66	34.37	0.50506
1974	91835.61	38450.52	3102.00	48354.07	68.60	23323.66	34.00	0.413144
1975	100339.10	41219.43	3104.10	48533.57	63.39	17993.54	49.58	0.4105
1976	92938.81	48840.55	3097.00	37035.88	52.61	1913.83	2.68	0.29483
1977	85327.00	48725.00	3107.00	31767.00	44.93	6552.00	9.26	0.3248
1978	95284.80	40429.49	3048.70	47442.61	66.42	11101.32	15.52	0.4323
1979	99847.55	40089.43	3600.80	50307.59	68.72	12721.77	17.38	0.4264
1980	118481.96	36890.09	3600.80	70017.07	97.80	38069.10	44.54	0.5924
1981	196592.35	28949.55	3610.8	160832.00	224.22	137357.9	192.72	0.4281
1982	276503.10	43350.00	3585.10	222068.00	308.00	178568.00	247.50	×

注："×"系未查到统计资料。

表 5-14　1983—2018 年罗家庄人均纯收入情况一览表

年度	人均纯收入（元）	年度	人均纯收入（元）
1983	431	2001	3600
1984	632	2002	3852
1985	834	2003	4121
1986	836	2004	4409
1987	837	2005	4717
1988	208	2006	5047
1989	207	2007	5400
1990	303	2008	5778
1991	416	2009	6240
1992	430	2010	6739
1993	460	2011	7412
1994	492	2012	8153
1995	526	2013	8968
1996	2800	2014	9864
1997	3000	2015	10850
1998	1502	2016	11935
1999	1505	2017	13128
2000	1552	2018	14440

附：大樱桃开启致富路

1995 年，罗相明书记在党校学习，与永安村的李衍秀书记和东观音堂村的于新忠书记谈论起罗家庄地况，罗书记说罗家庄的岭地光靠提水种庄稼不能致富，于新忠说发展果树可行，他认识的烟台一家园林老板说烟台大樱桃卖到 200 元 1 斤。会后第二天 3 人便结伴前往烟台，通过园林老板了解樱桃树苗栽植情况。又打听到莱阳农学院有这方面的种植技术，遂赴莱阳。此地樱桃树品种更多，了解什么土壤地形适合栽哪种品种的樱桃，并有樱桃基地可提供技术支持。罗家庄的 1 亩岭地适宜种 66 棵樱桃树，树分雄雌，每 10 棵配 1 棵授粉树。授粉树的位置非常重要，罗家庄春天经常刮东南风，东南位置栽授粉树要多些。

于新忠承包了 50 亩地，当场就决定购买树苗。为了全村村民一起种植、共同发展致富，罗书记决定回来与村民研究协商后再种植。

东南岭老苹果园是 1970 年栽植的，有几十亩地，没人肯要，几乎绝产，经研究决定，就拿出那块地栽种樱桃树。“两委”带头干，第一次 8 户参加，最多的户承包 8 亩，最南面的地不好，由罗相明承包。杀伐了苹果树，分地挖坑。岭地有沙子、石头，不好挖，每天挖两三个树孔，运来好土填上，再栽樱桃树。

挖好树坑后，要去买树苗。经多次考察，发现莱阳农学院的最好，但最贵，每棵 15 元；烟台另外一家的每棵 6 元，最后决定买烟台的。晚上 12 点拉苗到家，连夜分下去，分到户就天亮了。

搭配雌雄树苗、授粉树的位置，都是先画出图来，按照图先栽授粉树。后续管理、技术等，请烟台专家来指导，树分出枝丫需往下拉枝定型，向上、向下或者长短都很重要，形状不正确结樱桃就少。树上生的害虫村民们从来没见过，不知怎么处理，都靠不断学习摸索来解决。

其中，有两户感觉种植艰难，中途想放弃种植，转让给他人。罗书记动员他们别放弃，留着肯定能致富。

第二年就有结樱桃的树了。第三年大多数树都结果了，有的一棵树结 100 斤。怎么把樱桃卖出去呢？

大多数人不认识樱桃，开始时村民去火车站、汽车站卖，一开始卖5~8元钱1斤。

第三年建大棚种植樱桃，投资高且不会管理，罗书记决定先在自家的承包地实验。书记和村干部去寿光学建大棚，结果寿光是蔬菜大棚，我们是果树，樱桃大棚要高约6.8米，而且搭框架、卷帘子很有难度。

不管有多难，不能放弃。回村后先实验框架承重量，帘子泡在水里做实验，干10斤，湿50斤。那帘子怎么卷？考虑到请人设计费用高，罗相明书记决定自己设计。要考虑风速、风向，所以北面要建承重墙。用旧钢绞线做拉线，拉线要长80米，加两头捆绑用的要长120米。

建好大棚，树苗移植过来，正好开花。恰逢降温，大棚内温度需提高，罗书记先用20个煤球炉子，点燃20分钟后因缺氧全灭了。罗书记夫妇住在大棚里，想用东北烧刀子酒点燃增温，便用拖拉机拉来10箱酒，这时已是夜里1点钟。找来脸盆、啤酒瓶子、锅碗瓢盆等容器点上，门稍微开点缝隙透气，折腾到天亮，温度总算提升了一些。

第二天，罗书记赶紧买来工业酒精点燃增温。当天起了大风，7个青年人拉绳子压棚顶帘子，还是压不住。因风力太大，7个青年人一下子从大棚这边刮到另一边，幸好有草帘子垫着，都没有伤着，罗书记吓得一下子瘫软在地。

建棚挪进来的44棵樱桃树，移植后营养也跟不上。罗书记想起人有病不吃饭挂吊针可以存活，树行不行呢？他立即去制药厂买来蒸馏水200斤，配上氮磷钾营养液，挂在树上每分钟1滴，没过几分钟，针孔处跟病人打针鼓了针头一样起了个大包。他赶紧查资料，发现针头方向反了。罗书记去木匠那里借来摇臂钻，将钻头磨细，斜钻针孔，把针头用胶布黏住固牢。24小时滴半瓶，半月后，挖开看看，新根终于出来了。

罗书记夫妇日夜精心照料，用豆饼追肥，樱桃终于丰收了，果子甜，水分少，味正。1盒装3斤，250元1盒，当年毛收入11万元。

（李子红撰）

附：大战北胶新河

20世纪70年代初，北胶莱河82千米的干流老河道拓宽、取直、加深，并在左岸高密境内开一条长40千米的新河工程启动，由昌潍地区设指挥部指挥。在左岸开新河工程是高密县的工程。此工程于1975年12月2日开工，1976年1月末土方工程基本结束。开此新河工程任务甚艰巨，罗家庄的村民对此记忆犹新。

在此工程中，罗家庄大队出动青壮年劳动力160余人，由大队的主要干部带头，带小推车20辆、骡马8头、锨镐等工具若干件。罗家庄大队的工程段安排在魏家坊南100米处。魏家坊是个有120户人家的村，当时该村周围住上了各村的开河大军8000名，其拥挤之状可想而知。罗家庄大队和其他一些村庄一样，多是在魏家坊附近的田地里打窝铺住着，露天建伙房。

罗家庄所属的城关公社指挥部带领各大队带工干部认了分工地段，交代了任务和注意事项后，次日，就开始了新河开挖工程，指挥部的办公室用木头扎框，四周和顶部用苇席遮挡，内有2张三抽桌，几把椅子。桌子上放着扩音器和麦克风，外面木杆上挂着2个大喇叭，顶棚上插着8面彩旗，棚周围的苇席上贴着激动人心的战斗口号。

民工的行动一律实行军事化管理，起床、上工、收工一律听号令。上下工要排队。早晨4点半起床，晚上9点收工，一天三顿饭在工地上吃。新河的开挖主要是挖土方，再用人或骡马用小推车拉土。可那时恰是隆冬，天寒地冻，下挖米余便有石头，甚是艰巨，青壮年们都精疲力尽。有的骡子拉小车，经常累得躺下不干了，第三生产队的一头骡子竟被累死了。尤其是下挖米余后，开始出水了，必须先排水才能干活。公社指挥部决定在河底中心先挖一条蓄水沟。泥里有石头，又结冰了，镐头刨不动，便放炮炸开。可就在艰难的施工中，工程宣传队和大喇叭不断宣传鼓动，表扬干得好、干得快的大队和个人，整个工地热火朝天。罗家庄大队的青壮年未给罗家庄大队丢脸，从未有人叫苦、叫累，也未因感冒等小病下火线，感人的事迹说不尽。公社的“流动红旗”在罗家庄工地上飘扬。罗家庄大队的钢铁般的青壮年，在北胶新河的开挖中流下自豪的汗水，在高密的水利建设中留下了光荣的记忆！

农历腊月二十三日小年这一天，罗家庄大队的任务全部完成，大队带工负责人先安排女青年撤回，男青壮年仍留在工地帮东栾家庄大队完成任务，直到腊月二十五日才完满地回家过大年！

（罗洪学撰）

第三章　服务业

第一节　商店

私营个体商店　1949 年以前，罗家庄没有商店。合作化时期，村里有日用品代销点，有的人做豆腐、火烧等副业。20 世纪 90 年代，个体商店开始兴起，徐清仁率先办起私营商店，之后又有 13 户商店接踵而起。至 2012 年拆迁前，村民开办商店的有：罗坤云、范志升、鲁东新、罗彬、罗森、罗相友、石有霞、范才功、徐青仁、罗云山、昌宝山、罗才华、罗洪森。拆迁后仅有罗森、罗相友、范才功 3 人经营商店。至 2018 年，全居拥有数十家商店。经营业户根据市场需求和自身优势以及资本状况，确定主营商品品种，出现了“八仙过海，各显其能”的竞争局面。

村办商店　1958 年，公社供销社在罗家庄生产大队设立代销点 1 处，由罗卿云负责，一直到 20 世纪 80 年代末才撤销。

第二节　餐饮服务

1949 年以前，罗家庄没有开饭店的。20 世纪 90 年代，村民罗洪伟、罗文学、罗传光、徐兆伟、付希忠、夏纪宏、范刚、李丹刚、罗旭、罗武开办饭店。2012 年拆迁，大部分营业户停止经营。2018 年时，付希忠、罗传光、罗武仍然经营饭店。

第三节　其他服务业

20 世纪 70 年代，罗家庄设缝纫组，主要是来料加工衣服，2 年后解散。90 年代，村民罗梅英加工衣服，李福章开办澡堂，王述明、徐先国、李丹福从事维修服务，杜立俊开办旅馆，王述明从事自行车、电动车维修服务，王媛、闫永花理发，罗相伦做火烧，范坤从事面包食品加工，徐兆军、徐彬、徐先志、罗相夕出租铲车，罗顺出租链轨车，于顺从事冷藏冷冻食品储藏销售。

2012年村庄整体拆迁时，大部分服务业转行。至2018年，王述明、王媛、徐先志、罗相夕、徐兆军、徐彬、闫永花、范坤仍然经营原行业。

改革开放后，罗家庄有不少人从事加工行业。罗洪国、马金富从事家具制作加工，罗洪彩从事木材加工，罗传义从事密封件加工，徐青山、罗相正从事皮革加工，宫献好从事塑料泡沫加工制作，范才山、范才新、罗洪合、罗相正、罗洪贵、罗相明、吴邦庆从事鞋业加工，张宝香在外地经营石矿，徐兆林、赵宽江从事铝合金门窗加工，罗传伟、罗传启、石风磊从事车床加工、电机维修、电气焊，罗文建、罗彰绩织手套，罗洪星、罗相峰织布，王秩俭、王晓鹏、王大伟从事花灯制作加工，李天桥、李玉章、李美英从事糖花生加工。

2012年村庄整体拆迁，大部分加工作坊停业。至2018年，罗洪彩、罗传义、罗洪国、罗文建、罗彰绩、马金富、徐青山、范才新、罗洪合、罗相正、吴邦庆、张宝香、徐兆林、赵宽江、罗传伟、罗传启、罗洪星、王晓鹏、王大伟、李天桥、李玉章仍经营原行业。

第四节　经营方式

商户　罗传金、范才顺经营建筑材料，罗磊从事地板销售，邱凯开五金商店，罗传华、吴刚开洗车店，罗洪海、马金富开家具店，罗相聪、罗传升开废品回收店。

摊点　罗传信经营小五金，罗传成经营铁件五金件，高金印卖水果，宋洪花卖蔬菜，范伟玉经营服装，范才海卖鞋，罗洪龙、罗相选、徐伟加工凉拌菜。

电商　①淘宝出现后，村里年轻人上淘宝网购物，随后有个人开淘宝店，经营各种商品。②微商，2012年村里有人开始通过个人的微信账号发布自己的产品，没有实体店，借物流配送物品。近年来电商发展迅速，逐步规范，是未来发展的一大趋势。

第五节 金融简况

货币

纸币 百余年来，罗家庄所使用的货币大致是：清末除使用制钱（小平钱）外，还使用铜圆、银圆。国民政府初年，除使用纸币外，还曾使用银圆。1935 年后，货币市场混乱，有国民政府发行的法币和关金、日伪政府发行的货币，解放区发行的北海币等。1949 年后，根据国家要求，人民使用中国人民银行发行的货币。

电子货币 如今，电子支付盛行，手机微信支付、支付宝支付等方式极为便利。

借贷

旧社会民间有借钱、放钱的来往。放钱生息，借贷的通过熟人介绍，立字为据，保人担保，一般月息 3% 左右。借粮，也有加息，如借一斗高粱，还一斗小麦。

国家发放的贷款，重点支持发展生产。改革开放后，有不少村民靠国家的贷款支持走上富裕路。

第六编

道路运输 能源 通信

1949年前，罗家庄外接道路、生产路以及村内街道，沿袭历史的老路，多弯曲与狭窄，高低不平。1949年后，依靠集体力量，出行道路状况逐步得到改善，或拓宽整平，或取直，均已硬化，并四通八达。运输工具亦逐步改善，汽车为主要运输工具。在能源方面，照明、做饭、取暖等工具彻底改观。通信设施从无到有，由低级到高级，发生了质的变化。

第一章 道路运输

第一节 村内道路

1949年前，村里有2条较大的街：一条是在村中心，南北方向，称中心大街，长百米余，宽4米左右，无大的弯曲，为出村大路。一条是村前东西方向的街，称前大街，长近百米，宽约4米。此外，村里遍布宽窄不一、长短各异通往大街的小街巷。

1991年，村中心大街（今曙光路罗家庄路段）取直拓宽，路面宽12米，为砂石、山根土路面。次年，又在村中心大街的东西两侧各修了一条路，与中心大街同样长，宽10米，为砂石、山根土路面；并拓宽了前大街，为砂石、山根土路面。

第二节 外接道路

1949年前，村北有一条东西路，称后大路，是唯一的出村路。1985年，村里在原生产路的基础上，从前大街向南接1975年新修的高姚路，作为外接道路，今名为康成大街。新修大路长400米左右，宽10米，为砂石路、山根土路面。

2000年3月，始修观（观音堂）罗（罗家庄）路；2001年，观罗路修通，成为罗家庄向北去的重要道路，今称曙光路。

■ 2006年观罗路

2002年上半年，罗家庄投资5000多元铺石整修了村内路，投资3000多元重新架设了田间供电线路，垫资126万多元完成了硬化观罗路工程，方便了居民生活。下半年，又投资3万多元铺设自来水管线1500米，使50多家新建房户吃上了自来水。为了安全度过汛期和解决浇水问题，耗时300个工日，对村内路、过路桥进行了全面清理；投资2.5万元挖通了观罗路沟，拓宽拓深了水塘1座，保证了旱能浇、涝能排。定期清理垃圾，每年投入工日600多个，每月对村内生活垃圾进行清理，改变了垃圾随地扔、到处有垃圾的局面，居民生活环境得到较大改善。

2006年4月，曙光路人行道铺混凝土铺地砖，绿化4000余米。

2008年，罗家庄投资90多万元硬化居内道路1千米，并铺设地下排水沟。投资6000多元铺石整修了村内路。投资近10万元栽植绿化苗木22000棵，绿化面积达2500平方米。投资近10万元，对公墓进行了必要的道路硬化和完善。

2009年，投资5万多元对曙光路两侧罗家庄段的绿化带进行了修

■ 2016年8月花园街绿化

复，增补苗木。投资 3 万元对罗家庄公墓进行了绿化。投资近 2 万元新上居民生活垃圾箱 6 个。

2011 年投资 2 万多元将曙光路两侧罗家庄段的绿化带进行了修复，增补苗木。

自 2012 年整村拆迁至 2018 年，新修建的村庄交通四通八达，出行非常方便。

■ 2018 年居内道路四通八达

第三节 生产路

1949 年前后，村民去田里劳动均沿弯弯曲曲的地边地头的 1 米宽小土路行走。

1975 年，大队修了一条通往南大莹地块的可通马车的土路，宽 6 米多，南接高姚路，为南坡的主要生产路，也作为出村外接道路。

第四节 运输工具

挑担 人力挑担有扁担、担杖两种。扁担比担杖粗壮些，两头有木塞作档头，中间宽，两头稍窄。担杖与扁担相似，只是周身比扁担稍细，且两头有担杖钩，以便挂物。此两种工具使用年代很久，不受交通条件所限，只要人能走的路，都能使用。两头可配绳索、筐篓、水桶等用于田间的运输，赶集、贩运、挑水、拾柴等都可使用，甚为方便，用途广泛。至 20 世纪 80 年代，由于运输工具的发展，担杖以及扁担基本被淘汰。

牲畜运输 牛、驴、马、骡都可作为运输动力。1949 年前后，牛是主要运输动力之一。合作化后，由于骡马的使用和胶轮马车的应用，牛逐渐退出运输的舞台。“大包干”后，由于机械的大发展，牛在农业生产中已无用武之地遂被淘汰。

1949年前，罗家庄无饲养骡马的。合作化生产后，在生产队里，骡马成为主要运输工具。20世纪80年代后，由于机械的发展，骡马逐渐在运输与农事中被淘汰。

独轮车 在农业生产历史中，运输庄稼、粪土以及手肩不能搬动的物品都要用独轮车。但是自1958年小推车被使用后，传统的独轮车被淘汰。事实上，小推车也是独轮车，只不过是在传统的独轮车的基础上加以更新而已。20世纪80年代后，独轮车方彻底退出农业生产舞台。

地排车 地排车的用途不太广泛，用户不多。其用于短途运输较方便，可人力推拉，亦可用牲口拉。21世纪后，地排车成为历史。

马车 大量使用马车是农业合作化以后的事情，每个生产队都有马车，将其作为主要的运输工具，短途亦用，长途也可。20世纪末，由于机动车的发展，马车被弃用。

自行车 20世纪60年代，罗家庄很少有自行车。70年代，自行车逐渐增多。80年代，自行车品牌繁多，有“大金鹿”“永久”“凤凰”“飞鸽”“长征”等品牌，在居民家庭中逐渐普及，并成为村民主要的交通工具。90年代，人们购买自行车的取向由载重型向轻便型过渡。2000年后，自行车多用于居民骑行健身。

2016年，市政府在公交站点、

■ 2018年罗家庄社区共享单车站点

居民区、商业区、公共服务区等投放共享自行车，提供自行车单车共享服务。罗家庄社区周边设立共享单车点多处，受到居民欢迎。

摩托车 有二轮、三轮、偏斗、后斗四种。1980年前，罗家庄没有摩托车。1982年，仅有个别商户购买二轮摩托车。1988年，购买二轮摩托车达到高峰，村内各种品牌摩托车达200多辆。2000年后，摩托车逐渐被电动摩托车和小轿车代替。

电动车 2004年，村里开始有人购买电动车，到2018年时几乎家家户户都有电动车。

拖拉机 公社化后，罗家庄没有拖拉机。直至1980年，大队方购小拖拉机一台，后又购了一台“50大拖拉机”，除用于耕地外也用于运输。

1985年，罗家庄农机服务队有12马力小拖拉机、50拖拉机、播种机、60链轨拖拉机各一台。

汽车 改革开放后的1985年，罗家庄个体运输业发展较快，最多时有运输业户15户，拥有大型运输车12辆。村里连续上了几个企业，硬脂酸厂买了“大解放”“130小货车”。罗家庄农机服务队购买“解放牌汽车”“130汽车”。

1991年，罗家庄村委购买二手吉普车1辆。2003年，购买红旗轿车1辆。

2018年，罗家庄几乎每家都有轿车。

第二章　能源

第一节　燃料

1949年前后，罗家庄村民做饭、取暖用的多是柴草和煤。照明用豆油、花生油和煤油。农业生产中耕、耩、锄、割、灌溉等都用人力、畜力。1961年以后，能源利用逐步得到改善，人们开始用柴油机抽水灌溉。随着科学技术的发展，农业机械化程度提高，汽油、柴油成为拖拉机、柴油机等机械的主要燃料。有的农户还用上了柴油炉等较为先进的炉灶烧水。

20世纪80年代，随着经济的发展，村民生活水平提高，烧水、做饭主要用蜂窝煤，部分富裕家庭用罐装液化气做饭、烧水。

2000年后，多数居民在日常生活中使用液化气、电、太阳能。2015年9月回迁后，罗家庄居民全部使用天然气、太阳能。

第二节　水 电 暖

水　1994年，罗家庄开始安装自来水设施，每户收120元安装管道费，1995年底开通自来水。2003年投资20多万元，全村重新改造和铺设了自来水管线，使全村都吃上了卫生安全的自来水。2012年，为了解决多层回迁片区自来水供水压力不足、4楼以上太阳能无法供水的问题，经多方排查论证，认为导致供水压力不足的原因是多方面的，主要的原因是总水表口径偏小、住户多。为了解决这一难题，居委会经多次与街办协商取得一致意见，由街办承担，居委会临时垫资，在小区西警卫室安装了一套价值17万多元的无负压供水设备，供水压力不足的问题完全解决。

电　1970年村里通电，改用电灯照明，变压器功率为30kVA，电费每度为0.27元。1990年底，因电费没有及时缴纳被供电部门停电。8个月后，罗家庄拟进行线路整改，因有欠债，没有银行愿意给予贷款，村委干部4人便以个人名义贷款5000元，又赊账3万元买了1台功率为50kVA的变压器。1991年春节恢复供电。

1991年电力线路大改造，更换了配电室、变压器、输电线路，居民由此步入放心、安全的电气化时代。

为加强对电力设施的保护、维修，保证安全用电，自通电以后，村里成立了用电管理领导小组，并由有专业资质的电工负责用电事宜。

居民用电实行一户一表制，各单位亦自设电表，计量收费。用电收费标准为：工业用电0.85元/度，居民用电0.55元/度，副业及其他用电0.6~0.8元/度。

至2018年，全村居民每年用电量达近80万千瓦时。

罗家庄自通电以来，村里的电工主要有：徐振清、石清水、罗相敏、杜坤、罗传刚。2000年，罗家庄成立电工组，属供电局所管辖，由东城供电所田万喜负责。

暖　罗家庄拆迁以前，多数居民用煤炉子取暖。回迁后，2016年开始集体供暖。

第三章　通信

第一节　电话

1961年，由邮电局架设圆木电话线杆，罗家庄大队办公室安装了第一部手摇式电话机。

1985年，罗家庄村委会安装新式电话。若干村民家里也安上了电话。

1996年始，村干部家先安装座机电话，尔后，有些户也陆续安装。至2004年，全村安装电话户达60%。

第二节　大哥大　传呼机　小灵通　手机

1992年，村民即有用大哥大的，之后用的便是传呼机、小灵通。1998年有人改用手机。至2018年，手机使用极为普遍。

第三节　宽带　微信公众号

2002年，罗家庄第一台电脑开通拨号上网。2016年，突出抓好"智慧平台"建设，依托有线电视建设了罗家庄频道，依托宽带专线建设了政务系统和居民信息系统，并由居委会投资6万元，实现了社区免费无线WIFI全覆盖。给罗家庄股份经济合作社每户成员504元宽带补贴，让大家免费用上了宽带。依托移动网络建立了党建微平台和潍V社区。后开通"罗家庄社区"微信公众号。居民使用微信购物、社交成为常态。

到2018年，大部分居民家里架设宽带网线，拥有电脑400多台。

第七编

教育

1949年前，罗家庄没有学校；1953年，罗家庄设小学，2000年8月小学并入开发区小学。罗家庄尊师重教，加大教育投入，教学设施、学校建设逐步加强，促进了教育事业的发展。

第一章　义务教育

第一节　幼儿教育

1983年，村里办育红班，罗燕任幼儿教师。入园幼儿20名，小的3岁，大的6岁。育红班与小学在一处开设。20世纪90年代初，育红班改称幼儿园。由1个班发展为2个班，幼儿教师2名。

2003年，幼儿园由幼儿教师罗传芳承包。时有2个班，大、小班各一，幼儿50名，承包人与原幼儿园教师罗玉花任教。2005年所需教师由承包人自聘，有幼儿50余名。

2007年4月，幼儿园合并于开发区幼儿园，由开发区负责管理。

幼儿教师工资，初由村里发工

■ 罗家庄幼儿园的儿童在做游戏

资，月工资为30多元，后提高到每月50元。幼儿园个人承包期间，入园孩子缴费给承包人，教师工资及其他所需费用由承包人支付。

2008年，罗家庄投资8万多元对幼儿园校舍进行了加固修理。

第二节 小学教育

学校沿革及校舍 旧时，罗家庄无学校，孩子们去村西不远的东栾家庄上学。

1953年始设公办小学1处。校址在罗家庄祠堂。祠堂3间，坐北朝南，环境较好，罗云龙为主任兼教师。招收学生20名。设一至四年级，采用复式教学。课桌是用土坯垒的。1956年，入学学生渐多，教室不够用，借用罗青云家5间正房、石清泉家3间正房和罗洪展家1间东厢屋作为教室。

1959年，生活困难时期，学生中有辍学者。至1962年，经济复苏，教育又转入正轨。

1964年，因牲口已分到生产队，大队牲口棚空闲，经过修缮整理，小学迁入。时有北屋6间，南屋3间。

1966年，村大队在村东南角新建学校校舍6间，砖瓦房，分两个教室：一、二、三年级一个教室，四、五年级一个教室。教师办公室在四、五年级教室一角。1967年，村里又为学校建了6间教室。自此，再无复式教学。

1969年底，小学实行“五年一贯制”，五、六年级合为一个年级。同年，设初中一个班，称“小学戴帽”，学生20人。1971年，初中班合并于东栾家庄学校。

1975—1979年，学校大搞勤工俭学，学生利用课外活动时间上坡养兔子、捡地瓜、拔青草等，为学校增加收入，或为学生解决书本费等。

1977年，恢复高考后，小学也受到激励，小学生学习积极性大大提高。

1982年，罗家庄小学与东栾家庄学校合并。翌年9月，四、五年级学生留东栾家庄学校就读，一、二、三年级学生仍在罗家庄学校就读。

1991年，贯彻执行国家《义务教育法》，村内适龄儿童入学率、巩固率、毕业合格率均达到100%。

表 7–1 罗家庄小学情况一览表

年份	班（个）	学生人数	教师人数	备注
1953	1	20	1	
1959	2	40	3	
1966	3	60	5	
1967	5	70	5	
1969	6	130	8	含 1 个初中班
1970	7	140	8	含 2 个初中班
1972	5	110	5	
1980	5	120	7	
1986	3	85	4	
1997	5	120	7	
1999	5	140	8	

教师学历达到上级要求。

1997 年，五、六年级由东栾家庄迁回，罗家庄小学又恢复为完全小学。

2000 年 8 月，罗家庄小学并入距村不远的开发区小学。至 2018 年，罗家庄未再设立小学。

学制 1953 年前，小学招生、升级、毕业为“春季始业”。实行 5 分制计分法，并推行“五年一贯制”。1953 年 6 月，恢复“四二”分段学制。同年 9 月改“春季始业”为“秋季始业”，并使用全国统编教材。

1969 年，小学全面推行“五年一贯制”，改“秋季始业”为“春季始业”。1974 年，又恢复为“秋季始业”。

2000 年，义务教育由“五四制”改为“六三制”，村内小学改为六年制。

课程 1953 年，使用全国统编教材。

1955 年，一至三年级增设手工劳动课。

1958 年，根据上级指示，学校必须把生产劳动列为正式课程。于是，高年级设劳动课。

1963 年，小学高年级设生产常

识课，低年级增设周会。

1965年，村内小学一至四年级取消手工劳动课和周会。

1978年，《常识》改为《自然常识》。秋，一年级使用十年制全国统编教材。

1980年秋，小学使用十年制全国统编教材。

1983年，使用五年制小学课本全国统编教材。

2003年起，小学统一使用人民教育出版社出版的九年义务教育六年制小学教科书。

教学方法 1953年，罗家庄村设立小学后，推行五段教学方法，即组织教学、复习旧课、新授、复习巩固和布置作业。

1955年，低年级语文试行集中识字法。

1962年，加强基本知识和基本技能训练教学，提倡师生“双边”活动，运用启发式数学，提倡精讲多练。

1978年，推广应用基础知识和基本技能训练。在教学中，注重培养学生分析问题、解决问题的能力。低年级数学教学推广口算、珠算、笔法等相结合。语文则以识字教学为主。在作文教学方面，采用看图说话、看图写作的方法。

1981年，把教学改革的重点放在“加强双基、培养能力、开发智力”上。

1983年，加强思想政治教育工作。在重视智力因素的同时，重视非智力因素；在改善第一课堂的同时，重视开辟第二课堂；在提高教学质量的过程中，重视减轻学生的课业负担，以促进学生德智体全面发展。

1986年，贯彻教为主导、学为主体、思维训练为主线的精神。

1992年，改进教学方法，提倡教给学生知识不如教给学生学习知识的方法，即“授之以鱼，不如授之以渔”。要求贯彻以教师为主导、学生为主体、思维训练为主线的原则。同时按照各种教学方式，进行名目繁多的教学方法的实验和应用。

教师 罗家庄自1953年设立小学以后，师资以上级分派的公办教师为主，由于师资力量不足，还从本村选用一些有一定文化知识、学生出身的人员担任代课老师即民办教师。这些民办教师的聘用，均按政府有关规定，由村里推荐，学校选拔，报请公社主管部门批准后录用，并由教育局备案。

1978年后，民办教师几经整顿，不合格的被清退。1983年起，依照上级对民办教师“关、停、转、招、辞”的要求，实行建档管理。此后，每年都有部分民办教师转为公办教师。至2002年，在编民办教师凡符合条件的全部转为公办教师。此后，村小学内不再有民办教师。罗家庄籍民办教师通过招、转先后成为公办教师的有范才民、罗相成、管欣3人。

表7–2 罗家庄小学历任校长、教师一览表

姓名	性别	任职时间	籍贯	职务	公办或民办
罗云龙	男	1953—1954	本村	主任兼教师	民办
魏思忠	男	1954—1955	大尹村	主任兼教师	公办
李绍红	男	1955—1957	王党	主任兼教师	公办
侯喜贵	男	1957—1959	堤东	主任兼教师	公办
范志升	男	1958—未详	本村	主任兼教师	民办
李建文	男	1959—1962	老木田	主任兼教师	公办
李汝宝	男	1962—1962	李家八里庄	主任兼教师	公办
栾纪友	男	1963—1963	北栾家庄	主任兼教师	公办
罗洪升	男	1964—未详	本村	主任兼教师	公办
范志升	男	1965—1973	本村	校长	民办
罗洪先	男	1965—1982	本村	教师	公办
罗云秀	男	1965—1968	本村	教师	公办
范才华	男	1965—1968	本村	教师	民办
罗盛林	男	1969—1972	本村	教师	民办
罗相功	男	1969—1973	本村	教师	民办
罗相萍	女	1969—1973	本村	教师	民办
罗玉花	女	1975—1982	本村	教师	民办

续表

姓名	性别	任职时间	籍贯	职务	公办或民办
杜秀贞	女	1875—1975	本村	教师	民办
赵修年	男	1978—1979	卣房	校长	公办
范才民	男	1979—2000	本村	校长	民办转公办
罗洪进	男	1980—1984	本村	教师	民办
吴邦启	男	1980—1982	本村	教师	民办
罗传信	男	1980—1982	本村	教师	民办
罗洪彩	男	1980—1982	本村	教师	民办
徐艳花	女	1980—1982	本村	教师	民办
徐先智	男	1980—1982	鲁家庙	教师	公办
罗相成	男	1983—1996	本村	教师	民办转公办
管　欣	女	1985—1999	本村	教师	民办转公办
栾　红	女	1985—1995	本村	教师	民办
范　美	女	1985—1995	本村	教师	民办
范海霞	女	1996—1999	许家庄	教师	民办
赵秀珍	女	1996—1999	大吕	教师	公办
张玉英	女	1996—1999	化肥厂宿舍	教师	公办
尹秀美	女	1997—1999	田家庄	教师	民办
孙　洪	女	1998—1999	孙家官庄	教师	公办
曾庆家	男	1998—1999	张家埠	教师	公办

教师待遇

公办教师待遇　1952 年改薪粮制为薪金制，即工资分制，按工资分数折款。

1956 年，实行工资改革，根据教师的教龄、学历、工作数量、工作质量、工作任务等鉴定评级。

1971 年，调资一次。

1977 年 10 月，对低工资进行调整，有 40% 的教师涨工资。

1978 年，再次进行低工资调整，有 2% 的教师涨工资。

1979 年 10 月，再次调整工资，有 40% 的教师涨工资。

1981—1982年，国家相继为中小学公办教职工调资，公办教师的待遇有了较大提高。

1987年始，为教师评定职称，与工资挂钩。此后，按职称发工资，5年进行1次评比晋升。

1988年起，公办教师除了获得基本工资、劳动保险外，还享受国家发给的粮食补差、副食品补差、困难补助、洗理费、卫生费、取暖费、降温费、出差补助、抚恤费以及公费医疗等待遇。

民办教师待遇 人民公社化后，民办教师由生产大队记工分，参加所在队的分配。

1969年4月，小学民办教师除记工分外，每月发给补助费3元。

1971年7月，为减轻群众负担，国家增发民办教师补助费。按有关规定，小学民办教师除记工分外，每月补助13元。

1981年，国家给公办教师涨工资的同时，增加了民办教师的补助，小学民办教师每月19元。

1983年后，民办教师待遇转为工资制，除国家补助外，不足部分由集体办学经费开支。民办教师人均月工资58元左右。之后，随着公办教师工资的提高，1987年后中小学民办教师工资又有增加。到1991年，小学民办教师月均113.85元，中学民办教师月均112.60元。到1994年，民办教师月收入最多的为218元（国拨38元），最少的为143元。1995年民办教师月均达200元，到2002年月均增加至370元。民办教师转公办后，即享受公办教师工资福利待遇。

第二章　教育行政

第一节　学校管理

1949 年后，罗家庄小学一直以爱国家、爱人民、爱科学、爱劳动、爱护公共财物为主要内容的“互爱”教育为主旨。

村里的小学教育业务由上一级区、公社、镇专管教育人员或机构管理。小学沿用校长负责制，并制定有“教师工作责任制”“政治学习制度”“校风校纪”“体育卫生保健制度”“财务管理制度”等，使学校管理科学化、制度化、经常化。

第二节　学杂费

1951 年，小学始收学杂费。小学生每学期每人缴小米 5 斤。

1952 年 9 月起，小学初级班一学期每人缴 1.2 万元（旧币），高级班每学期每人缴 1.7 万元（旧币）。

1966 年冬，停收学杂费。

1972 年，恢复收学杂费。小学生每学期每人缴 1~1.5 元。

1982—1991 年，小学生每学期每人缴学杂费 2 元。1992 年始，提高到 8 元。2000 年，提高到 40 元。

2007 年后，小学免收学杂费。

第三章　业余及高中以上教育

第一节　文化知识教育

旧时，农民很少有识字者。1949 年，罗家庄响应政府号召组织开展“冬学”，使不识字农民识字。

1950—1953 年，坚持以扫盲为重点，由本村人范志升利用农闲教村里的青年男女识字，村民学习热情较高。

1953 年，村里成立夜校，地点设在村学校。群众参加学习的积极性高涨，由罗相兰、徐秀贞任教师，经常到校学习的学员有 30 多人。夜校每天晚上上课 2 小时，每周上 6 个晚上。学员配有统一的《农民识字课本》，教师有统一的教学计划和教学要求。夜校一直持续到 1958 年。

1959—1961 年，因农民群众生活极其困难，村内农民扫盲教育停顿，自此再未恢复。扫盲班共扫盲 80 人。

1964 年，配合农村社会主义教育活动，村里一度办过夜校，开设了政治课，学习时事与党的政策。

1978 年，党的十一届三中全会召开后，村民学科学、用科学的要求日益强烈，村里利用多种形式，号召学习文化与学习农业科学、致富知识。

2015 年，社区党政群服务中心设立四点半学习室，居民可随时去学习有关文化知识。

2016 年，社区居委会狠抓文化教育。利用社区大讲堂，组织了多次教育知识讲座，如“妇女知识讲座”“社保知识讲座”“党性教育进社区”“健康知识讲座”。利用社区广场多次组织播放电影、潍坊电视台“都市频道走进社区”、戏曲表演等活动，既繁荣了社区文化，又让居民接受了教育，在全社区形成了做文明人、办文明事、创文明和谐社区的浓厚氛围，形成了“社区有我更精彩，我因社区更自豪”的文化认同感。

第二节 职业教育

1949 年至农业合作化期间，罗家庄结合开展农民扫盲运动，特别是通过推行速成识字法的热潮，以扫盲带动职业教育，先后为农业合作社培养了会计、记工员、农业技术员等数名，推动了农业合作化生产大队、生产小队生产的发展。

1959—1961 年，因人民的生活困难，农民职业教育停顿。

1962—1963 年，随着国民经济的恢复，为满足农业生产的发展需要，罗家庄的业余职业教育又活跃起来。

自 1969 年始，高密县每年都举办“赤脚医生”职业培训班。徐秀芳等人先后参加培训学习，结业考试均合格。

1978 年党的十一届三中全会后，村办企业、个体经济迅速发展，职业教育出现了新局面。尤其是在农业种植结构调整、栽植大樱桃的过程中，全村人掀起了学习新技术的热潮。多名村民去外地学习大樱桃的种植管理技术。

为提高电力管理人员的素质，除电工及时到县电力局参加电力培训学习外，还多次选派人员到有关单位进行安全用电知识的学习。至 2018 年，村里的电力管理和工作人员凭“上岗证”方能工作。

1992 年，杜坤去团中央北戴河培训基地参加团干部培训班，培训 10 天。2006—2010 年，范佳佳、罗传刚、杜坤、罗相志在高密市党校学习，取得经营管理、法律专业本科学历。

■ 大樱桃种植培训学习班合影

第三节 高中以上教育

罗家庄人重视教育。罗家庄历史上，第一个高中生是罗洪干；第一个中专生是罗青云；第一个专科生是罗洪印；第一个本科生是罗鸿鸣；第一个硕士研究生是罗剑英；第一个博士研究生是范玉。1948—2018 年，罗家庄培养出博士研究生 4 人，硕士研究生 14 人，本科生 102 人，专科生 91 人，高中、中专生共 114 人。

表 7–3 罗家庄硕士、博士研究生学历人员一览表

姓名	性别	毕业时间	毕业院校	学历	家长姓名
罗剑英	男	2003	中国海洋大学	硕士研究生	罗相杰
罗传国	男	2004	山东师范大学	硕士研究生	罗相明
罗相贤	男	2008	山东省委党校	硕士研究生	罗洪德
鲁 倩	女	2009	武汉理工大学	硕士研究生	鲁东新
罗 秋	女	2010	中国海洋大学	硕士研究生	罗传光
罗 胜	男	2012	山东大学	硕士研究生	罗洪亮
吕 迅	男	2012	中国农业大学	硕士研究生	吕召刚
徐 超	男	2013	内蒙古科技大学	硕士研究生	徐兆林
范 玉	女	2013	山东中医药大学	博士研究生	范财胜
吴 静	女	2015	青岛大学	硕士研究生	吴顺荣
罗 文	男	2017	南京航天大学	硕士研究生	罗传明
王 宁	女	2018	伦敦大学	硕士研究生	王彦法
徐晓红	女	2018	北京大学	博士研究生	徐贵喜
罗传琛	男	在读	中国科学院	硕博连读	罗相志
于长江	男	在读	四川大学	博士在读	于 顺
徐晓娜	女	在读	延边大学	硕士研究生在读	徐先志
嵇泳盛	女	在读	山东财经大学	硕士研究生在读	嵇传勇
薛 钰	女	在读	中国科学院	硕士研究生在读	薛成亮

备注：按毕业时间排序。

表 7-4　罗家庄本科学历及出国留学人员一览表

姓名	性别	毕业时间	毕业院校	家长姓名
罗鸿鸣	男	未详	南京大学	罗青云
罗鸿庆	男	1961	河北工学院	罗焕云
罗　毅	男	1964	南京工业大学	罗登云
葛相金	男	1973	山东行政管理学院	葛荣华
罗相杰	男	1979	美德米尼肯大学	罗鸿鸣
范彩仁	男	1979	西安二炮工程学院	范志升
范　镶	男	1988	哈尔滨工业大学	范志升
罗传福	男	1988	山东农业大学	罗相仁
胡　勇	男	1992	山东工商管理学院	胡开章
罗相诗	男	1993	中国书画函授大学	罗鸿蜚
罗相友	男	1997	山东教育学院	罗鸿宾
罗相和	男	1998	山东省管理干部学院	罗洪新
罗相福	男	1999	山东省委党校	罗洪太
李先发	男	2002	山东大学	李绍申
范玉燕	女	2003	中国海洋大学	范财明
范文毓	女	2004	潍坊学院	范玉廷
徐　杰	男	2004	江西财经大学	徐兆敏
罗传刚	男	2006	山东省委党校	罗相森
范　伟	男	2007	中国人民解放军南京政治学院	范财明
杜　坤	男	2009	山东省委党校	杜乐善
吴海超	男	2009	曲阜师范大学	吴帮森
吕艺琛	女	2009	浙江理工大学	吕召刚
范家诚	男	2009	重庆工商学院	范才新
仪　伟	男	2009	曲阜师范大学	仪垂森
范佳佳	女	2010	山东省委党校	范才成
罗相志	男	2010	山东省委党校	罗洪运
吴晓英	女	2010	山东农业大学	吴帮起

续表

姓名	性别	毕业时间	毕业院校	家长姓名
赵 静	女	2010	山东大学威海分校	赵洪昌
卞国强	男	2011	东北大学	卞瑞金
罗 霄	男	2011	山东警察学院	罗 彬
单秀梅	女	2011	安徽理工大学	单亦财
罗 倩	女	2011	山东农业大学	罗洪海
罗文剑	男	2012	四川大学	罗相和
罗东方	男	2012	中国海洋大学	罗相金
范文栋	男	2012	武汉体育学院	范玉锡
范 鑫	男	2012	中国石油大学（华东）	范才同
范 明	男	2012	吉林工程技术师范学院	范玉硕
罗 雪	女	2012	济南大学	罗相正
范程程	女	2012	青岛科技大学	范才文
范靖雯	女	2012	天津工业大学	范才锋
范丽萍	女	2012	东北师范大学	范在志
罗 琦	女	2012	中央广播电视大学	罗相成
刘新伟	男	2013	上海理工大学	刘清宝
石 静	女	2013	烟台大学	石福林
牟天龙	男	2013	潍坊学院	牟墩杰
巩文慧	女	2014	沈阳工学院	巩新全
胡冠龙	男	2014	山东师范大学	胡 勇
罗惟新	男	2014	中国民用航空飞行学院	罗传志
杨晶玉	女	2014	济南大学	杨文喜
范文艳	女	2014	烟台南山学院	范才顺
李炎臻	女	2015	山东大学	陈欣玉
罗 凯	男	2015	东北财经学院	罗相增
范文凯	男	2015	空军第一航空学院	范玉森
何金鑫	男	2015	山东协和学院	何太华

续表

姓名	性别	毕业时间	毕业院校	家长姓名
罗惠文	女	2015	山东师范大学历山学院	罗传新
赵起祥	男	2015	南京林业大学	赵宽江
罗　娜	女	2016	青岛科技大学	罗云波
王　倩	女	2016	潍坊医学院	王述建
徐　朦	女	2016	山东工商学院	徐兆敏
罗　琦	女	2016	山东财经大学	罗相峰
夏　飞	男	2016	山东农业大学	夏纪宏
范增鑫	男	2016	济南交通大学	范在志
管燕凤	女	2017	山东师范大学	管培录
李亚男	女	2017	潍坊医学院	李丹友
石桂萌	女	2017	泰山医学院	石铭星
罗子轩	男	2017	山西师范大学	罗相新
罗文燕	女	2017	山东师范大学	罗传来
田笑梅	女	2017	鲁东大学	田继伟
杨升妹	女	2018	滨州医学院	王秀姗
闫　超	女	2018	山东财经大学	闫庆国
范玉超	男	2018	潍坊学院	范才志
李雨杨	男	2018	聊城大学	李天君
罗浩然	男	2018	江南大学	罗洪海
焦晓焱	女	2018	汉口学院	焦言来
石晓娜	女	在读	山东中医药大学	石福林
孙　超	男	在读	山东财经大学	孙来久
石　坤	男	在读	青岛理工大学琴岛学院	石有功
韩荣梅	女	在读	济宁医学院	韩树华
于明慧	女	在读	浙江工业大学	于　亮
高　杨	女	在读	山东协和学院	高金亮
杨慧婷	女	在读	吉林北华大学	杨和来

续表

姓名	性别	毕业时间	毕业院校	家长姓名
于清平	女	在读	山东财经大学	于明远
刘宗元	男	在读	青岛农业大学	刘德朋
黄星宇	男	在读	商丘师范学院	黄加军
王 勇	男	在读	天津工业大学	王述建
付 友	男	在读	泰山学院	付希忠
罗梦婷	女	在读	滨海学院	罗传启
罗婕妤	女	在读	临沂大学	罗相周
范鹏飞	女	在读	佳木斯大学	范作强
吴 凡	男	在读	临沂大学	吴邦庆
罗 腾	男	在读	聊城大学	罗 亮
罗 丹	女	在读	湖北民族大学	罗相福
赵 娜	女	在读	潍坊医学院	赵洪昌
陈 阳	女	在读	济宁医学院	陈振华
杜金恒	男	在读	北京人文大学书法学院	杜 坤
臧淑敏	女	在读	四川师范大学（函授）	臧传建
罗 健	男	在读	中国海洋大学（函授）	罗相正
范 晓	女	在读	潍坊学院	范 刚
吴家宝	男	在读	中国矿业大学	吴顺荣
范育玮	男	在读	滨州学院	范才顺
夏 炎	男	在读	黄海职业学院	夏继田
单一凡	女	在读	临沂大学	单际森

备注：按毕业时间排序。

表 7-5 罗家庄专科学历人员一览表

姓名	性别	毕业时间	毕业院校	家长姓名
罗洪印	男	未详	福州军区军医学院	罗盛云
杜立志	男	1988	第二炮兵工程大学	杜官升
罗 彬	男	1988	上海医疗器械专科学校	罗相诗
罗传智	男	1988	空军西安航空学院	罗相华
范才民	男	1990	高密教师进修学校	范志会
罗相增	男	1990	北京经济函授大学	罗洪起
罗洪伟	男	1991	济南陆军学院	罗召云
罗相明	男	1993	山东大学（函授）	罗鸿新
范美丽	女	1995	天津财经学院	范志起
范 群	男	1995	北方大学	范志升
高怀波	男	1998	郑州纺织工学院	高德新
杜 珉	男	1999	山东理工大学	杜立华
张 锐	男	1999	潍坊职业学院	张宝智
罗 琳	女	2000	山东艺术学院	罗相诗
王立萍	女	2001	潍坊市对外经济贸易学校	王述增
罗 春	女	2002	山东广播电视大学	罗传光
杜 江	男	2003	武汉通讯指挥学院	杜立华
罗传礼	男	2005	山东大学	罗相华
徐 銘	男	2006	西安电子科技大学	徐清山
李 伟	男	2007	日照职业技术学院	李延世
罗曙光	女	2007	山东经贸职业学院	罗相新
刘 凤	女	2007	潍坊教育学院	刘清宝
徐 明	男	2007	山东科技职业学院	徐文录
罗传照	男	2008	中国人民解放军西安政治学院	罗相敏
罗 翠	女	2008	山东艺术学院	罗洪明
吴 倩	女	2009	青岛酒店管理学院	吴顺仁
范玉琳	男	2009	黄海职业学院	范才杰

续表

姓名	性别	毕业时间	毕业院校	家长姓名
李　丽	女	2009	潍坊职业学院	李付章
杨晶波	女	2010	山东商业职业技术学院	杨文喜
李卓超	男	2010	潍坊学院	李常宝
徐晓燕	女	2011	青岛理工大学琴岛学院	徐先志
罗传胜	男	2012	解放军信息工程学院	罗相华
郭　晓	女	2013	潍坊护理职业学院	罗　玉
徐鹏飞	男	2013	东营职业学院	徐兆俊
范倩文	女	2013	哈尔滨商业大学	范才智
李常春	男	2013	滨海学院	李丹增
陈国文	男	2012	威海职业技术学院	陈日华
罗　坤	男	2014	中央广播电视大学	罗　杰
王亚堃	男	2014	潍坊工商职业学院	王晓鹏
罗美杰	女	2014	烟台南山学院	罗相坤
罗唯华	男	2014	潍坊市对外经济贸易学校	罗传磊
范玉填	男	2014	滨海学院	范　凯
范家填	男	2014	滨海学院	范　凯
李鹏宇	女	2014	山东信息职业学院	李永国
石桂华	女	2015	威海职业技术学院	石铭星
罗　帅	男	2015	济南大学	罗洪伦
王鑫儒	男	2016	青岛职业技术学院	王述明
宋承杰	男	2016	滨州学院	宋振刚
陈　柠	女	2016	潍坊信息技术学院	陈华杰
范晓辉	男	2016	山东铝业学院	范志友
张雪冬	女	2016	山东英才学院	张成坤
周　宇	女	2016	潍坊学院	周永合
葛浩东	男	2016	水利工程职业学院	葛光财
范镇欣	女	2017	烟台工程职业技术学校	范才文

续表

姓名	性别	毕业时间	毕业院校	家长姓名
罗　鹏	男	2017	山东协和学院	罗　军
罗琦琦	女	2017	潍坊信息技术学院	罗传增
巩全哲	男	2017	山东协和学院	巩新亭
高杉杉	女	2017	烟台大学文经学院	高义清
吴　琦	女	2017	菏泽医学专科学校	吴顺仁
王　钰	女	2017	潍坊护理职业学院	王述政
罗　超	男	2017	青岛科技大学	徐美华
陈　晨	女	2017	山东中医药大学	陈振华
石凤森	男	2017	山东杏林科技职业学校	石福海
李雨雨	女	2017	潍坊护理职业学院	李丹华
范文文	女	2017	威海市职业学院	范玉龙
泮英杰	男	2017	东北理工大学	泮昌军
罗　勇	男	2017	山东协和学院	罗洪敏
杜晓辉	男	2018	山东城市建设职业学院	杜德福
罗凯茜	女	2018	聊城职业护理学院	罗　森
王　晓	女	2018	山东女子学院	王述伦
王儒东	男	2018	山东职业学院	王述伦
徐海鑫	男	2018	山东科技职业学院	徐贵喜
范轩堃	男	在读	山东商务职业学院	范玉刚
罗春雨	男	在读	连云港师范高等专科学校	罗　磊
张润洁	女	在读	烟台职业学院	张祥太
罗淦旻	男	在读	淄博职业学院	罗洪杰
李晓璇	女	在读	山东电子学院	李　强
徐　慧	女	在读	菏泽医学专科学校	徐爱庆
齐　鑫	女	在读	青岛职业技术学院	齐传文
昌昱彤	女	在读	青岛职业技术学院	昌宝山
杨欣仪	女	在读	济宁学院	杨德升

续表

姓名	性别	毕业时间	毕业院校	家长姓名
李孟雨	女	在读	烟台大学文经学院	李　君
石凤玉	女	在读	烟台职业学院	石福波
宋　坤	女	在读	潍坊护理职业学院	宋　波
徐梦婕	女	在读	山东外贸职业学院	徐　彬
焦文静	女	在读	济南工程技术学院	焦延绪
李　超	男	在读	山西师范大学（函授）	李春宝
孙　玮	女	在读	淄博师范专科学校	孙旭宾
吴金泽	男	在读	济南劳动职业学院	吴宝玉
罗浩文	男	在读	威海市职业学院	罗　刚
罗　健	男	在读	中国海洋大学	罗相正

备注：按毕业时间排序。

表 7-6 罗家庄高中、中专学历人员一览表

姓名	性别	毕业时间	毕业院校	家长姓名
罗青云	男	未详	烟台益文学校	罗友堂
罗洪干	男	1948	滨北中学	罗泽云
徐兆敏	男	1972	高密一中	徐邦清
徐秀娟	女	1971	高密城关中学	徐清森
吴帮起	男	1972	高密一中	吴振玉
徐先进	男	1972	高密一中	徐兆仁
罗洪平	男	1973	高密城关中学	罗贞云
邱桂富	男	1974	高密一中	邱玉祥
徐先国	男	1974	高密五中	徐兆奎
罗洪彩	男	1975	高密十九中	罗正云
徐艳丽	女	1975	高密五中	徐清森
徐贵喜	男	1975	高密九中	徐青江
罗相正	男	1976	高密一中	罗洪新
罗锦秀	女	1976	胶州师范	罗云陛
宫凤美	女	1978	高密十中	宫恩治
范玉平	男	1979	高密十九中	范才东
范才新	男	1979	高密十九中	范志会
范才功	男	1979	高密十九中	范志星
罗传信	男	1980	高密十九中	罗相华
范玉廷	男	1981	空军雷达学院	范才芹
徐清山	男	1982	高密七中	徐海峰
罗相成	男	1981	高密一中	罗鸿新
罗洪杰	男	1982	高密七中	罗云山
石有山	男	1983	姚哥庄职中	石清水
赵宽江	男	1986	高密三中	臧芝敏
罗相锋	男	1988	高密五中	罗洪莲
单际森	男	1988	高密五中	未详

续表

姓名	性别	毕业时间	毕业院校	家长姓名
王修颜	男	1991	高密职业中专	王宗勤
范财胜	男	1995	高密职业中专	范志清
范玉欣	女	1995	高密成人中专	范财胜
范玉英	女	1995	高密成人中专	范财胜
杜　鹃	女	1995	高密成人中专	杜立俊
王儒进	男	1996	高密成人中专	王述信
罗　娜	女	1996	高密成人中专	罗洪学
罗传礼	男	1996	高密一中	罗相华
罗　湘	男	1997	高密职业中专	罗洪礼
范　坤	男	1998	潍坊职业中专	范才瑞
范玉琦	男	1998	武汉士官学校	范才启
范　昌	男	1998	高密一中	范才金
刘明坤	男	1998	潍坊贸易学校	刘贵礼
徐艳凤	女	1998	高密职业中专	徐兆臣
罗洪星	男	1999	高密四中	罗云友
罗　丽	女	1999	高密二中	罗洪明
范玉智	男	1999	潍坊对外经济贸易学校	范才光
徐　凯	男	2000	高密一中	徐兆臣
范　伟	男	2001	潍坊卫校	范志安
罗　飞	男	2002	高密职业中专	罗传信
杜　平	男	2003	山东交通职业学院	杜立金
杜　群	女	2003	高密综合高中	杜德运
李　娜	女	2004	高密师范	李常来
吴海勇	男	2005	山东纺织职业技术学院	吴邦林
石福鹏	男	2005	山东纺织职业技术学院	石有臣
罗相国	男	2005	高密职业中专	罗洪兴
罗文超	男	2005	高密实验中学	罗相光

续表

姓名	性别	毕业时间	毕业院校	家长姓名
李玉亭	男	2005	高密职业中专	李丹福
罗国英	女	2006	高密实验中学	罗传金
石夏萍	女	2007	山东纺织职业技术学院	石铭星
鲁　阳	男	2007	潍坊纺织学院	鲁东新
罗　桥	男	2007	渤海学院	罗洪合
罗　训	男	2007	山东科技职业学院	罗洪平
范文就	男	2007	潍坊对外经济贸易学校	范玉华
罗　旭	男	2008	高密五中	罗传光
徐　萍	女	2008	高密五中	徐　彬
罗卫国	男	2008	高密五中	罗相明
石晓倩	女	2008	高密职业中专	石有山
燕国安	男	2008	高密高级技工学校	李美英
罗　琦	女	2008	山东省工会管理干部学院	罗相成
杜　鹏	男	2010	高密实验中学	杜德红
石皓宇	男	2011	姚哥庄职中	石有垒
李文娜	女	2011	高密高级技工学校	李玉海
吴　琼	女	2011	高密实验中学	吴顺进
石铭杰	女	2012	高密三中	石凤磊
邱开放	男	2013	高密四中	邱文彬
罗富文	女	2013	高密四中	罗洪皎
王文杰	男	2013	高密四中	王修颜
罗　鹏	男	2014	高密职业中专	罗　肖
范玉泉	男	2015	高密高级技工学校	范才智
宫　涛	男	2015	高密高级技工学校	宫献伟
杨　朔	男	2016	高密高级技工学校	张凤英
李昆雨	男	2017	山东省中等职业学校	李玉新
张　帆	男	2017	山东职业学院	张绍波

续表

姓名	性别	毕业时间	毕业院校	家长姓名
伊　薇	女	2017	高密职业中专	伊向雷
范文文	女	2017	威海市职业学院	范玉龙
徐晓凤	女	2018	高密成人中专	徐兆军
范威辰	男	在读	高密一中	范玉琦
郭柯雨	女	在读	高密一中	郭继丰
于明江	男	在读	高密一中	于　亮
杨延顺	男	在读	高密一中	杨合来
刘孟奇	女	在读	高密三中	刘江南
褚　琳	女	在读	高密三中	褚善强
刘　赛	女	在读	山东省体育局训练中心	刘江宁
范育豪	男	在读	高密一中	范才锋
高文昊	男	在读	高密一中	高怀波
于青民	男	在读	豪迈高级高中	于明远
罗惟玺	男	在读	高密四中	罗剑锋
范　颖	女	在读	加拿大	范才森
罗翊心	女	在读	高密五中	罗传强
罗惟奇	男	在读	高密三中	罗　正
罗晨硕	男	在读	豪迈高级高中	罗相玺
齐世成	男	在读	高密职业中专	齐传文
柴晓帆	女	在读	高密五中	柴培明
王　超	男	在读	高密四中	王守会
闫飞洋	男	在读	高密一中	闫振森
高　源	女	在读	潍坊方辉医学院	高金亮
石　飞	女	在读	高密五中	石福友
韩肖萌	女	在读	高密二中	韩树华
范晓琳	女	在读	高密五中	范　刚
罗　晶	女	在读	寿光二中	罗　顺

续表

姓名	性别	毕业时间	毕业院校	家长姓名
王　昊	男	在读	高密四中	王儒进
陈　钰	女	在读	豪迈高级中学	陈华杰
夏　婷	女	在读	高密四中	夏继友
罗梦娜	女	在读	高密一中	罗传进
孙　悦	女	在读	高密四中	孙燕元
李鹏莱	男	在读	高密三中	李永国

备注：按毕业时间排序。

表 7–7　罗家庄高中、中专以上学历人数表

学历	人数	备注
博士研究生	4	包括在读
硕士研究生	14	包括在读
本科生	102	包括在读
专科生	91	包括在读
高中生、中专生	114	包括在读
合计	325	

第八编

文化 体育 卫生

1949年前，罗家庄的文化、体育、卫生事业发展较差，村里无力组织实施相关事项。1949年后，人们的生活日益改善，文化、体育、卫生事业逐步发展。至2018年，罗家庄的文化、体育、卫生工作已走在全市村居组织前列。

第一章 文化

第一节 文娱活动

1949年前，罗家庄村民只是在节庆日按传统方式举行简单的文化活动。在夏夜乘凉或冬日农闲时，偶尔也有来村耍猴的，或有的乞讨者沿门唱上几句戏曲，引得孩子们跟着听。中华人民共和国成立后，村里爱好文艺的人为配合形势的发展、满足群众对文化生活的需求，组织开展文娱活动，内容日益丰富，形式也不拘一格。2017年，大力倡导以“孝”为主题的家园文化教育，狠抓日常文化教育。利用社区大讲堂，组织了“党性教育进社区”“演讲比赛”“健康知识讲座”等活动多次。利用社区广场组织播放电影、戏曲表演等活动。利用社区功能室，开设了书法班、舞蹈班，使文化建设有声有色、丰富多彩。同时，充分利用功能室，很多居民自发地到功能室里健身休闲，融洽了邻里关系，放松了身心，强健了体质。坚持文体不分家，在全市率先成立了社区体育总会，承办了全市太极拳比赛。此外，还举办了罗家庄首届社区春晚、社区大党委法检一家亲庆“三八”文艺晚会、朝阳街道“七一”党建表彰暨文艺汇演、2017年重阳节庆祝大会等大型晚会，有力地繁荣了社区文化。社区内的模特队、太极拳队等居民自发成立的文体队伍，不仅编排出群众喜闻乐见的节目，还多次在全市、全区节日文艺展演中表演，对外树立了良好的社区形象。

踩高跷 1951年，罗家庄设高跷班子，由8人组成。一般是春节前进行训练，正月里在大街上演出，有时也到外村演出。1958年后，因人员变动高跷班子停止活动。1972年，高跷班子又组织起来了，以范志强、范志法为主，共有8人。班子演出节目很卖力，也较热闹。罗家庄的高跷班，特点是高跷腿高，达80厘米，使人们观看觉得刺激。1980年后，电影等文娱活动多起来，高跷班子活动逐渐停止。

宣传队 1953年，村里成立宣传队，由罗洪庆负责，范志升拉胡琴，男女演员有十五六人。逢年过节，扎台子，简单化妆后便演出。1956年，演出的《朝鲜妈妈》曾受到人们的好评。宣传队也到周边村庄演出。“文革”开始后，班子解散。

1965年，村小学办了宣传队，由范志升组织排练，演员为学生，逢年过节组织宣传演出，也到周边村庄演出。“文革”开始后也停止了。1970年，范志升组织演出京剧样板戏《红灯记》《沙家浜》等，自制道具，在本村宣传演出。在此后两三年，演出比较频繁。

小剧团 除组织本村村民开展文化活动外，还请外村小剧团来罗家庄演出。1949年至1955年每年正月，数次请卣坊、冢子头的茂腔剧团来演出。全村群众兴高采烈，并邀亲朋好友看戏，人人精神振奋。

“大包干”后，又请外村小剧团来村演唱数次。

舞蹈队 1980年，以甄秀花、罗玉花、罗传芳为骨干成立临时舞蹈队，有40多人参加，曾被市里的运动会、文化节选调参加开幕式，有时也去外村定点演出。

2005年，妇女主任甄秀花带领这支舞蹈队，以健身为主开展活动。

2007年，罗玉花等30多人加入舞蹈队，锻炼的形式多样，有广场舞、健身球、柔力球等，经常见诸媒体。每年“三八”妇女节、重阳节及市体育局每4年举办一次的运动会开幕式上，舞蹈队都参加演出。每遇大型活动，罗家庄村委为其提供道具和服装。

2008年，舞蹈队参加市体育局、老年体协组织的健身球比赛，取得第二名。2009年，参加全市柔力球比赛，荣获三等奖。参加首届红高粱艺术节，得到了广大观众的好评。2014年，在全市首届广场舞赛中，位列第四名。2015年，广场舞大赛中获区赛二等奖。2016年，在社区党群服务中心设立舞蹈室，供排练舞蹈用。参加当年全市广场舞大赛，经过海选、复赛、决赛，荣获三等奖。2017年，参加市体育局、市妇女健身协会组织的广场舞比赛，获得奖杯、奖牌。2018年，组织成立模特队，队员24名，在全市模特比赛中取得第一名。

■ 2015年罗家庄舞蹈队在广场舞大赛中获区赛二等奖

■ 2016年罗家庄舞蹈队新年演出演员合影

■ 2017年罗家庄舞蹈队在社区中心举行的第一届春晚中演出

■ 2018年罗家庄舞蹈队在社区中心举行的“三八”妇女节晚会中演出

第二节　社区文化教育

教育背景　居民综合素质的提高，离不开文化教育的影响。文化氛围、文化活动对人的影响有着潜移默化的作用。

罗家庄社区成立后，社区“两委”大力倡导以“孝”为主题的家园文化教育，弘扬文明新风，形成德行典范，让文明新风融入居民生产生活的各个方面。

社区“两委”就此确立了指导思想：以“孝”为主题，提高厚养薄葬意识；消除陈规陋习，倡树新风正气；典型引领，依托村规民约，树立良好道德风尚；营造尊老敬老的文化氛围，推进和谐社区建设。

在新建小区的绿地里摆放新“二十四孝”石雕，让居民接受潜移默化的尊老爱老教育。

年轻人走进社区图书阅览室，接受中华孝道和家庭责任教育。

2017年罗家庄社区举办了以“百善孝为先，和谐全家福”为主题的宣传演出。

■ 罗家庄小区内休闲广场上，居民在新“二十四孝”石雕前为孙子讲“卧冰求鲤”的故事

■ 社区工作人员在图书阅览室整理图书

■ 2017年在社区党群服务中心五楼多功能室举办第一届春晚

■ 2016 年社区居民罗厚云和全国女子象棋大师时凤兰对弈

■ 2016 年居民在社区中心排练戏曲

■ 2017 年孩子们在四点半学校学习书法

■ 2017 年社区模特队排练

以文育人　注重形成独具特色的文化氛围，通过举办丰富多彩的各类活动，引导老人参与书画创作、剪纸、演唱戏曲等活动。2016 年，罗家庄在社区服务中心二楼为高密市象棋协会无偿提供 70 多平方米的办公场所一间，在此举办了全国女子象棋甲级联赛。选手与社区老人进行联谊赛，培养了老年人参与文体活动的兴趣，陶冶了情操。

■ 2017 年重阳节，罗相明书记为老人发红包

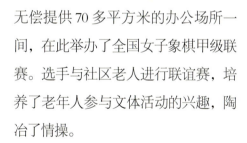

■ 2017 年社区举办庆祝重阳节文艺演出

■ 2016年“两委”干部为社区居民送生日蛋糕

■ “两委”干部定期走访看望社区老人

党员干部率先垂范 社区“两委”通过为老人发放生活补助、庆祝重阳节、为老人过生日等方式，倡导树立尊老敬老之风。

不断完善阵地建设 在新建成的党群服务中心，高标准打造了“一厅、两校、十室、两馆、两中心”等功能室（馆），其中图书室、巧手坊、文体活动室等多个功能室属老年人活动中心兼用，使社区老年活动中心活动面积达2700平方米。功能室全部配置了现代化的办公设施，尤其在老年人日间照料中心还专门配备了炊具和餐饮用品，确保在此生活的老人享受到家庭般的服务。

■ 老年人日间照料中心

■ 居民在社区中心打球

■ 妇女儿童家园

发挥典型带动作用 多年来组织开展“文明户”“优秀家庭角色”“四德之星”评选活动，依托身边的德行典范，既教育引导广大居民学习效仿，又对身边的模范起到鞭策和监督作用。

■ “四德榜”截图

强化制度约束 从时代需求与居民实际着手制定村规民约，改善旧有乡村风貌，引领居民崇尚积极、向上、和谐的正能量。

第三节 民事调解

村民不赡养老人、家庭不合、邻里纠纷以及争地边地角等民事纠纷时有发生。1949 年前后，村民纠纷主要由罗花荣在罗氏祠堂调解处理。20 世纪 60 年代由徐金山处理村民纠纷，70 年代至 2010 年一直由徐敬清负责调解民事纠纷。2011 年，根据有关法律规定，在社区居委会选举产生后，根据需要，推选成立居委会下属调解委员会，从党员、居民代表、居民小组长和其他居民中提名产生调解委员会委员，由调解委员会负责民事调解工作。2011 年调解委员会由罗传刚、杜立贤、甄秀花组成；2014 年由罗传刚、杜坤、范佳佳组成；2017 年，巩新亭、范佳佳、罗卫国三名同志担任调解委员会成员。

第四节 艺术

书法绘画 1949 年后，罗家庄数名业余书画爱好者通过自学或函授达到较高水平。爱好书法的主要有罗相福、罗相诗、罗洪先、罗洪儒、罗瑞亭、罗传仁、罗琳、罗霄、杜金恒等。尤其是罗相福、罗相诗的书法，受到业内人士好评。2015 年，在社区党群服务中心设书法研习室，供人们研习书法。

罗相福，男，1931 年生。山东画院高级画师、青岛市书法家协会会员、中国老年书画研究会会员、青岛市老年书画研究会秘书长、青岛市北苑书画院院长。

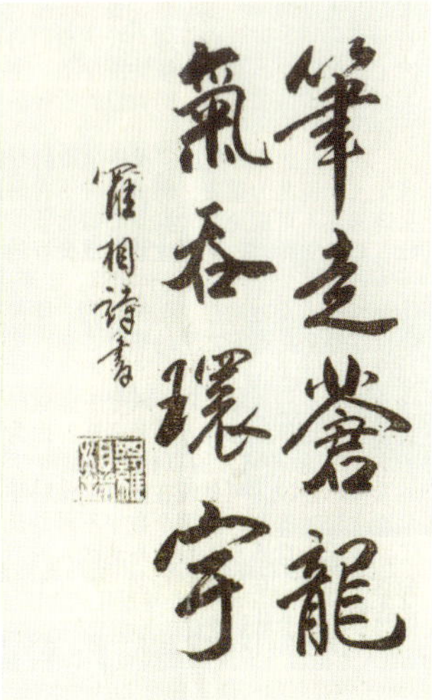

罗相诗行书作品

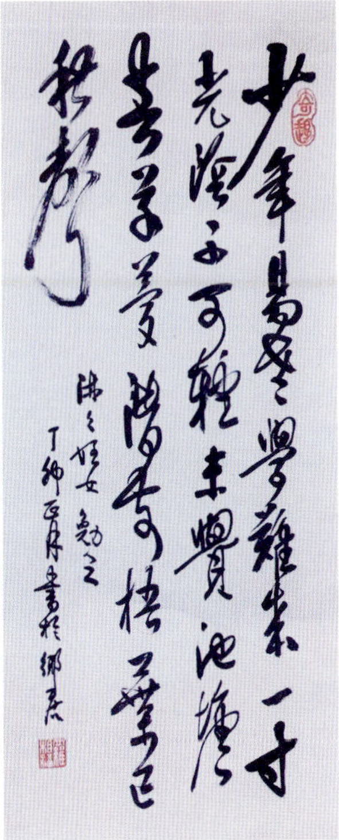

罗相福行草书作品

罗相诗，1938 年生，自幼酷爱书法，1986 年毕业于中国书画函授大学。其楷书取法魏唐，主攻颜体。笔法浑厚，体态端庄，朴实有力，气韵为上。行草师法“二王”，兼容唐宋诸家。行书借草结构，形体增加动势，意在笔先，挥洒自如，行如流水，落笔成趣。喜作榜书，笔酣墨畅，苍劲有力。追求劲健、豪放飘逸、洒脱老辣的艺术风格，尤擅长行书和魏碑。

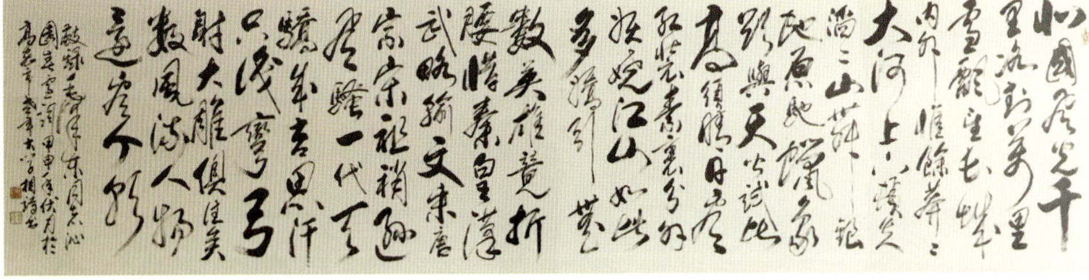

罗相诗草书作品

罗琳，女，1968 年生。潍坊日报社高密分社编辑。山东省女书画家协会理事、潍坊市书画家联谊会会员、高密市书画协会会员、高密市女画家协会副主席兼党支部书记。其作品多次参加省市展览并获奖，部分作品被报刊选用。现从事书画教学工作。

■ 罗琳魏碑作品

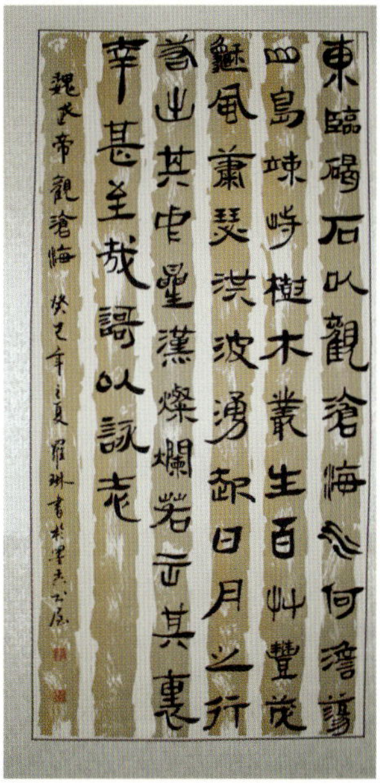

■ 罗琳汉简作品

杜金恒，1997 年生，自小学六年级开始业余学习软笔书法，跟随书法家罗相诗先生学习 4 年，后加入高密市书法考级培训中心学习 3 年。2016 年参加胡中一（中国书协会员，北京人文大学书法学院常务副院长）高考书法培训班强化学习半年。2017 年 9 月考入北京人文大学书法学院。现为潍坊市书法家协会会员，其书法作品获奖考级情况如下。

2013 年 6 月，高密市第二届电视书法大赛少年组一等奖；

2013 年 11 月，考取中国书法家协会六级证书；

2014 年 4 月，潍坊市少儿书画摄影大赛少年组金奖；

2014 年 8 月，高密市第三届电视书法大赛少年组一等奖；

2014 年 10 月，高密市第二届书法篆刻展少年组一等奖；

2014 年 10 月，考取中国书法家协会九级证书；

2014“向上·向善”中国青少年书法美术大赛优秀奖；

2015年4月，作品入选第二届潍坊市书法篆刻展；

2017年8月，“中华好书法”第二届全国中小学师生书法大赛中学毛笔组二等奖；

2017年12月，考取中国书法家协会十级证书。

■ 杜金恒近照

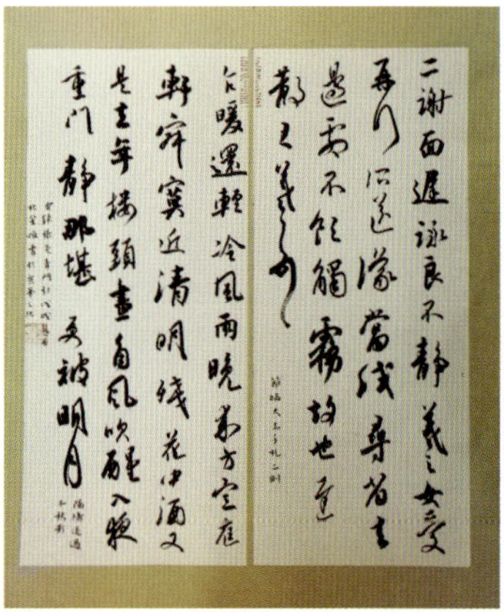

■ 杜金恒临帖及创作作品

■ 杜金恒楷书作品

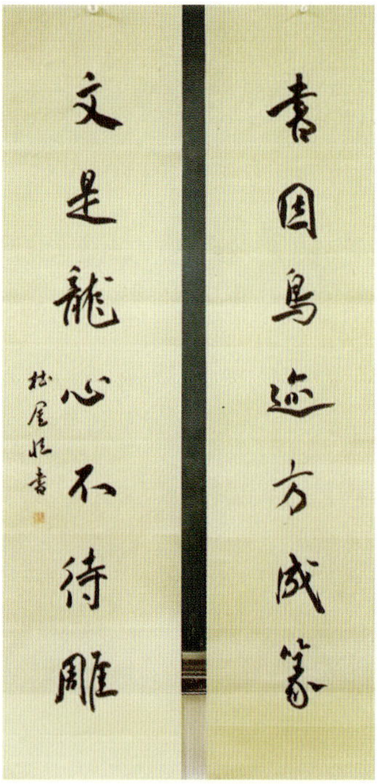

■ 杜金恒行书作品

罗霄，1989年生，字凌云，中共党员。3岁跟爷爷罗相诗学习书法。6岁在高密剧院举行“六一”晚会上登台用四尺宣纸书写“爱我中华”，受到好评。小学期间多次参加学校每年“六一”举办的书法比赛获一、二等奖。被中央电视台聘为“小小书法家”。

在省市举办的书画展中，作品曾获二、三等奖。其作品被潍坊市税务局出版的书画刊物选登。党的十九大闭幕后，高密报社《新春特刊》刊登其书法作品《不忘初心，方得始终》。

罗霄本科毕业于山东警察学院侦察系，现任潍坊市公安局特警支队一大队指导员。现为潍坊市书画研究院会员、高密市书画协会会员、高密书画院会员。

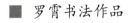

■ 罗霄近照

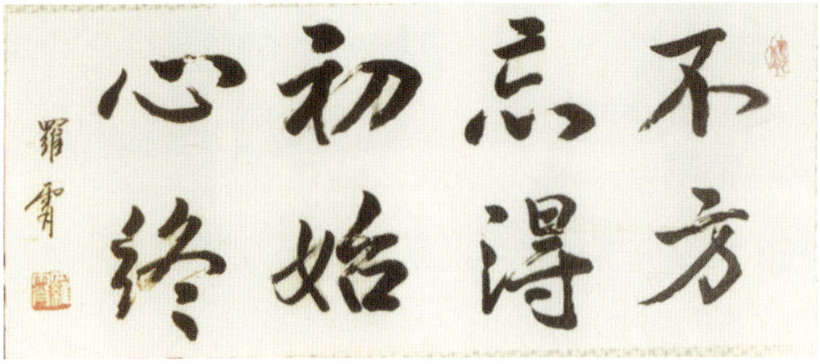

■ 罗霄书法作品

剪纸 罗金花、李金花的剪纸，闻名全村。她们剪的饽饽花和窗花尤其逼真。

■ 2018 年 12 月罗家庄老人在社区活动中心剪纸

第五节 电影 广播 电视 报刊

电影 1951 年，胶州专署派电影队到高密各区放映。1955 年，胶州专署中队将两个电影队划归高密，成立高密县电影队，在城乡巡回放映。1956 年，高密县电影队第一次来罗家庄露天放映《上甘岭》，此为罗家庄人第一次在本村看电影。

1986 年，高密县电影放映公司响应国家“文化下乡”号召，组织公益电影下乡放映，每年来罗家庄放映数次。之后随着电视机逐渐增多，村民看电影的热情减少。至 2018 年，电影队每年仍在罗家庄小区放映多场公益性电影。

广播 1956 年，高密县广播站建立，仅向城区驻地播音，人们对广播很感兴趣。1970 年，全县各公社广播全部实现专线化，在罗家庄也能听广播了。1972 年，线杆普遍由木杆改为水泥杆，小喇叭的入户率逐步增加，音质逐步改善，村民每天能听到县里 3 次共计 5 小时 30 分钟的播音。后随着半导体收音机、电视机、电脑进入家庭，村里有线广播喇叭逐渐减少，今已消失。

收音机　1969年，有村民始购半导体收音机。至20世纪70年代成为较为普及的娱乐品。后由于电视机的出现，家用收音机被淘汰。

电视机　1983年，范志启第一个买了黑白电视机，轰动全村。1984年，李新民买了一台彩色电视机，使村里人大开眼界。此后，随着科学技术迅速发展和人民生活水平提高，越来越多的村民购买电视机，并随着电视机的发展而更新。1993年始装有线电视。2011年始装高清有线数字电视,可收看节目100多套。至2018年，全村几乎家家有电视，并且可以收到社区插转中心播送的电视节目和信息。

报刊　中华人民共和国建立初期,村里见到的报刊多为县里下发。自1956年县里办县报，始订报。后除订县报外，多订省里的《农村大众》。改革开放后，村里订的报刊增多，主要有《大众日报》《潍坊日报》和县（市）报纸。2018年，村里订有《人民日报》《大众日报》《山东法制》《山东工人报》《农村大众》《中国文化报》《中国妇女报》《工人日报》《潍坊日报》《潍坊晚报》《潍坊日报·今日高密》等。

图书　2015年，在社区党群服务中心设立图书室，供居民阅读图书、资料和报刊。至2018年，共有政治、经济、科技、文化、卫生、文学等各类图书、期刊1万余册，供居民免费阅读。如今随着电子阅读量剧增，纸质阅读锐减。

第六节　古建筑　古槐

关帝庙　位于罗家庄村中心偏东南，南北大街以东。主神关公。庙3间，坐北朝南，砖基土墙，瓦盖顶。院东南有钟楼，内吊有铁钟。庙后与院内植有柏树。1949年后，神像被清理，庙室成了村民开会和冬学用房。1962年拆除。

罗氏祠堂　位于村中南北大街西侧，坐北面南，3间，为罗氏祭祖的地方。村小学初办时，曾用作教室。1963年拆除。

土地庙　原在西南村外，后来人们以为不宜靠村太近，便迁至村西100米处。庙长、宽、高各2米，砖墙。整块石雕盖顶。小门朝南。

内供土地神。1963 年拆除。

古槐 位于老村中心，合抱两人粗，高六七米。后树干中空，只余外皮，尚枝繁叶茂。2012 年村庄整体拆迁时被伐。

■ 罗家庄土地庙

■ 罗家庄古槐

第二章 档案

1985年，罗家庄开始建立行政档案，此后，每年按照上级部门要求建档。村里往来账、现金账、物资账、会计凭证等会计账目档案从1961年开始保存。村委特别重视档案保护，历经5次搬家，每次搬家由专人提前把档案整理封存，再整体带橱柜搬移。2016年，社区党群服务中心设档案室，居委会对此非常重视，安排罗洪学和杜立贤两位老干部重新整理档案2个月之久，将1961年至1990年的会计档案重新进行分类整理。档案室存有党建、居务、财务、计划生育、妇幼保健等档案，由专人管理。

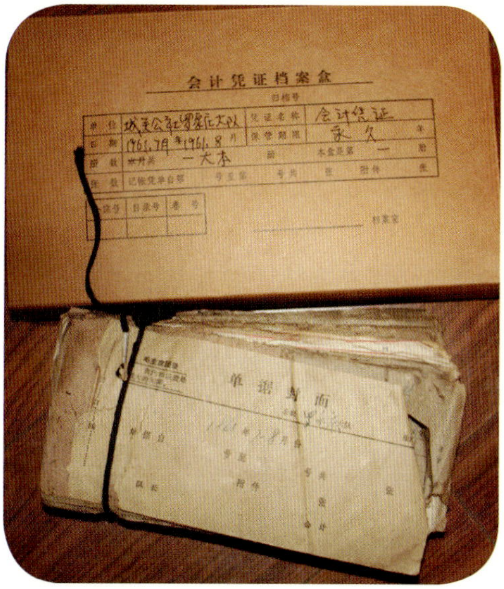

■ 1961年罗家庄大队支出凭证

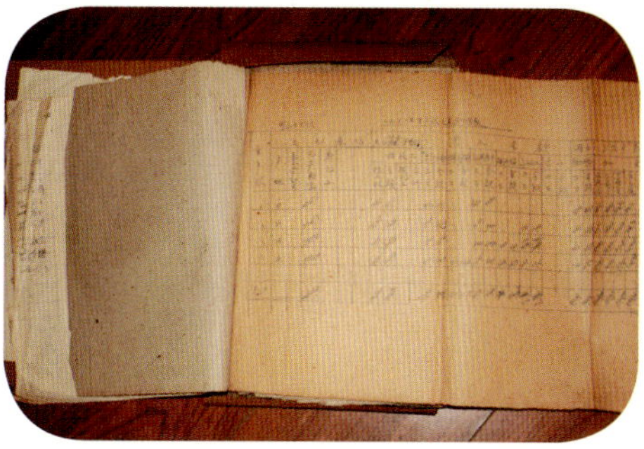

■ 1961年罗家庄大队交支分摊表

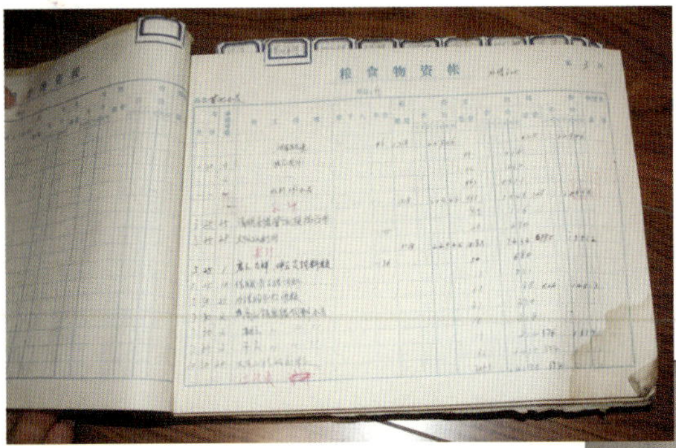

■ 1978 年罗家庄大队粮食物资账

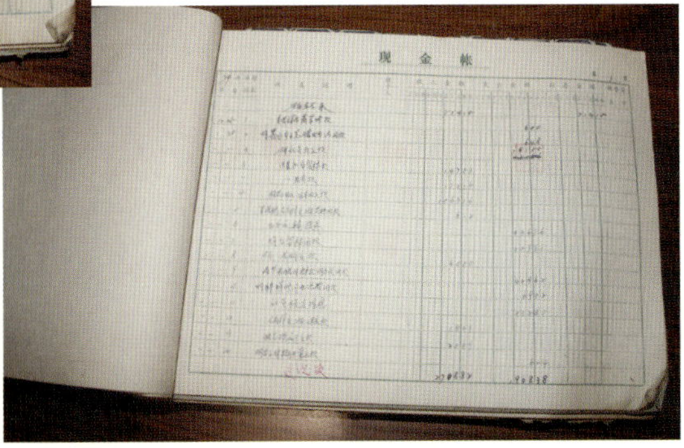

■ 1978 年罗家庄大队现金账

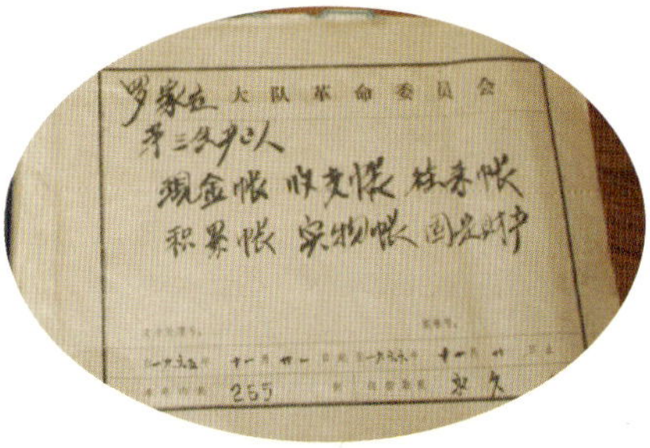

■ 1965 年罗家庄大队三队往来账

■ 档案柜

■ 1982—2006 年罗家庄土地承包档案

■ 1990—2018 年罗家庄妇幼保健及计划生育档案

■ 罗家庄党建档案

附：存档前党务档案公开内容

常年需公开的内容。①“两委”成员及党群服务站工作人员统计表。②年度干部坐班值班表，有服务时间、服务人员、联系方式、监督电话。③党员奉献积分年度年终积分及党员星级评定。④年度党员公开承诺奉献积分。⑤居“两委”班子年度公开承诺。⑥居“两委”班子任期目标。⑦居“两委”班子年度工作计划。⑧党支部年度“两学一做”学习教育学习计划。⑨为民服务即时办理、代为办理、指导办理“三个事项清单”。⑩党组织换届情况。

每月需更新公开的内容。①当月重大事项报告单（相关人员签字）。②当月党员奉献积分加分、减分情况。③当月党费收缴记录（一定体现出收缴的是当月的党费）。④上个季度本居向街道缴纳党费的收据复印件（未交党费的，向组织办交过后张贴复印件）。⑤上个季度党组织书记“三评”工作记录单（签字完整）。⑥当月党员发展情况（没有写“无”，也需公示）。⑦当月党内各类评先树优、民主推荐及干部违纪违法处理情况（没有写“无”，也需公示）。

公示要求。①公示材料均需加盖公章，整齐张贴到公开栏中。②公示材料发黄、破损的要立即更换。③每月公示材料均需存档，且存放整齐有序。

居务公开内容，采取“7+N”模式。①居民委员会换届情况（新一届居“两委”班子成员信息台账）。②“阳光议事日”开展情况，包括民主议事、“晾晒”财务、评查信访矛盾、集中学习和开展为民服务等情况，特别是财务账目和票据，要全部在会上公开。③新农村建设及公益事业发展情况，包括公共活动场所、社会公共设施的规划、实施情况等。④各种农业补贴及惠农政策落实情况，包括农作物良种补贴、种粮农民直接补贴、农资综合补贴、农机购置补贴、动物疫病防控、农业保险保费补贴等政策落实情况。⑤农村低保及相关优抚救助政策落实情况。⑥计划生育政策落实情况，包括育龄妇女批准胎次、计划生育家庭奖励扶助、违法生育社会抚养费的征收等情况。⑦居民医疗保险及养老保险收缴情况等。以上 7 项为必须公开的内容。“N”则是根据实际自行确定公开的内容。

财务公开内容，采取“8+N”模式。①财务计划，包括财务收支计划，固定资产购建计划，农业基本建设计划，集体资产经营与处置、资源开发利用、对外投资等计划，收益分配计划，经村集体经济组织成员会议或成员代表会议讨论确定的其他财务计划等。②各项收入，包括产品销售收入、租赁收入、服务收入等集体经营收入，发包及上交收入，投资收入，“一事一议”筹资及以资代劳款项，村级组织运转经费财政补助款项，上级专项补助款项，征占土地补偿款项，救济扶贫款项，社会捐赠款项，资产处置收入等。③各项支出，包括集体经营支出，村干部报酬，报刊费支出，办公费、卫生费、治安费等管理费支出，集体公益福利支出，固定资产购建支出，征占土地补偿支出，救济扶贫专项支出，社会捐赠支出等。④各项资产，包括现金及银行存款、产品物资、固定资产、农业资产、对外投资等。⑤各类资源，包括集体所有的耕地、林地、园地、滩涂、水面、“四荒地”、集体建设用地等。⑥债权债务，包括应收单位和个人欠款、银行(信用社)贷款、欠单位和个人款等。⑦收益分配，包括收益总额、提取公积公益金数额、提取福利费数额、外来投资分利数额、成员分配数额等。⑧专项公开，包括集体土地征占补偿及分配情况，集体资产资源发包、租赁、出让、投资及收益(亏损)情况，集体工程招投标及预决算情况，“一事一议”筹资筹劳及使用情况等。以上8项为必须公开的内容。“N”则是根据实际自行确定公开内容。财务应逐笔逐项进行公开，并附摘要，让群众看明白，不能简单合并、过于笼统。

■ 罗家庄党务公开栏

第三章　民间文学

第一节　民间故事

金鸡　罗家庄东南有岭，人称东南岭。传说那是一个老庄，也不知庄名是什么，也不知何年代、何原因村庄消失了。

在漫长的岁月里，罗家庄流传着一个故事。东南岭上有一只金鸡，半夜的时候就起来打鸣，金鸡保佑着东南岭老庄的平安。可是有一年，老庄飞来成群的红头苍蝇，被其咬过人就死了，而金鸡恰恰不吃苍蝇。金鸡很为难。经此一难，村里的人都死光了。金鸡见此，流泪不止，决心不离此地，世代看护着老庄。

碾底　罗家庄北有一条沟，名叫后沟，由西来自梓潼庙，东流入胶河。罗家庄东北角有一条小沟，自北向南流去。此沟是季节性水沟，无水时可当路。北来沟与后沟交汇处常有水，行人有时会湿鞋。不知何年何人，想是一个好做善事者，把一个废弃的碾底用石头垫起，上面走人，下面淌水，碾底当桥。桥在沟底，人从桥上过，沟上的人看不见，因之有了强盗常在此作案的传言。当人们听到此处有强盗的传言后，到了杂草茂盛的季节或天黑时，就不敢由此过。

久而久之，这就成了一个故事。老人们讲故事时再加上点枝叶，把碾底越说越神秘。

桃木辟邪　每逢过节，罗家庄村民便将桃木枝放在门旁和供桌上。

相传在很早以前，潍河河口处有水鬼，每三年换一个。一天晚上，水鬼自言自语地说：“明天晌午有个头顶团团帽子的人来换我了。”说完，哈哈大笑着沉入河底。水鬼的话被一个在河边看瓜的人听见了，他想，“我要看看明天晌午究竟有没有个头顶团团帽子的人来过河”。

第二天晌午，果然来了一个人要过河。这个人赶集买了一口锅，为了过河方便，就把铁锅顶在头上，成为“头顶团团帽子”。他刚要过河，就被看瓜人叫住了。过河人问：“你叫我做什么？”看瓜人说：“我看你怪热的，请你吃个瓜，凉快凉快再走！”过河人说：“我家里正等着用锅做饭呀！”看瓜人说：“等着做饭也不差这一时半会的，我早就摘了个大西瓜，你把它吃了吧！”过河人正又渴又饿，且以为看瓜人说得也很对，就跟看瓜人来到瓜棚吃起西瓜来。正在吃西瓜时，只见河里突然来了一股大水，河水又急又大。看瓜人说：“你看，河水多大啊，幸亏你没过河，要不正好把你冲走了。”过河人看到又急又大的河水吓出一身冷汗。

过河人吃完西瓜，午时已过，河水渐渐小了。看瓜人说：“这回你可以走了。”过河人绾绾裤腿子，顶起锅就安全地过了河。

过河人没死，没人顶替水鬼，还得在河里待三年，对此水鬼十分生气，决心找那个看瓜人算账。到了夜间，水鬼刮着旋风直奔瓜棚而来。看瓜人一看，只见它披头散发，青面獠牙，两眼铮亮，吓得心怦怦直跳。这时，水鬼恶狠狠地说：“今晚是看在桃木大哥的面子上，不然非收拾你不可。”说完，刮着旋风走了。

第二天早晨，看瓜人仔细检查瓜棚发现，原来瓜棚顶上有根桃木棍。

这事传扬出去，人们都以为桃木能辟邪。于是，过年时，为防止鬼邪进门，村民就折些桃枝放在门旁。这一风俗流传至今。

第二节　民间歌谣

村内流传的民间歌谣大多朴素简洁，直抒胸臆，平直押韵，朗朗上口，既充满浪漫色彩，又敢于直面人生。但由于口头文学口口相传的特点，有的已经失传，流传下来的在社会上始终散发着浓郁的乡土生活气息。该志收录的民间歌谣，多为旧时村民口头传诵，中有与当今社会所倡不谐者属于糟粕，不可转取。

童谣　童谣不仅仅是孩子的，也是成年人的童趣。其以天真、稚气的语言，或表达人们对事物、事理的认识，或用来配合孩子们的游戏，或抒发内心感情，或反映生活情趣，体现了人们乐观向上的生活态度以及对美好生活的追求向往。

小白菜

小白菜，黄又黄，
三岁两岁没了娘，
不提娘亲还好受，
提起娘亲来泪汪汪。
跟着爹爹还好过，
不久娶来个后娘。
后娘娶来一年整，
生个弟弟比俺强。
他吃肉，俺喝汤，
拿起筷子泪汪汪。
俺想亲娘在梦中，
亲娘想俺一阵风。

小货郎

小货郎，你住下（xi），
俺有一包破布子。
换你针，换你线，
换你的头绳扎小辫。

泥老虎

小孩小孩你别哭，
您爹去了登州府。
回来捎个泥老虎，
嘎咕嘎咕两毛五。

黄毛丫头儿去赶集

黄毛丫头儿去赶集，
买了个萝卜当鸭梨。
咬了一口齁辣的，
谁叫你光挑大的！

年来到

年来到，年来到，
闺女要花儿要炮。
老婆儿要个暄棉袄，
老头儿要个新毡帽。

过了腊八就是年

小孩儿小孩儿你别馋，
过了腊八就是年。
腊八粥，喝几天，
哩哩啦啦二十三。
二十三，糖瓜粘；
二十四，扫房日；
二十五，做豆腐；
二十六，煮上肉；
二十七，杀公鸡；
二十八，把面发；
二十九，蒸馒头；

三十晚上把岁守；
正月初一满村走。

二月二

二月二，炒棋子，
大人孩子一席子。
二月二，炒豆子，
老婆孩子一绺子。
白面棋子两头尖，
包顿饺子敬老天。
炒的豆子圆溜溜，
白菜萝卜都能收。
打了囤子龙抬头，
老婆孩子热炕头。

岁时谣

大年初一头一天，
过了初二过初三。
正月十五半个月，
春到寒食六十天。
三月采桑忙养蚕，
四月敬佛舍香钱。
五月端午吃粽子，
六月廿三整半年。
七月十五祭祖宗，
八月十五月儿圆。
九九重阳赏菊花，
十月下元日渐寒。
冬至数九天最冷，
腊月三十又过年。

拉大锯

拉锯，拉锯，拉到槐树。
槐树倒了，木匠跑了！
东庄西庄，找不着木匠。

麻子麻

麻子麻，本姓张，
骑着马，扛着枪。
一枪打了个黑老鸹，
你搢（jin）着，我秃巴。
咕嘟咕嘟煮上啦。
狗烧火，猫看锅，
扁嘴挑水崴了脚。
羊剥葱，牛捣蒜，
老母鸡做了锅大米饭。
我吃肉，你喝汤，
留着骨头给老张。
老张回家不愿意，
扭着鼻子哭三日。

日本鬼

日本鬼，喝凉水，
坐轮船，沉了底。

上火车，压断腿，
到前线，吃枪子。

拉大锯

拉大锯，扯大槐，
姥娘不来妗子来，
擀单饼，熬鸡肉，
撑得妗子打滴溜。

肚子疼

肚子疼，找老熊。
老熊不在家，找老嬷，
老嬷在家里磨刀子，
吓得小孩好好的。

小老鼠上灯台

小老鼠，上灯台，
偷油吃，下不来。
喵喵喵，猫来了，
叽哩咕噜滚下来。

小白兔

小白兔，白又白
两只耳朵竖起来，
爱吃萝卜和青菜，
蹦蹦跳跳真可爱。

你拍一，我拍一

你拍一，我拍一，
一个小孩坐飞机。
你拍二，我拍二，
两个小孩梳小辫。
你拍三，我拍三，
三个小孩吃饼干。
你拍四，我拍四，
四个小孩写大字。
你拍五，我拍五，
五个小孩在跳舞。
你拍六，我拍六，
六个小孩拍皮球。
你拍七，我拍七，
七个小孩猜谜语。
你拍八，我拍八，
八个小孩吹喇叭。
你拍九，我拍九，
九个小孩找朋友。
你拍十，我拍十，
十个小孩立大志。

民谣 民谣是人们在长期的社会生活中以口头创作的形式，历经提炼、修正和补充的经验的总结，在民间广为流传，耐人寻味。个别作品因有旧时印记，故已不适，可去糟粕而取之。

小家雀

小家雀，满天飞，
身上穿着蓝花衣。
蓝花衣上一对钱，
哗啦哗啦过河崖。
过去河崖一间屋，
一个光棍在里头哭。
光棍光棍你哭啥，
俺娘不给俺找媳妇。
找了个媳妇忒大，
三间屋里坐不下。
找了媳妇又忒小，
开开屋门找不着。
筛子筛，簸箕簸，
过了粗箩过细箩。
就是没找着。

花椒树

花椒树，耷拉枝，
上头有对花闺女。
脚又小，手又巧，
两把剪子对着铰。
左手铰的牡丹花，
右手铰的灵芝草。
灵芝草上一对鹅，
扑扇扑扇过天河。
过去天河是俺家，
铺下褥子打芝麻。
一碗芝麻一碗油，
大姐二姐梳油头。
油头梳得明光光，
骑着大马去烧香。
观音菩萨多保佑，
给俺配个好情郎。

九九歌

一九二九，不出手；
三九四九，冰上走；
五九六九，隔河看柳；
七九河开，八九雁来；
九九加一九，耕牛遍地走。

放脚歌

叫声我的大姐呀，听我把话言，
几千年传下个裹脚的坏习惯，
把我们天生的脚趾来勒断，
前走走，后倒倒，走路很困难。
为什么叫咱们苦滋味来尝，
问心心不平，歧视女儿郎，
快把那臭裹脚布子扔到粪坑旁。

反对旧婚姻制度

同胞姐妹们，注意记心间。

反对旧封建，反对旧婚姻。
旧婚姻制度害死人。
爹娘他做主，一切不关心。
不访也不问，听信那媒人。
不管聋和哑，还是丑和俊。
多上十岁女儿也得跟。
自己不随心，投井跳河把那毒药吞。
封建制度害死人。

颠倒谣 颠倒谣是一种流传广泛、内容与形式都较为特殊的民间歌谣。它故意把现实中的某些规律和现象颠倒过来，不仅造成很好的喜剧效果，而且在逗人乐的同时，使人体会到它所蕴含的讽刺意义。

说我诌我就诌

说我诌，我就诌。
东西大街南北走，
碰上一个人咬狗。
拾起狗来打砖头，
却被砖头咬一口。
老鼠含着狸猫跑，
口袋驮着毛驴走。
集，你去赶舅来？
嗯，我去割酒打肉称豆腐，
顺便捎了两斤孩子喂芋头。
说我诌，我就诌。
八月十五种土豆，
正月十五立了秋。
长毛的蝈蝈雪里叫，
伐了芝麻打黑豆。
大年五更里发河水，
冲了南洼的秫秫头。
秫秫头上抱燕子，
燕子窝里抱马猴。

颠倒话话颠倒

颠倒话，话颠倒，
石榴树上结樱桃。
苍蝇踢死驴，
蚂蚁架大桥。
丫丫葫芦沉潭底，
千斤秤砣水上漂。
磨台上良田三百亩，
不种庄稼光种草。
我说这话你不信，
小老鼠含个大狸猫。

说胡啦，就胡啦

说胡啦，就胡啦，
寒冬腊月种棉花。
锅台头儿撒种子，
鳌子底下发了芽。

拖着几根葫芦秧，

开了一架扁豆花。

结了一个大茄子，

摘到手里是黄瓜。

煮到锅里是软枣，

舀到碗里是芝麻。

张三吃了李四饱，

撑得王五满街跑。

“四”字谣 生活中，人们习惯用数字来概括一些事物。其中“四”字用得相当多。如“四大美女”“四大名著”“四大名旦”“四大家族”。在罗家庄，也流传着一种诙谐幽默的“四”的歌谣，它兼具谚语的特点，是民间口头文学中极具代表性的一种。

四小：苍蝇心，蚊子胆，跳蚤爪子，虱子眼。

四慢：曲蟮走，刺猬窜，行香的步子，挑汤罐。

四快：燕子飞，鹞子断，心思起来，使眼看。

四热：铁匠炉，开水壶，滚了锅，入了伏。

四冷：三九冬，西北风，脚踏地丁，手捧冰。

四直：裁缝的尺，木匠的线，擀面轴子，雕翎箭。

四弯：笤帚苗，烧粉条，镰刀头子，鸭子毛。

四巧：针尖对针尖，麦芒对麦芒，巧她爹碰上了巧她娘。

四长：淘井的绳，缠树的藤，馋人的鼻子，冬盼明。

四响：坐地炮，晴天雷，锣鼓家什，夜叫魂儿。

四酸：老陈醋，麦黄杏，青皮石榴，泔水瓮。

四沉：脱大墼，和黏泥，单拱车子，独拉犁。

四尖：麦芒刺，棘针棵，刺猬驼着个栗蓬壳。

四松：老嬷嬷髻，抱窝的鸡，苇笠头子，破蓑衣。

四硬：铁匠的锤，石匠的錾，后娘的心肠，金刚钻。

四急：火上了屋脊，雨上了场，狗追兔子，狼撵羊。

四红：庙上的门，杀猪的盆，新媳妇盖头，火烧云。

四黑：呼延庆，包文正，铁匠脖子，钻炕洞。

四脏：长尾巴蛆，黏疮子腿，

屎盆子扣头，壕臭水。

四难听：猫叫猫，老驴嚎，铲子抢锅，锉锯条。

四好闻：烧烤炉，面瓜熟，八月桂花，新媳妇屋。

第四章 体育

第一节 传统体育

20世纪前，村人忙完秋收冬藏，闲暇之际或借传统节会，以多种多样的形式开展民间体育娱乐活动，形式多样，丰富多彩，后渐衰落，及至绝迹。

摔跤 俗称“免跌”，系青年男子在田间地头或场院空地，三五成群比试高低。两人交手，其他人围观，并呐喊助威。比赛双方用推、拉、压、诓等手段，以将对方摔倒为胜。20世纪60年代后，该活动绝迹。

游泳 是村人喜爱的体育活动之一，既锻炼身体又可以洗澡。夏季，河湾塘水多，青少年结伴洗澡。相互竞争，看谁游得好、花样多、游得时间长。自20世纪80年代后，村民出于卫生考虑，洗澡多在家中或澡堂，去河湾塘洗澡的颇少，所以游泳者日少。

跳房 为孩子们喜欢的一种游戏。先在地上画出一串大大小小的格子，有正方形、长方形，也有其他形状的。参加跳房子的人数不限，可两人轮换跳，也可几个人轮流跳、多人分成两组轮换跳等。跳时先将一小石片或小瓦片或沙包放在第一格外，用一只脚将小石片轻轻踢进第一格内，然后单脚跳进第一格内，用支撑脚将小石片踢进第二格，依次进行下去，直至将小石片踢过全部方格。如果半途累了，可以在规定的“老窝”方格内休息片刻。如果在踢的过程中出现压线、出格或连穿两格的现象，或者半途翘起的一只脚落地，即为失败。下一轮重新从第一格跳起。到达终点时，要把小石片放在脚背上，小心翼翼地走出方格。完成全套动作者为胜，负者要接受胜者的处罚。

■ 跳房

■ 打“阎王”

打“阎王” 是一种5人以上的“打瓦”游戏。在平地上摆5块砖（或一边有平面能支起的片石）。最后一块代表“阎王”，其前一块代表“吹鼓手”，最前排一字摆3块，左右2块代表的是“打手”，中间代表的是“受刑者”。角色确定后，再画一条线，站在线上向前抛手中的石片或瓦片，谁抛得远谁就在落地点先用这石片打摆好的砖石，打中“阎王”便做“阎王”。“阎王”有至高无上的权利，对“受刑者”说免就免，说打几通就打几通。一通几句话，喊一句拍后背一下，由“打手”执行。两个“打手”施刑时边喊着口号边拍背：“打金鼓，上金桥，问阎王，饶不饶。”若“阎王”说不饶，则继续施刑。因此项活动容易使孩子们发生矛盾，大人们见之往往制止。

滚铁环 此游戏是一种单人体育活动。主要采用木桶的铁箍或者用较粗的铁丝弯成环，手中握一根用铁丝弯成的一端带有钩的推具，推动铁环前进。玩的方法有互相比赛快慢、原地转圈或比赛上崖等多种。此项活动多为男童喜爱，20世纪50年代后，逐渐消失。

■ 滚铁环

跳皮筋 也叫跳橡皮筋，是一种适合儿童的民间游戏，流行于20世纪50—80年代。皮筋是用橡胶制成的有弹性的细绳，长3米左右，皮筋被牵直固定之后，即可来回踏跳。

可3~5人一起玩，亦可分两组比赛。边跳边唱非常有趣。先由2人各拿一端把皮筋抻长，其他人轮流跳，按规定动作，完成者为胜。中途跳错或没勾好皮筋时，就换另一人跳。跳法是皮筋高度从脚踝处开始到膝盖、腰、胸、肩头，再到耳朵、头顶，然后举高，“小举”“大举”，难度越来越大，跳者用脚，不许用手勾皮筋，边舞边唱着自编的歌谣。其跳法有挑、勾、踩、跨、摆、碰、绕、掏、压、踢等10余种腿部基本动作。同时还可组合跳出若干个花样来。

跳绳 跳绳是和跳皮筋相似的游戏，可单人跳，也可多人跳。单人跳，绳子长约2米；多人跳绳子长短不一。2个人摇绳，跳者跟着节奏跳，在绳中做各种跳跃动作。跳绳在罗家庄已有数百年的历史，是一项简单方便、容易参与的运动，老少皆宜，多次掀起跳绳热。

■ 跳绳

打溜 即抽陀螺，是一种民间传统游戏，历史悠久。陀螺以木制居多，为圆锥形，上大下小，锥端常加钢珠。玩时，用双手扭或以小鞭绳绕陀螺使其旋于地上或冰上，再继续用小鞭抽打之，使之旋转不停。抽打得越狠则旋得越快。

■ 打溜

编花篮 此游戏需3个人以上才能玩。一般是参加人以顺时针左腿站立，右腿互相交叉盘成花篮状，各自把手搭在前面小伙伴的肩上做支撑，以防摔倒。然后围着圈单腿跳，一边跳一边唱着编花篮的歌谣：“编，编，编花篮，花篮里面有小孩，小孩的名字叫花篮。站得稳，跳得齐。马兰开花二十一，二五六，二五七，二八二九三十一……九五六，九五七，九八九九一百一。”游戏的目的就是要大家齐心协力，彼此配合，团结互助，不要出现失误。

抗拐 又叫“磕拐”“顶腿”，是流行于男孩中的一种对抗性游戏。一般是2人对抗，也有多人一起玩的。游戏时，双方单腿落地蹦行，另一只腿折盘起来，用膝盖向对方进攻。进攻方法多种多样，可磕、压、顶、砸等。游戏规则为谁被对方磕倒或双脚着地即输。孩子们玩抗拐，最好找一个个头儿和自己差不多高、体重差不多沉的伙伴进行对抗。如果你要和比你高的抗衡，他会居高临下，实行砸拐战术，一拐就能把你拐垮。如果要和比自己胖的人对垒，就有可能盘着一条腿处于守势，令你久攻不下。

■ 抗拐

藏猫 即捉迷藏，3人以上，人多为佳。在小型空地，选定一个范围，大家经过猜拳或一定规则之后，选定一个人先蒙上眼睛或背着大家数数，可长可短，而其他人必须在这段时间找到一个地方躲藏。时间到，寻找者去找其他人，最先被找到的人成为下一个寻找者。没有被寻找者发现的人，无须参与第二局的猜拳，直接成为下一轮的躲藏者。游戏可反复进行。

■ 藏猫

老鹰抓小鸡 一个人当“老鹰”，其他人排成一列，队首当“母鸡”，后面的人抓住前人的衣角，就是“小鸡”了。“老鹰”的目标是抓“小鸡”，“母鸡”要展开与“老鹰”斗智斗勇的搏斗，以保护身后的“小鸡”。被捉住的“小鸡”就“死”了，要等下次游戏开始，才能再上场。这是一项奔跑强度较大的游戏，各种角色都要拼命跑，特别是“小鸡”要保持不“掉链子”，否则就处于完全无保护状态。此游戏，不分年龄，只要在安全的地带就能玩。

■ 老鹰捉小鸡

踢毽 毽子是用碎布缝制的一瓣或六瓣布包，里面盛有小砂石或玉米、小麦粒。可以单人踢、多人踢，深受青少年儿童喜爱，尤其受女孩子喜爱。今人们踢的毽子，又称毽球，古称抛足戏具，是用鸡毛插在圆形的底座上制成的游戏器具。此项运动为古老的民俗体育形式，简便易行，老少皆宜。

■ 踢毽

打尜 是罗家庄村20世纪六七十年代男孩子喜欢的一种游戏，长约10厘米、直径4厘米左右的木棍两头削尖就成了一个尜。在地上画一个方框，将尜放进框里，再用一根木棍去敲击尜的头。使尜弹起，然后迅速将尜打向远处。另一个人去捡这个尜向框里扔。以此循环。还有一种玩法是轮流击尜，谁打的远谁就赢了。玩法回味无穷，玩伴们可分成两队或数队，人数相等，轮流上阵。

■ 打尜

打“宝” 罗家庄的男孩子最喜欢玩的游戏就是打“宝”，也称“纸牌”。“宝”，就是两张长方形的纸“十”字交叉摞在一起，折叠成一个四四方方的纸牌，分反正面。可以两个人玩，也可数人玩。把“宝”放在地上，另一个人拿起自己的“宝”高高举过头顶，铆足了劲，用力向下一摔，把地上的宝“拍”得翻过来，就算赢了。

打秋千 俗称打悠千，多是女人的娱乐活动。此活动在清明、寒食时节盛行。在村里空闲地或场院竖两根粗壮的立柱，下端深埋土中，上端结实地绑扎粗壮横梁，挂上两条绳子，绳子拴在一块木板的两端。打秋千之前，抓住两条绳上的两只“拘”向外甩开，名为“撇拘”。这种可移动的“拘”，就叫“活拘”。人于秋千之上，叫“打秋千”，用力做完躬身、屈腿、下蹲、直起、挺身、扩胸一系列连续动作，就会使秋千来回荡起，其乐无穷。若自己“驱”不起来，靠别人执绳荡起，则名为“送”。当年还有一种秋千叫“转秋千”，柱下围一木栅，内有人推柱使其转。

■ 打秋千

丢手绢 是罗家庄村民所熟悉的多人游戏。多名孩子围成一圈蹲下，其中一个小朋友站起来，拿着手绢，开始在同伴们身后绕圈走。蹲着的孩子们开始唱“丢，丢，丢手绢”，丢手绢的小朋友轻轻将手绢放在小朋友的后面，然后快速回到自己原本的位置。被选中的小朋友，必须第一时间发现手绢，拿起手绢追上丢手绢的小朋友，算是胜利，否则就是失败，需要表演一个节目。

■ 丢手绢

抬新娘 是20世纪六七十年代很多儿童非常喜爱的游戏。游戏玩法是两个人先用右手握住自己的左腕，再用左手握住对方的右腕做成花轿并蹲下，另一个人扮成新娘坐上轿子后，两个人抬着新娘往前走或左右摇晃。

■ 抬新娘

摸忽 即由一个人蒙上双眼扮

演“瞎子”的角色，然后在规定范围内去摸他人。这个游戏可三五人玩。当眼睛被蒙上时，周围一片漆黑，要用触觉代替视觉判断周围的人。有时好不容易摸到一个小伙伴，还要猜出他是谁，这就有难度了。游戏过程中，一些孩子还通过发出一些怪声，或是突然拍“瞎子”的后背，来引诱“瞎子”。“瞎子”直至摸到全部人才算游戏结束。

■ 摸忽

拾拨鼓 是20世纪六七十年代盛行的游戏之一，一般是2人玩。找大小均匀的小石子5块或7块等，石子就是人们所说的拨鼓。石子在地上撒开，拿起其中1块向上抛，趁上抛的石子未落下前，抓起地上的石子，再接住向上抛的石子。如果抛起的石子没接住，或者没抓起，就由对方拾石子。游戏结束时，谁赢得的石子多谁就胜利。

■ 拾拨鼓

打溜蛋 玩法虽多样但大体相同，就是拿弹子在手上，将食指和中指弯曲，用食指、中指和拇指中间的指骨夹住弹珠，然后用拇指中间的指骨用力向外拨，弹珠就会直射而出，这一游戏一般是男孩的最爱。

■ 打溜蛋

另外，村里在20世纪60年代前还有打草挡、打泥洼、打水漂、拔河等活动。60年代末期，传统的体育运动和游戏逐渐被淡化，社员只在工余时间打扑克、下象棋等，这些活动长盛不衰。

20世纪80年代始，台球一度在

青年人中风靡，2000 年后降温。

（注：本节插图由王明先创作并提供）

第二节　社区体育活动

2009 年，罗家庄居委会在硬环境建设方面加大了投入，集体投资约 30 万元，修建了一处露天居民健身休闲广场，并安装了监控设备，6 月上旬正式全面投入使用，为居民休闲健身提供了良好的场所。

2016 年，社区党群服务中心设文体活动场所，有健身活动室，配有 8 台比较高档的健身设备。家长还可以带领孩子们到妇女儿童家园活动。另外，还有象棋室、乒乓球室、台球室等。

■ 居民在社区活动室打台球、乒乓球

■ 罗家庄小区院内的体育健身器材

第三节　学校体育

设施　1953 年初设小学，无体育设施。学生只是在体育课上学些简单的体育知识,或进行跳绳等体育活动。

2000 年后，村小学设有篮球场和羽毛球场等，供学生上体育课或课余活动时用。

活动　小学的体育活动，主要有体育课、课间操、眼保健操、课外活动等形式。

课外活动随着季节变化，日均 30~45 分钟不等，以学生自由活动为主。

1978 年，教育部颁发《体育教学大纲》，村里小学体育教学秩序得以正常，学校按教学计划开足课时。学生既学习体育理论，也注意实际训练。

2000 年 8 月，罗家庄小学撤销。

第五章　卫生

第一节　机构与人员

中华人民共和国成立前，罗家庄内无医疗卫生机构。1949 年，区里在柏城设立卫生所。公社化后，公社卫生院分片设卫生所，方便了社员就诊医疗。

1968 年，生产大队设立卫生室，由生产大队和公社卫生院双重领导。卫生室初有医生徐秀芳 1 人。借用民房 2 间，为药房和医生诊疗场所。后医生增为 2 人。1999 年 8 月卫生室合并到开发区医院，但仍在罗家庄卫生室开展工作，称社区卫生所，有负责人和医生共 3 人。

2015 年，新社区回迁后，为进一步方便社区居民就医看病，罗家庄社区“两委”多方争取和协商，与开发区医院签约在社区西侧设立开发区医院分院，由居委会投入门头房 4 间建立罗家庄社区卫生服务站，隶属于朝阳街道社区卫生服务中心，是一所集预防接种、社区医疗、儿童保健、健康教育为一体的医疗卫生机构。

服务站建筑面积 600 平方米，配备医务人员 15 名。设有全科诊室、预防保健室、理疗室、预防接种办公室、儿童保健办公室等，配备生化分析仪、血球计数仪、心电图机、血糖仪等设备设施 20 余台（件）。

服务站目前开展各种常见病、多发病的诊断和治疗；65 岁及以上老年人健康管理；糖尿病、高血压、脑卒中、精神病等病人的随访与管理；适龄儿童预防接种；儿童保健等工作。

服务站始终贯彻“健康家庭，和谐社区”的服务理念，努力为社区居民提供安全有效、方便价廉的社区公共卫生和基本医疗卫生服务。

第二节　社区卫生

在旧社会，百姓既无卫生意识，也少好的卫生习惯。社会上流行的说法是“不干不净，吃了不长病”。虱子、跳蚤、臭虫很猖獗，人们长疮长疖是经常的事。

中华人民共和国成立后，党和政府十分重视卫生工作，把疾病防治工作放在了重要位置，不断开展爱国卫生运动。

1958年，发动群众开展扑灭蚊、蝇、老鼠、麻雀的“灭四害”运动，号召干部、群众人人参与。

20世纪60年代，从生产出发，从积肥入手，并由公社兽医站、村里兽医员为牲畜、鸡打防疫针。1973—1980年，以搞好“两管、五改”为重点，开展卫生工作，使得水井、厕所、猪圈、环境卫生得到很大改善。1981—1983年，在开展“五讲四美”活动中，群众卫生意识得到提升。

20世纪90年代中期，罗家庄村委把整治环境卫生作为精神文明建设的一件大事来抓，制定公共卫生管理制度，绿化环境，使个人卫生和社区环境卫生状况不断改善。

村庄改造拆迁后，居民都住进崭新的楼房，卫生习惯大改，卫生面貌已居全市村居最高水平。

2003年抗击“非典”工作中，在上级的正确领导和广大居民的密切配合下，罗家庄全体居民万众一心，认真执行上级领导的工作安排，通过及时召开各种会议、发放明白纸、广播等宣传工具广泛宣传防“非典”知识和上级指示，通过定时消毒、入户排查和设卡登记等工作，赢得了战役的胜利。

2011年后，根据有关法律规定，在社区居委会选举产生后，根据需要，推选成立居委会下属公共卫生和计划生育委员会，从党员、居民代表、居民小组长和其他居民中提名产生公共卫生和计划生育委员会委员。2011年，范佳佳、甄秀花、王教芬担任委员；2014年，罗传刚、罗相志、范佳佳担任委员；2017年至今，范佳佳、王教芬、韩宜君担任委员。

第三节　学校卫生

罗家庄小学的卫生，自建校后一

直较好。尤其自 1990 年 6 月 4 日国家教委发布《学校卫生工作条例》后，学校做出很大努力，室内卫生、采光、照明、环境质量以及黑板等条件有了很大的改观。

定期对学生、幼儿进行健康教育，培养孩子们良好的卫生习惯，减少近视、沙眼、寄生虫感染等的发病率。

第四节　卫生防疫

中华人民共和国成立前，村内卫生防疫条件落后，凡有传染病流行，人们束手无策，以致死亡率甚高。中华人民共和国成立后，政府很重视人民的健康，实行“预防为主”的卫生工作方针，层层建立卫生防疫系统，有计划地为群众接种

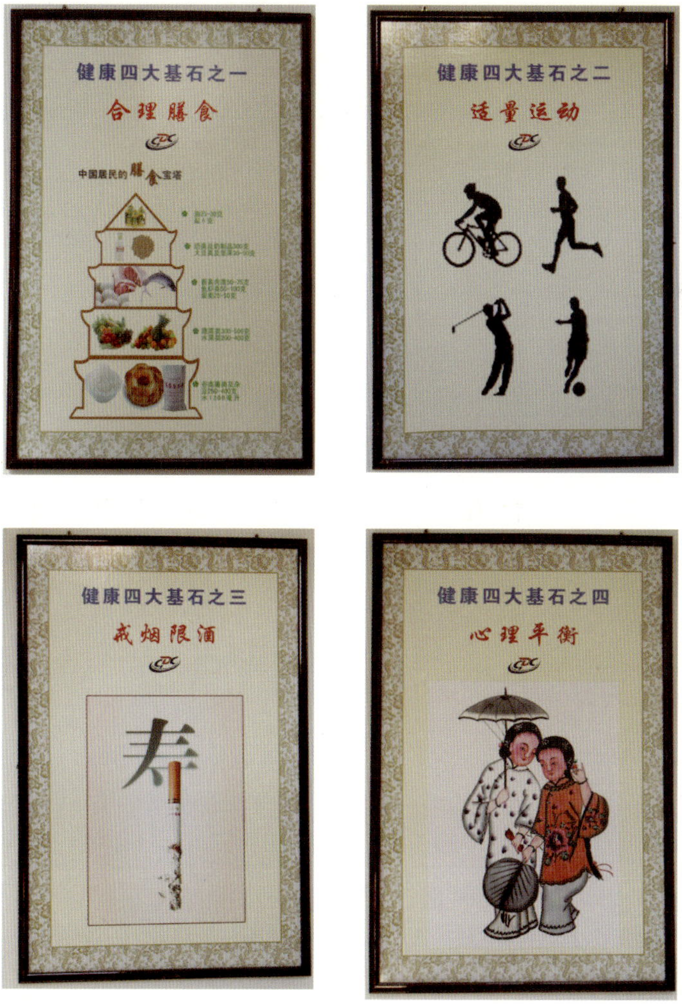

罗家庄社区中心一至四楼悬挂的『健康四大基石』宣传画

各种疫苗。1953年天花被消灭。乙型脑炎、流行性脑炎、麻疹、百日咳、疟疾等于20世纪70年代得到控制，到80年代基本绝迹。进入90年代，群众保健意识提高，儿童接种疫苗已成为自觉行动。孕妇普遍到医院进行孕期检查、分娩，村里婴儿成活率达到100%。各种传染病得到有效控制，慢性病防控得到重视。2015年以来在全国健康促进市、国家慢性病综合防控示范区、省部联合减盐防控高血压示范区创建过程中，罗家庄社区都被评为示范点，在全市起到了带头示范作用。

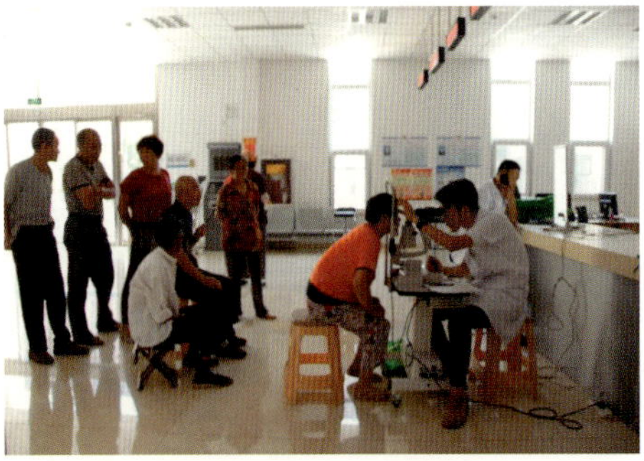

■ 2018年7月5日潍坊光明眼科医院到社区为老年人义诊

第五节 医疗

随着卫生事业的发展和医疗水平的提高，群众治病就医条件日趋优化。2004年，实行新型合作医疗制度，村民参合率达100%。人们一旦有疑难症，在本市基本可诊断清楚，对症下药，治愈率高。20世纪末以来，高血压、心脏病、糖尿病、癌症等发病率呈增长趋势，已经引起普遍关注。人们已开始主动学习保健知识，自觉参加健康查体、健康讲座，积极参与体育活动。

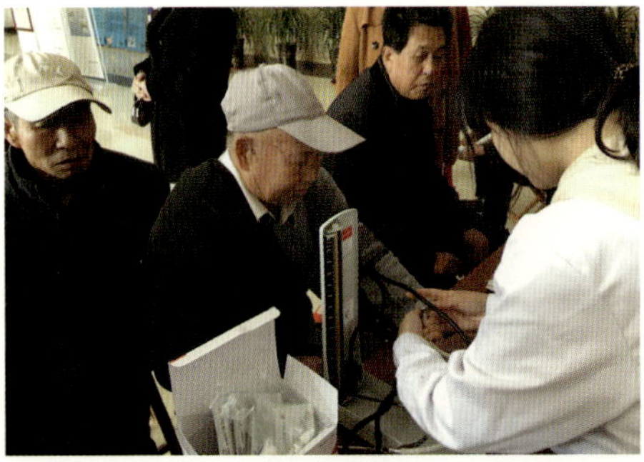

■ 2017年10月28日高密市第二人民医院为社区居民免费查体

■ 2016年8月15日高密市第二人民医院为社区居民免费查体

1968 年，罗家庄开始实行农村合作医疗制度，每人每年缴 2 元，全村几十个人缴纳，平时感冒、头痛、发烧等小病到卫生室治疗不用花钱。2011 年，实行新型合作医疗制度，加之居委会的补贴，居民的医药费大为降低，实现了病有所医。

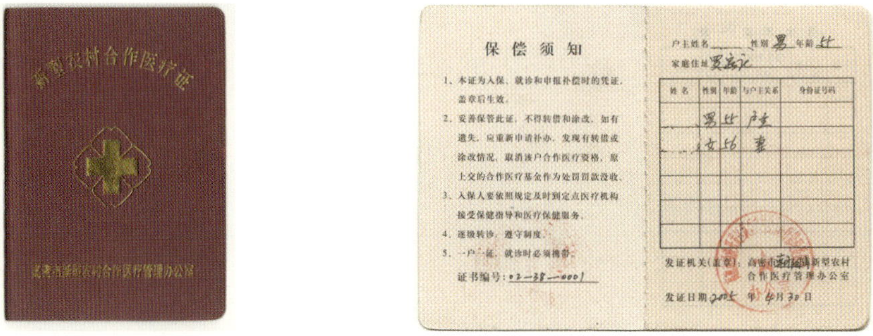

■ 2005 年新型农村合作医疗证

■ 2006 年新型农村合作医疗证

■ 2008 年新型农村合作医疗证

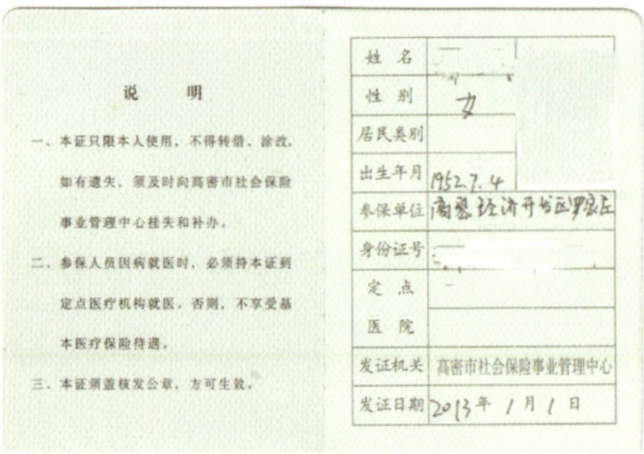

■ 2013 年新型农村合作医疗证

■ 2015 年新型农村合作医疗证

银龄安康。2008 年山东省老龄办联合中国人寿山东省分公司推出以老年人为特定服务对象的银龄安康工程，承保对象是 60—80 周岁的特定老年人群，主要内容为人身意外伤害险。从 2012 年开始，罗家庄为符合年龄的老人每人每年补助 30 元保险费。

医疗保险。自城镇居民基本医疗保险实施以来，社区每年投资近 15 万元，为居民垫付绝大部分参保费用，有效解决了居民看病难、看病贵的难题。

第六节　妇幼保健

妇女保健　20 世纪 50 年代末，国家实行新法接生。村设接生员，经过培训为新生儿接生。70 年代，对妇女实行经期、孕期、产期、哺乳期的保健，由公社卫生院和大队卫生室具体负责，并要求孕妇去卫生院分娩。80 年代中期，推行妇女婚育程序化管理，也称妇幼二期保健。孕前期（怀孕 12 周以内）到医院全面检查，立“保健档案”；

孕中期查检胎儿是否正常；孕后期定期B超检查；指导预产期卫生和营养饮食；指导新生儿期科学哺乳。

幼儿保健 国家规定，对幼儿进行预防接种。村办幼儿园按时组织幼儿做好预防工作，使儿童健康成长。

2016年6月，妇女儿童保健办公室迁回罗家庄党群服务中心，妇女儿童保健服务工作进一步健全。

朝阳街道罗家庄社区妇女儿童家园位于罗家庄社区综合办公楼一至三楼，使用面积2200平方米。家园成立于2016年6月，主要为罗家庄社区妇女儿童提供各种公共服务。2018年，服务范围涵盖527户，1577人。

街道党工委、办事处主要领导高度重视妇女儿童家园建设工作，成立了由党工委副书记牵头调度的妇女儿童家园建设领导小组，统筹协调项目推进。

“巾帼志愿者服务队”是长期活跃在社区的志愿服务队之一。

社区的广大女性也在繁荣社区文化、倡导家园教育、提升社区居民素质等工作中发挥了重要作用。

在新建成的党群服务中心，按照省妇联指定的标识和设计要求，对妇女儿童家园进行高标准的规划设计，在党群服务中心外墙制作了醒目大方的标牌，设置室内背景墙和各类上墙牌匾，打造了“一厅、两校、十室、两馆、两中心”等功能室。一楼服务大厅设有妇女儿童心理咨询室，主要为妇女儿童提供个人发展、人际关系等方面的个体咨询服务。同时设有法官进社区办公室，每周定期接访群众，为妇女儿童提供政策咨询、维权救助等法律服务。二楼和三楼的四点半学校等功能室为妇女儿童的专用活动室，里面配备淘气堡、舞蹈器材、健身器材等多种设施，全天向社区内的妇女儿童开放，社区也定期在这里举办亲子活动。图书室、巧手坊、文体活动室等多个功能室全部配置了现代化的办公设施。这些汇集政务服务、亲情服务、自助服务于一体的功能室，不仅为妇女儿童提供了最优质的平台，也成为人们办事、互助、学习、休闲、娱乐的好地方。活动中心人员配备齐全，有专业服务人员2名，兼职服务人员7名，负责日常的卫生清理、来人接待、活动协调等多项工作。

■ 2018 年省级妇女儿童家园项目资金拨付仪式

附：罗家庄健康社区创建工作实施方案

为进一步提高居民生活质量，提升社会管理和公共服务水平，提高社会文明程度，加快健康社区建设，特制定罗家庄健康社区创建工作实施方案。

一、指导思想

广泛发动社区居民和社会各方面力量，积极参与爱国卫生运动，大力开展环境卫生综合整治，进一步改善我社区环境卫生面貌，提高全社区居民的健康意识和健康生活方式行为能力。有效控制心血管疾病、糖尿病、慢性呼吸道疾病、癌症等的发病率。

二、创建工作目标

1. 环境建设。

（1）环境整洁。

（2）有固定的宣传栏、橱窗等健康教育窗口。

（3）有健康教育活动室。

（4）有促进身体活动的专门场地和多种活动设施。

（5）有免费测量体重和血压的场所和设施。

2. 活动开展安排。

（1）每年开展 3 种以上居民广泛参与的健康生活方式活动，如知识竞赛、健康膳食设计比赛、健身比赛、健康家庭评选。

（2）为每户居民发放 1 种以上健康生活方式宣传材料。

（3）每年开展 4 次以上健康生活方式相关知识讲座，每次参加讲座人数不少于 50 人。

（4）利用固定宣传栏或橱窗开展健康知识宣传，定期更换宣传内容，宣传内容每年至少更换 6 次。

（5）在全民健康生活方式日、全国高血压日、联合国糖尿病日等主题宣传日组织宣传活动，每年至少 3 次。

（6）健康教育活动室提供 5 种以上可供群众取阅的健康生活方式宣传材料，有身高体重计、腰围尺、壁挂 BMI 标准、膳食宝塔挂图等设施，有控油、限盐等支持工具展示。

（7）社区内有 3 个以上群众性健身活动团体，每月至少组织开展 1 次活动。

（8）社区内至少有健康生活方式指导员 5 人。健康生活方式指导员开展健康生活方式宣传和指导活动每月至少 1 次。

三、实施步骤

第一阶段：组织、发动阶段（1—2 月）。

1. 成立全民健康生活方式行动健康社区领导小组，统筹领导健康社区建设工作，进一步落实工作职责。

2. 召开全民健康生活方式行动健康社区创建行动工作会议，部署当年健康社区创建计划，在辖区范围内全面开展创建行动。

第二阶段：行动阶段（3—10 月）。

1. 开展培训。在社区开展关于合理膳食的宣传、培训，推广使用限盐勺和控油壶，适当控制饮食，倡导市民养成良好的饮食习惯，了解全民健康生活方式行动健康社区创建的目的和意义、策略和措施以及进行效果评估的方法，认真、扎实做好健康生活方式行动宣传推广工作。

2. 广泛宣传。在辖区广泛宣传健康生活方式，定期更新社区宣传栏内容，推进全民健康知识的普及，推广“日行万步，吃动两平衡，健康一辈子”的理念和行动。

3. 开展“人人知道自己的血压”行动，开展 35 岁以上居民血压测量工作，巩固测量覆盖率，加强人们对自身健康的管理。

4. 开展“人人参与健身”行动，组织开展各类健身比赛活动，积极倡导“每天锻炼一小时，健康幸福一辈子”的健身理念。

5. 开展“人人养成健康行为”行动。倡导市民不乱吐痰、不乱扔垃圾和控烟，以车站、医院、大型商场、超市等公共场所为和交通工具为重点。

第三阶段：总结、评估阶段（11 月以后）。

总结有效的全民健康生活方式行动健康社区创建的机制、形式和方法，通过各种形式进行交流，共同促进全民健康生活方式行动健康社区创建行动的深入开展。

附：罗家庄社区卫生服务站公共服务职责和规范

妇幼保健人员职责

1. 负责辖区内孕产妇的健康教育，动员、督促怀孕妇女于孕12周前到医疗保健机构建立《母子健康手册》。定期接受孕前检查。住院分娩及产后42天健康检查。协助社区卫生服务中心做好产后访视工作。

2. 负责收集辖区内妇女妊娠、婴儿出生、孕产妇死亡、围产儿死亡、新生儿死亡及出生缺陷的有关数据，定期向社区服务中心报告。

3. 按时参加妇幼保健工作例会和专业培训。汇报孕产妇管理工作情况。学习业务知识，提高专业技术水平。

4. 村卫生室应留存资料：育龄妇女登记本、孕产妇摸底登记本、0—6岁儿童登记本、妇幼保健咨询记录、健康教育宣传资料及活动记录。

医疗服务规范

1. 医学赤诚，尽职尽责。一切从病人利益出发，对工作极端负责，对病人竭诚相待，严格执行首诊负责制。想病人所想，急病人所急，千方百计为病人解除痛苦。

2. 平等待人，一视同仁。尊重病人人格、权利，满腔热情地为病人服务。不论病人职位高低，都一视同仁。

3. 刻苦钻研，医学精湛。技术上精益求精，不断提高技术水平，不断学习新理论、新技术，严格遵守制度和操作常规，确保安全医疗。

4. 作风正派，廉洁行医。合理检查，合理用药。遵纪守法，不接受病人家属的钱物和吃请。

5. 尊重同行，团结协作。医务人员之间应相互尊重，相互支持，做到谦虚谨慎，诚实正直。有爱心及宽宏大量的胸怀，互学互尊，团结协作，谦虚诚实，善解人意，正确处理同行同事关系。

6. 为病人保守医密，实行保护性医疗，不泄露病人隐私和秘密。耐心做好病人及家属的接待解释、健康教育工作。

7. 文明用语，礼貌待人。讲究卫生，仪表端庄，举止稳重，态度和蔼，作风严谨。同情、关心和体贴病人，努力创建安静舒适的病区环境。

附：关于收缴2019年度居民医疗保险的通知

根据朝阳街道人社所的统一部署，经社区党委研究决定，2018年11月26—30日集中收缴2019年度居民医疗保险。档次分为：一档180元/年；二档310元/年。以家庭为单位选择档次缴纳，详细内容居委会在公示栏张贴了公告。请大家见通知后在规定时间内到罗家庄社区一楼大厅办理缴费。来缴费时请携带缴费人员的身份证或户口簿，核对名字和身份证号码，如有错误及时纠正。

参加城镇职工保险的和学生(包括幼儿园）不属本社区收缴范围，学生请在学校缴纳。

五保、低保、重度残疾群体要求参保率达到100%，政府按照180元档次以“先交后补”的方式资助参保。

罗家庄集体经济合作社成员，居委会每人补助100元，采取先交后补的方式进行补贴。即缴费时全额缴费，收缴完毕后，居委会通过“失地农民补助金”账户以家庭为单位每人打款100元补助金。

罗家庄社区居民委员会

2018年11月24日

第九编

人口　生活

1949年前，罗家庄人口记录不详，无从查考。中华人民共和国成立后，战事不再，社会安定，村民生活逐渐好转，医疗卫生水平不断提高，人口出现快速增长。1966年后，罗家庄生产大队认真落实党和政府的计划生育政策，响应国家号召，控制人口出生率，人口质量大有提高。贯彻党中央"一对夫妇只生一个孩子"的指示，步入第二个人口有计划的增长阶段。国家推行二孩生育政策后，罗家庄步入新时代人口发展阶段，开始呈现幼有所育、学有所教、劳有所得、病有所医、老有所养、住有所居、弱有所扶的新气象。

第一章　人口规模

第一节　人口数量

1949年，全村78户，共299人。之后，社会安定，生产发展，条件改善，人口增长较快。1959—1961年，人口数量增长不大。1962年，人口数量稳步增长，至1966年，人口数量比1961年增长21%。1966年国家实行计划生育，人口数量有计划地增长，至2018年，人口数量比1966年增长61%。

表9-1　1949—2018年罗家庄人口数量统计表

年份	户数（户）	人口（人）	男（人）	女（人）
1949	78	299	×	×
1950—1960	×	×	×	×
1961	114	511	×	×

续表

年份	户数（户）	人口（人）	男（人）	女（人）
1962	121	533	×	×
1963	121	564	×	×
1964	121	590	×	×
1965	126	604	×	×
1966	131	648	×	×
1967	128	629	×	×
1968	125	646	×	×
1969	123	663	×	×
1970	126	683	×	×
1971	129	689	×	×
1972	131	696	×	×
1973	134	702	×	×
1974	135	705	×	×
1975	136	714	×	×
1976	139	703	×	×
1977	143	707	×	×
1978	141	714	×	×
1979	145	731	×	×
1980	151	721	×	×
1981	154	714	349	365
1982	162	721	353	368
1983	163	719	352	367
1984	166	716	350	366
1985	170	707	346	361
1986	176	741	363	378
1987	193	789	385	404
1988	196	826	403	423

续表

年份	户数（户）	人口（人）	男（人）	女（人）
1989	232	852	412	440
1990	250	909	431	478
1991	258	925	442	483
1992	263	926	448	478
1993	279	972	469	503
1994	295	1010	487	523
1995	306	1022	496	526
1996	308	1028	494	534
1997	349	1046	503	543
1998	357	1042	503	539
1999	360	1031	507	524
2000	365	1027	514	513
2001	368	1059	506	553
2002	370	1104	526	578
2003	402	1148	564	584
2004	415	1166	554	612
2005	426	1183	567	616
2006	438	1248	601	647
2007	466	1328	648	680
2008	476	1379	667	712
2009	499	1421	687	734
2010	520	1465	704	761
2011	527	1486	716	770
2012	526	1494	722	772
2013	527	1518	731	787
2014	524	1566	744	822
2015	521	1593	759	834

续表

年份	户数（户）	人口（人）	男（人）	女（人）
2016	523	1618	770	848
2017	524	1655	788	867
2018	526	1669	797	872

注：“×”系未查到统计资料。

第二节　人口变动

自然变动　1949年前，罗家庄和其他村一样，人口出生率高，死亡率也高。1949年后，各种防御疾病措施增多，孕产妇、婴幼儿和病患死亡率大幅度下降，人口质量逐步提高。1982年，计划生育作为一项基本国策得到各级高度重视，罗家庄育龄妇女及时采取节育措施，人口发展走上科学管理轨道，人口自然生长率控制在7.3%以内。

机械变动　1949年以前，村内人口为自由流动状态，多因婚嫁、离村谋生、投亲等变动。1949年后，人口迁移变动规范化，主要原因为升学、婚嫁等。

罗家庄的人口迁入，主要是婚入，改革开放后村域变为城区后，迁入人口户数急剧增加。

1949年至1958年，村里的人口迁出数量不大。只是在1959—1961年生活困难时期，人口的流动性较大。有6户去了关东，后有4户迁回。之后的迁出多是因升学或婚嫁。

表9-2　罗家庄人口变动情况统计表

年份	出生（人）	死亡（人）	迁入（人）	迁出（人）
1949—1980	×	×	×	×
1981	16	1	3	2
1982	11	5	6	9
1983	10	3	5	14

续表

年份	出生（人）	死亡（人）	迁入（人）	迁出（人）
1984	17	7	8	21
1985	10	5	7	21
1986	18	3	38	19
1987	22	7	38	5
1988	30	12	30	11
1989	12	8	28	6
1990	21	4	64	24
1991	9	1	18	10
1992	9	4	22	26
1993	8	7	54	9
1994	12	7	49	16
1995	19	8	24	23
1996	18	8	13	17
1997	20	5	17	14
1998	11	5	3	12
1999	12	9	11	25
2000	18	9	20	33
2001	12	4	36	12
2002	9	1	43	6
2003	10	7	54	13
2004	9	5	31	17
2005	16	6	25	18
2006	16	5	64	10
2007	17	4	86	19
2008	20	0	41	1
2009	44	7	10	5
2010	45	12	14	3

续表

年份	出生（人）	死亡（人）	迁入（人）	迁出（人）
2011	19	8	14	6
2012	14	8	8	6
2013	20	5	13	4
2014	40	0	12	4
2015	29	11	10	1
2016	21	6	11	1
2017	32	10	16	1
2018	20	5	2	3
注：“×”系未查到人口变动资料。				

第二章　人口构成

第一节　民族构成

至2018年，罗家庄共有居民1669人，其中享受福利待遇的有1194人，均为汉族。

第二节　性别构成

1949年前，居民人口性别比例无资料可查。1958年，男女比例大体相当。1983年，全村719人，男352人，占总人数的49%；女367人，占总人数的51%。1994年，全村1010人，男487人，占总人数的48.2%；女523人，占总人数的51.8%。2018年，全村1669人，男女性别比为1:1.09，其中，男797人，占总人数的48%，女872人，占总人数的52%。

第三节　职业构成

长期以来，罗家庄村民以种植粮食、蔬菜和其他农业生产为主要职业。随着社会进步，经济发展，新生产业兴旺，职业随之发生很大变化。尤其是1995年后村民人均土地日益减少，直至2006年居民成为失地农民，职业突变，或从工，或从商，或从服务业。2015年，罗家庄已无农业户，结束了农业生产的历史。至2018年，共有劳动力938人，其中，从事建筑业的有115人，从事商业的有210人，从事服务业的有260人。

表 9-3 罗家庄行业转化一览表

年度	劳动力(人)	农业(人)	建筑业(人)	商业(人)	服务业(人)	备注
1985	343	343	30	20	15	
1995	472	472	38	23	20	
2005	520	520	40	30	25	
2015	802	0	110	205	250	
2018	938	0	115	210	260	

第四节 姓氏构成

1949 年，村里居民有 9 个姓氏，分别为石、杜、李、吴、范、昌、罗、徐、鲁（按笔划排序），共 78 户。

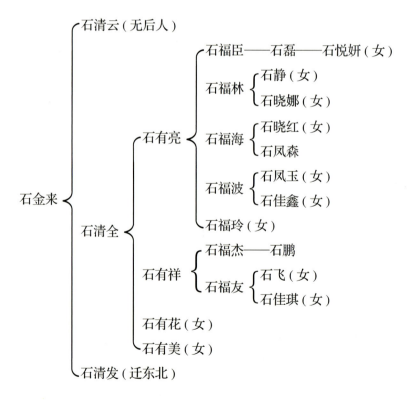

- 石金来
  - 石清云（无后人）
  - 石清全
    - 石有亮
      - 石福臣——石磊——石悦妍（女）
      - 石福林
        - 石静（女）
        - 石晓娜（女）
      - 石福海
        - 石晓红（女）
        - 石凤森
      - 石福波
        - 石凤玉（女）
        - 石佳鑫（女）
      - 石福玲（女）
    - 石有祥
      - 石福杰——石鹏
      - 石福友
        - 石飞（女）
        - 石佳琪（女）
    - 石有花（女）
    - 石有美（女）
  - 石清发（迁东北）

- 石清希——石有运
  - 石福秀（女）
  - 石福顺——石凤磊
    - 石铭杰（女）
    - 石雨冉（女）
  - 石福美（女）
  - 石福泰（无后人）

- 石清水
  - 石有贞（女）
  - 石有山
    - 石丽丽（女）
    - 石晓华（女）
    - 石晓倩（女）
  - 石有贵（无后人）

- 石清会
  - 石有芳（女）
  - 石有启
    - 石福忠——石凤泰
    - 石玉（女）
  - 石有珍（女）
  - 石有福
    - 石海燕（女）
    - 石淼（女）
  - 石有芹（女）
  - 石有霞（女）

- 石清宝
  - 石有香（女）
  - 石有臣——石福鹏——石博文
  - 石有功
    - 石梅（女）
    - 石坤
  - 石有磊
    - 石皓宇
    - 石皓元

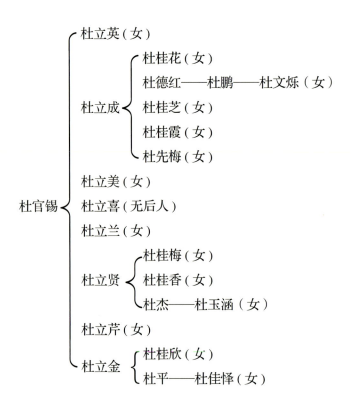

- 杜官锡
  - 杜立英（女）
  - 杜立成
    - 杜桂花（女）
    - 杜德红——杜鹏——杜文烁（女）
    - 杜桂芝（女）
    - 杜桂霞（女）
    - 杜先梅（女）
  - 杜立美（女）
  - 杜立喜（无后人）
  - 杜立兰（女）
  - 杜立贤
    - 杜桂梅（女）
    - 杜桂香（女）
    - 杜杰——杜玉涵（女）
  - 杜立芹（女）
  - 杜立金
    - 杜桂欣（女）
    - 杜平——杜佳怿（女）

- 杜立福——杜德运
  - 杜群（女）
  - 杜存有——杜俊豪
- 杜立田（无后人）

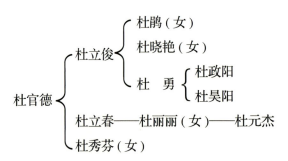

- 杜官德
  - 杜立俊
    - 杜鹃（女）
    - 杜晓艳（女）
    - 杜　勇
      - 杜政阳
      - 杜昊阳
  - 杜立春——杜丽丽（女）——杜元杰
  - 杜秀芬（女）

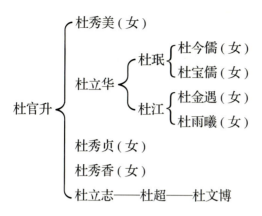

- 杜官升
  - 杜秀美（女）
  - 杜立华
    - 杜珉
      - 杜今儒（女）
      - 杜宝儒（女）
    - 杜江
      - 杜金遇（女）
      - 杜雨曦（女）
  - 杜秀贞（女）
  - 杜秀香（女）
  - 杜立志——杜超——杜文博

- 杜官成
  - 杜秀娥（女）
  - 杜秀霞（女）
  - 杜立富（无后人）
  - 杜立贵
    - 杜鑫（女）
    - 杜源（女）
    - 杜儒
  - 杜立忠——杜雯洁（女）

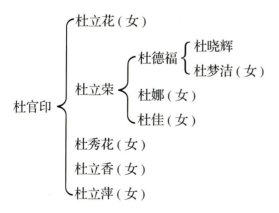

- 杜官印
  - 杜立花（女）
  - 杜立荣
    - 杜德福
      - 杜晓辉
      - 杜梦洁（女）
    - 杜娜（女）
    - 杜佳（女）
  - 杜秀花（女）
  - 杜立香（女）
  - 杜立萍（女）

杜兴云（无后人）

杜李氏（无后人）

- 李四伟
  - 李玉美（女）
  - 李洪祥（无后人）
  - 李玉芳（女）
  - 李洪金
    - 李丹福——李玉亭
      - 李佳鑫（女）
      - 李好（女）
    - 李建花（女）
    - 李丹友——李亚男（女）
    - 李丹华
      - 李雨雨（女）
      - 李雨霏（女）
    - 李建芳（女）
    - 李丹刚——李昊伦

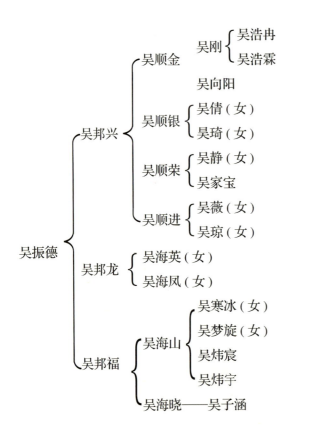

- 吴振德
  - 吴邦兴
    - 吴顺金
      - 吴刚
        - 吴浩冉
        - 吴浩霖
      - 吴向阳
    - 吴顺银
      - 吴倩（女）
      - 吴琦（女）
    - 吴顺荣
      - 吴静（女）
      - 吴家宝
    - 吴顺进
      - 吴薇（女）
      - 吴琼（女）
  - 吴邦龙
    - 吴海英（女）
    - 吴海凤（女）
  - 吴邦福
    - 吴海山
      - 吴寒冰（女）
      - 吴梦旋（女）
      - 吴炜宸
      - 吴炜宇
    - 吴海晓——吴子涵

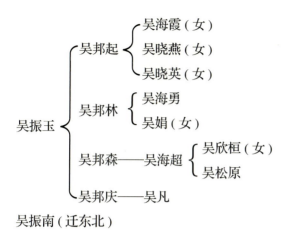

- 吴振玉
  - 吴邦起
    - 吴海霞（女）
    - 吴晓燕（女）
    - 吴晓英（女）
  - 吴邦林
    - 吴海勇
    - 吴娟（女）
  - 吴邦森——吴海超
    - 吴欣桓（女）
    - 吴松原
  - 吴邦庆——吴凡
- 吴振南（迁东北）

- 范京成
  - 范？（女）
  - 范？（女）
  - 范？（女）
  - 范？（女）
  - 范志才
    - 范伟玉（女）
    - 范才玉（女）
    - 范才春
      - 范浩宇
      - 范浩阳

- 范京华
  - 范秀芬（女）
  - 范志善（无后人）
  - 范秀芝（女）

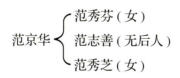

- 范京常
  - 范桂兰（女）
  - 范秀芳（女）
  - 范志安
    - 范伟
      - 范晨玉（女）
      - 范玉鑫（女）
    - 范会君（女）

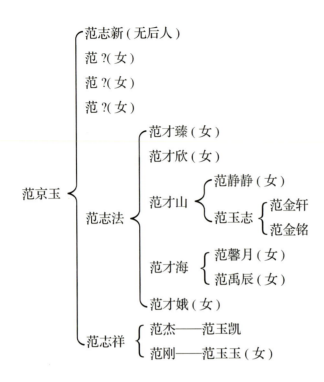

- 范京玉
  - 范志新（无后人）
  - 范 ?（女）
  - 范 ?（女）
  - 范 ?（女）
  - 范志法
    - 范才臻（女）
    - 范才欣（女）
    - 范才山
      - 范静静（女）
      - 范玉志
        - 范金轩
        - 范金铭
    - 范才海
      - 范馨月（女）
      - 范禹辰（女）
    - 范才娥（女）
  - 范志祥
    - 范杰——范玉凯
    - 范刚——范玉玉（女）

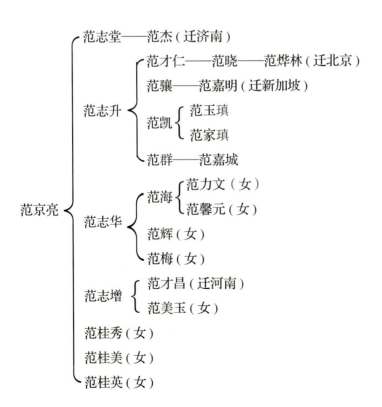

- 范京亮
  - 范志堂——范杰（迁济南）
  - 范志升
    - 范才仁——范晓——范烨林（迁北京）
    - 范骧——范嘉明（迁新加坡）
    - 范凯
      - 范玉瑱
      - 范家瑱
    - 范群——范嘉城
  - 范志华
    - 范海
      - 范力文（女）
      - 范馨元（女）
    - 范辉（女）
    - 范梅（女）
  - 范志增
    - 范才昌（迁河南）
    - 范美玉（女）
  - 范桂秀（女）
  - 范桂美（女）
  - 范桂英（女）

- 范京臣
  - 范志俊
    - 范才芬（女）
    - 范才瑞
      - 范冬梅（女）
      - 范坤——范宸恺
    - 范才美（女）
    - 范才成
      - 范佳佳（女）
      - 范婷婷（女）
      - 范晓燕（女）
    - 范素香（女）
    - 范才峰
      - 范靖雯（女）
      - 范育豪
  - 范秀贞（女）
  - 范志彬
    - 范杰——范玉金
      - 范筱诺（女）
      - 范子默（女）
    - 范美（女）
    - 范刚
      - 范晓（女）
      - 范晓琳（女）
  - 范志啟
    - 范海霞（女）
    - 范才志
      - 范玉超（女）
      - 范玉铭（女）
    - 范美丽（女）

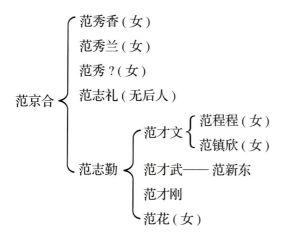

- 范京合
  - 范秀香（女）
  - 范秀兰（女）
  - 范秀？（女）
  - 范志礼（无后人）
  - 范志勤
    - 范才文
      - 范程程（女）
      - 范镇欣（女）
    - 范才武——范新东
    - 范才刚
    - 范花（女）

- 范京海
  - 范志福
    - 范才东
      - 范玉芳（女）
      - 范玉平
        - 范振
          - 范嘉乐（女）
          - 范佳硕
        - 范香（女）
      - 范玉堂
        - 范晋
          - 范星宇
          - 范航语
      - 范玉臻（女）
    - 范秀兰（女）
  - 范志明（无后人）
  - 范志奎
    - 范才香（女）
    - 范才林（无后人）
    - 范才忠
      - 范玉新
        - 范文涵（女）
        - 范佳语（女）
      - 范玉芹（女）
    - 范才英（女）
  - 范志松
    - 范才秀（女）
    - 范才金
      - 范超
        - 范玉璇（女）
        - 范辛迪（女）
      - 范昌
        - 范力文
        - 范峻铭
    - 范才连（女）
    - 范才功
      - 范敏（女）
      - 范娜（女）
      - 范静（女）
  - 范？（女）

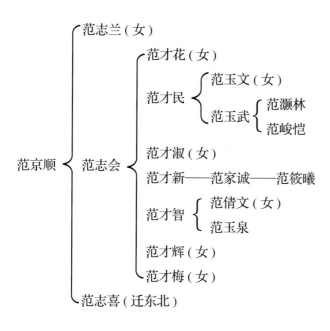

- 范京顺
  - 范志兰（女）
  - 范志会
    - 范才花（女）
    - 范才民
      - 范玉文（女）
      - 范玉武
        - 范灏林
        - 范峻恺
    - 范才淑（女）
    - 范才新——范家诚——范筱曦
    - 范才智
      - 范倩文（女）
      - 范玉泉
    - 范才辉（女）
    - 范才梅（女）
  - 范志喜（迁东北）

- 范京田
  - 范志材（迁出）
  - 范志修
    - 范桂花（女）
    - 范才芝（女）
    - 范才杰——范玉琳
      - 范怡萱（女）
      - 范怡东（女）
    - 范才森
      - 范 颖（女）
      - 范昕（女）
    - 范才霞（女）
    - 范才兴
      - 范玉雪（女）
      - 范玉梦（女）

- 范京山——范志强
  - 范才玲（女）
  - 范才友——范文翔
    - 范金超
    - 范金熙（女）
  - 范才尚——范文杰
    - 范锦妤（女）
    - 范琳琳（女）
  - 范才顺
    - 范文艳（女）
    - 范育玮

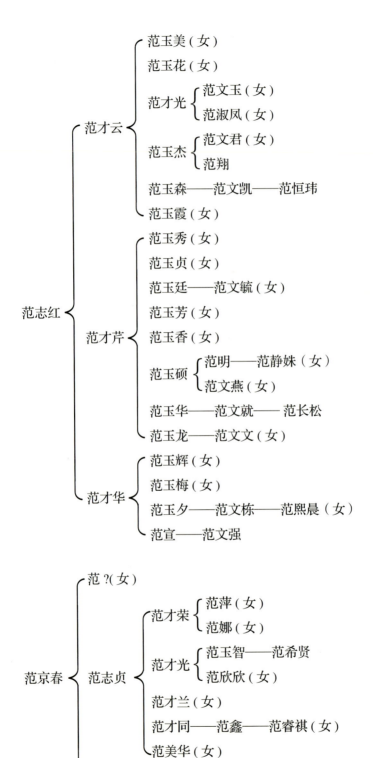

- 范志红
  - 范才云
    - 范玉美（女）
    - 范玉花（女）
    - 范才光
      - 范文玉（女）
      - 范淑凤（女）
    - 范玉杰
      - 范文君（女）
      - 范翔
    - 范玉森——范文凯——范恒玮
    - 范玉霞（女）
  - 范才芹
    - 范玉秀（女）
    - 范玉贞（女）
    - 范玉廷——范文毓（女）
    - 范玉芳（女）
    - 范玉香（女）
    - 范玉硕
      - 范明——范静姝（女）
      - 范文燕（女）
    - 范玉华——范文就——范长松
    - 范玉龙——范文文（女）
  - 范才华
    - 范玉辉（女）
    - 范玉梅（女）
    - 范玉夕——范文栋——范熙晨（女）
    - 范宣——范文强

- 范京春
  - 范 ?（女）
  - 范志贞
    - 范才荣
      - 范萍（女）
      - 范娜（女）
    - 范才光
      - 范玉智——范希贤
      - 范欣欣（女）
    - 范才兰（女）
    - 范才同——范鑫——范睿祺（女）
    - 范美华（女）
  - 范 ?（女）

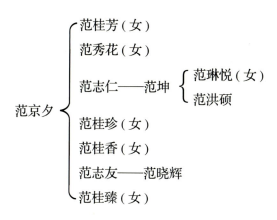

- 范京夕
  - 范桂芳（女）
  - 范秀花（女）
  - 范志仁——范坤
    - 范琳悦（女）
    - 范洪硕
  - 范桂珍（女）
  - 范桂香（女）
  - 范志友——范晓辉
  - 范桂臻（女）

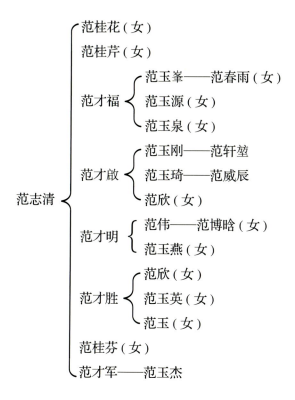

- 范志清
  - 范桂花（女）
  - 范桂芹（女）
  - 范才福
    - 范玉峯——范春雨（女）
    - 范玉源（女）
    - 范玉泉（女）
  - 范才啟
    - 范玉刚——范轩堃
    - 范玉琦——范威辰
    - 范欣（女）
  - 范才明
    - 范伟——范博晗（女）
    - 范玉燕（女）
  - 范才胜
    - 范欣（女）
    - 范玉英（女）
    - 范玉（女）
  - 范桂芬（女）
  - 范才军——范玉杰

- 昌来春
  - 昌万祥
    - 昌洪英（女）
    - 昌宝山
      - 昌昱彤（女）
      - 昌纹宇（女）
  - 昌万华（女）

- 罗蕙堂
  - 罗云鹏
    - 罗梅英（女）
    - 罗梅贞（女）
    - 罗先英（女）
    - 罗玉英（女）
    - 罗先梅（女）
  - 罗金美（女）
  - 罗云喜（迁云南）
  - 罗云兰（女）
  - 罗云花（女）
  - 罗云友——罗洪星——罗一鸣

- 罗芝堂
  - 罗云美（女）
  - 罗云芬（女）
  - 罗云台（无后人）
  - 罗云波
    - 罗朕——罗含玉（女）
    - 罗娜（女）
  - 罗云香（女）

- 罗芬堂
  - 罗？（女）
  - 罗？（女）
  - 罗云龙
    - 罗洪秀（女）
    - 罗洪礼
      - 罗湘——罗传鑫
      - 罗金
        - 罗璇（女）
        - 罗文茜（女）

- 罗龙云
  - 罗鸿新
    - 罗相明
      - 罗传国
        - 罗惟娴（女）
        - 罗惟姗（女）
      - 罗述国
        - 罗惟翀
        - 罗惟涵（女）
      - 罗卫国
        - 罗梦涵（女）
        - 罗梓涵（女）
    - 罗相光
      - 罗文学
        - 罗伟任（女）
        - 罗伟业
      - 罗文超——罗惟扬
    - 罗相正
      - 罗建
        - 罗惟泽
        - 罗惟润
      - 罗雪（女）
    - 罗相和
      - 罗文杰——罗惟琛
      - 罗文剑——罗惟瀚
    - 罗相成
      - 罗琦（女）
      - 罗绩彰
        - 罗伟恺
        - 罗伟硕
    - 罗相金——罗东方
      - 罗宥意（女）
      - 罗瑜意（女）
  - 罗鸿美（女）
  - 罗秀芹（女）
  - 罗鸿瑞（出嗣）
  - 罗竹兰（女）
  - 罗鸿顺
    - 罗福——罗甜甜（女）
    - 罗美（女）
    - 罗宝——罗小栋
  - 罗鸿山
    - 罗秀梅（女）
    - 罗秀萍（女）

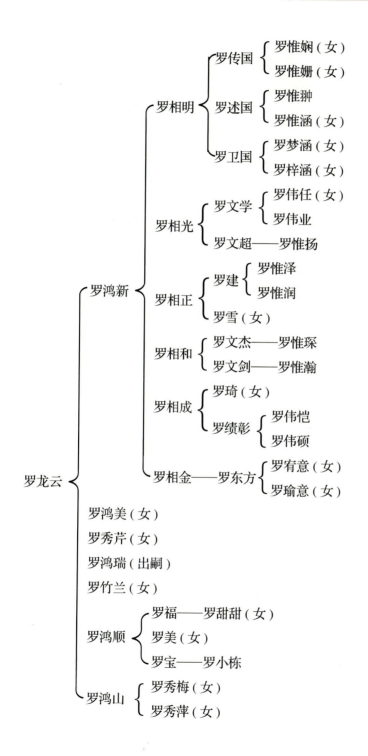

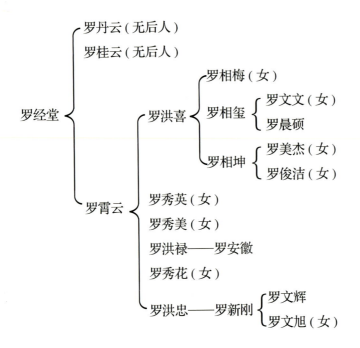

- 罗经堂
  - 罗丹云（无后人）
  - 罗桂云（无后人）
  - 罗霄云
    - 罗洪喜
      - 罗相梅（女）
      - 罗相玺
        - 罗文文（女）
        - 罗晨硕
      - 罗相坤
        - 罗美杰（女）
        - 罗俊洁（女）
    - 罗秀英（女）
    - 罗秀美（女）
    - 罗洪禄——罗安徽
    - 罗秀花（女）
    - 罗洪忠——罗新刚
      - 罗文辉
      - 罗文旭（女）

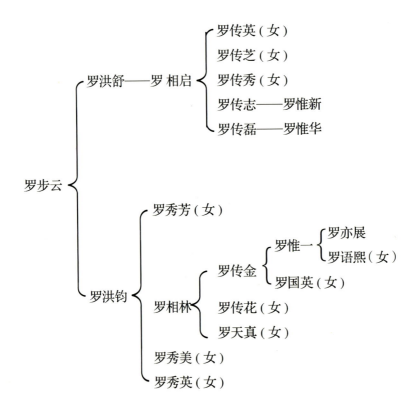

- 罗步云
  - 罗洪舒——罗 相启
    - 罗传英（女）
    - 罗传芝（女）
    - 罗传秀（女）
    - 罗传志——罗惟新
    - 罗传磊——罗惟华
  - 罗洪钧
    - 罗秀芳（女）
    - 罗相林
      - 罗传金
        - 罗惟一
          - 罗亦展
          - 罗语熙（女）
        - 罗国英（女）
      - 罗传花（女）
      - 罗天真（女）
    - 罗秀美（女）
    - 罗秀英（女）

- 罗青云——罗鸿鸣
  - 罗相杰
    - 罗荣（女）
    - 罗莉（女）
  - 罗相泉——罗小溪（女）
  - 罗相源
    - 罗凯文
    - 罗凯歆（女）

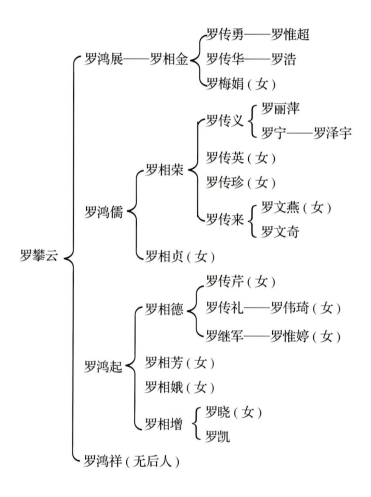

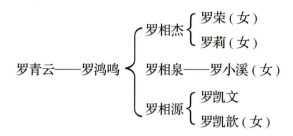

- 罗攀云
  - 罗鸿展——罗相金
    - 罗传勇——罗惟超
    - 罗传华——罗浩
    - 罗梅娟（女）
  - 罗鸿儒
    - 罗相荣
      - 罗传义
        - 罗丽萍
        - 罗宁——罗泽宇
      - 罗传英（女）
      - 罗传珍（女）
      - 罗传来
        - 罗文燕（女）
        - 罗文奇
    - 罗相贞（女）
  - 罗鸿起
    - 罗相德
      - 罗传芹（女）
      - 罗传礼——罗伟琦（女）
      - 罗继军——罗惟婷（女）
    - 罗相芳（女）
    - 罗相娥（女）
    - 罗相增
      - 罗晓（女）
      - 罗凯
  - 罗鸿祥（无后人）

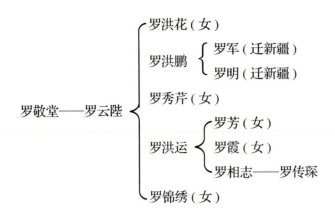

- 罗敬堂——罗云陛
  - 罗洪花（女）
  - 罗洪鹏
    - 罗军（迁新疆）
    - 罗明（迁新疆）
  - 罗秀芹（女）
  - 罗洪运
    - 罗芳（女）
    - 罗霞（女）
    - 罗相志——罗传琛
  - 罗锦绣（女）

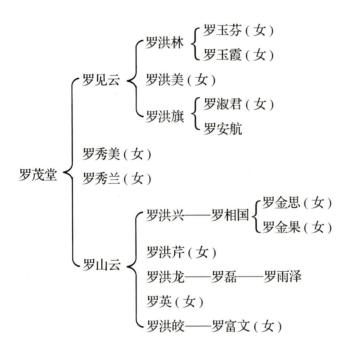

- 罗茂堂
  - 罗见云
    - 罗洪林
      - 罗玉芬（女）
      - 罗玉霞（女）
    - 罗洪美（女）
    - 罗洪旗
      - 罗淑君（女）
      - 罗安航
  - 罗秀美（女）
  - 罗秀兰（女）
  - 罗山云
    - 罗洪兴——罗相国
      - 罗金思（女）
      - 罗金果（女）
    - 罗洪芹（女）
    - 罗洪龙——罗磊——罗雨泽
    - 罗英（女）
    - 罗洪皎——罗富文（女）

- 罗轸堂——罗 云生——罗 鸿瑞
  - 罗秀臻（女）
  - 罗相伦
    - 罗航（女）
    - 罗帆
  - 罗红（女）
  - 罗玉（女）

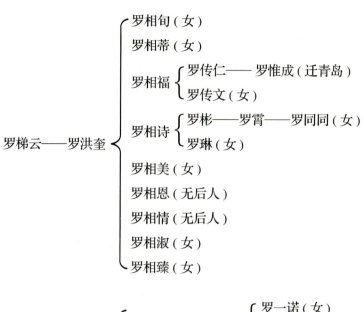

- 罗梯云——罗洪奎
  - 罗相旬（女）
  - 罗相蒂（女）
  - 罗相福
    - 罗传仁—— 罗惟成（迁青岛）
    - 罗传文（女）
  - 罗相诗
    - 罗彬——罗霄——罗同同（女）
    - 罗琳（女）
  - 罗相美（女）
  - 罗相恩（无后人）
  - 罗相情（无后人）
  - 罗相淑（女）
  - 罗相臻（女）

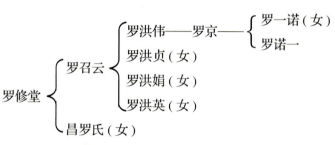

- 罗修堂
  - 罗召云
    - 罗洪伟——罗京——
      - 罗一诺（女）
      - 罗诺一
    - 罗洪贞（女）
    - 罗洪娟（女）
    - 罗洪英（女）
  - 昌罗氏（女）

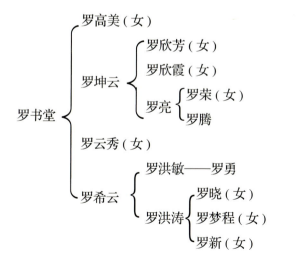

- 罗书堂
  - 罗高美（女）
  - 罗坤云
    - 罗欣芳（女）
    - 罗欣霞（女）
    - 罗亮
      - 罗荣（女）
      - 罗腾
  - 罗云秀（女）
  - 罗希云
    - 罗洪敏——罗勇
    - 罗洪涛
      - 罗晓（女）
      - 罗梦程（女）
      - 罗新（女）

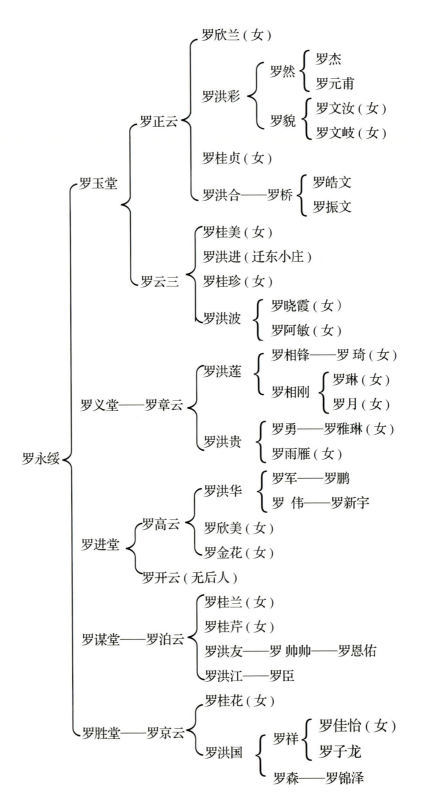

- 罗永绥
  - 罗玉堂
    - 罗正云
      - 罗欣兰（女）
      - 罗洪彩
        - 罗然
          - 罗杰
          - 罗元甫
        - 罗貌
          - 罗文汝（女）
          - 罗文岐（女）
      - 罗桂贞（女）
      - 罗洪合——罗桥
        - 罗皓文
        - 罗振文
    - 罗云三
      - 罗桂美（女）
      - 罗洪进（迁东小庄）
      - 罗桂珍（女）
      - 罗洪波
        - 罗晓霞（女）
        - 罗阿敏（女）
  - 罗义堂——罗章云
    - 罗洪莲
      - 罗相锋——罗 琦（女）
      - 罗相刚
        - 罗琳（女）
        - 罗月（女）
    - 罗洪贵
      - 罗勇——罗雅琳（女）
      - 罗雨雁（女）
  - 罗进堂
    - 罗高云
      - 罗洪华
        - 罗军——罗鹏
        - 罗 伟——罗新宇
      - 罗欣美（女）
      - 罗金花（女）
    - 罗开云（无后人）
  - 罗谋堂——罗泊云
    - 罗桂兰（女）
    - 罗桂芹（女）
    - 罗洪友——罗 帅帅——罗恩佑
    - 罗洪江——罗臣
  - 罗胜堂——罗京云
    - 罗桂花（女）
    - 罗洪国
      - 罗祥
        - 罗佳怡（女）
        - 罗子龙
      - 罗森——罗锦泽

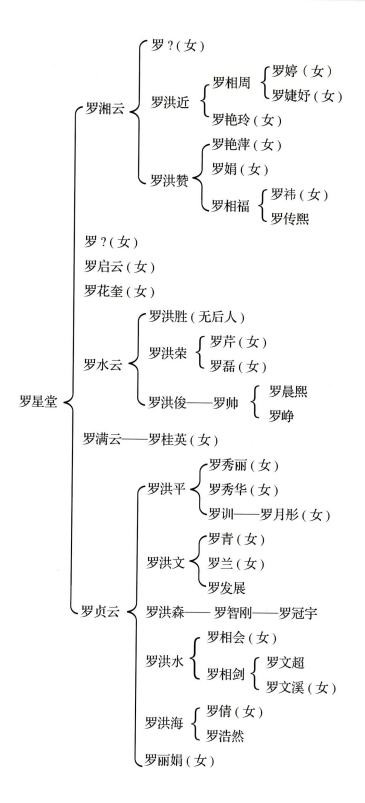

- 罗星堂
  - 罗湘云
    - 罗？（女）
    - 罗洪近
      - 罗相周
        - 罗婷（女）
        - 罗婕妤（女）
      - 罗艳玲（女）
    - 罗洪赞
      - 罗艳萍（女）
      - 罗娟（女）
      - 罗相福
        - 罗祎（女）
        - 罗传熙
  - 罗？（女）
  - 罗启云（女）
  - 罗花奎（女）
  - 罗水云
    - 罗洪胜（无后人）
    - 罗洪荣
      - 罗芹（女）
      - 罗磊（女）
    - 罗洪俊——罗帅
      - 罗晨熙
      - 罗峥
  - 罗满云——罗桂英（女）
  - 罗贞云
    - 罗洪平
      - 罗秀丽（女）
      - 罗秀华（女）
      - 罗训——罗月彤（女）
    - 罗洪文
      - 罗青（女）
      - 罗兰（女）
      - 罗发展
    - 罗洪森——罗智刚——罗冠宇
    - 罗洪水
      - 罗相会（女）
      - 罗相剑
        - 罗文超
        - 罗文溪（女）
    - 罗洪海
      - 罗倩（女）
      - 罗浩然
    - 罗丽娟（女）

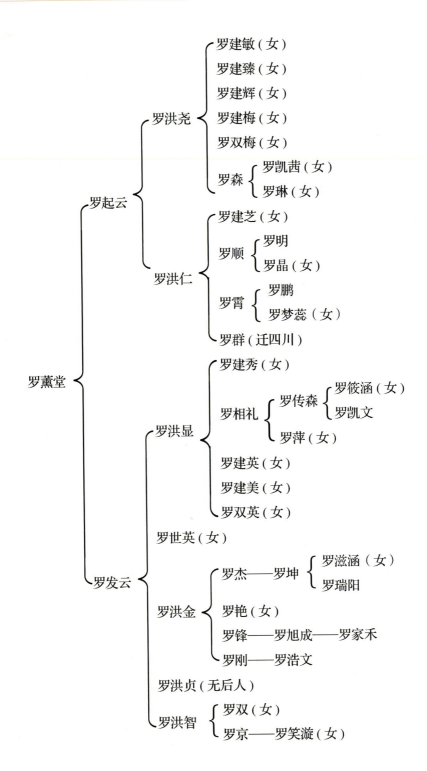

- 罗薰堂
  - 罗起云
    - 罗洪尧
      - 罗建敏（女）
      - 罗建臻（女）
      - 罗建辉（女）
      - 罗建梅（女）
      - 罗双梅（女）
      - 罗森
        - 罗凯茜（女）
        - 罗琳（女）
    - 罗洪仁
      - 罗建芝（女）
      - 罗顺
        - 罗明
        - 罗晶（女）
      - 罗霄
        - 罗鹏
        - 罗梦蕊（女）
      - 罗群（迁四川）
  - 罗发云
    - 罗洪显
      - 罗建秀（女）
      - 罗相礼
        - 罗传森
          - 罗筱涵（女）
          - 罗凯文
        - 罗萍（女）
      - 罗建英（女）
      - 罗建美（女）
      - 罗双英（女）
    - 罗世英（女）
    - 罗洪金
      - 罗杰——罗坤
        - 罗滋涵（女）
        - 罗瑞阳
      - 罗艳（女）
      - 罗锋——罗旭成——罗家禾
      - 罗刚——罗浩文
    - 罗洪贞（无后人）
    - 罗洪智
      - 罗双（女）
      - 罗京——罗笑漩（女）

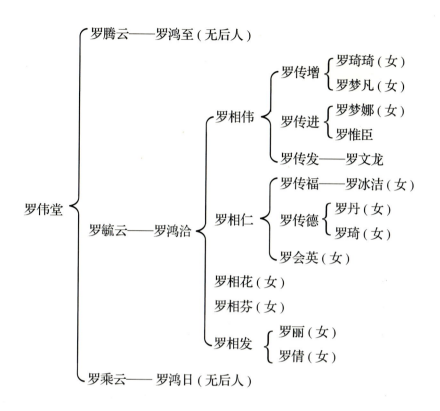

- 罗伟堂
  - 罗腾云——罗鸿至（无后人）
  - 罗毓云——罗鸿洽
    - 罗相伟
      - 罗传增
        - 罗琦琦（女）
        - 罗梦凡（女）
      - 罗传进
        - 罗梦娜（女）
        - 罗惟臣
      - 罗传发——罗文龙
    - 罗相仁
      - 罗传福——罗冰洁（女）
      - 罗传德
        - 罗丹（女）
        - 罗琦（女）
      - 罗会英（女）
    - 罗相花（女）
    - 罗相芬（女）
    - 罗相发
      - 罗丽（女）
      - 罗倩（女）
  - 罗乘云——罗鸿日（无后人）

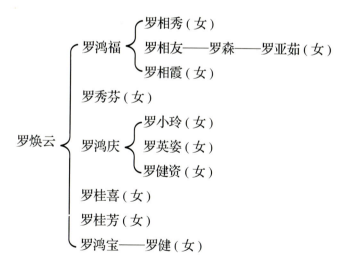

- 罗焕云
  - 罗鸿福
    - 罗相秀（女）
    - 罗相友——罗森——罗亚茹（女）
    - 罗相霞（女）
  - 罗秀芬（女）
  - 罗鸿庆
    - 罗小玲（女）
    - 罗英姿（女）
    - 罗健资（女）
  - 罗桂喜（女）
  - 罗桂芳（女）
  - 罗鸿宝——罗健（女）

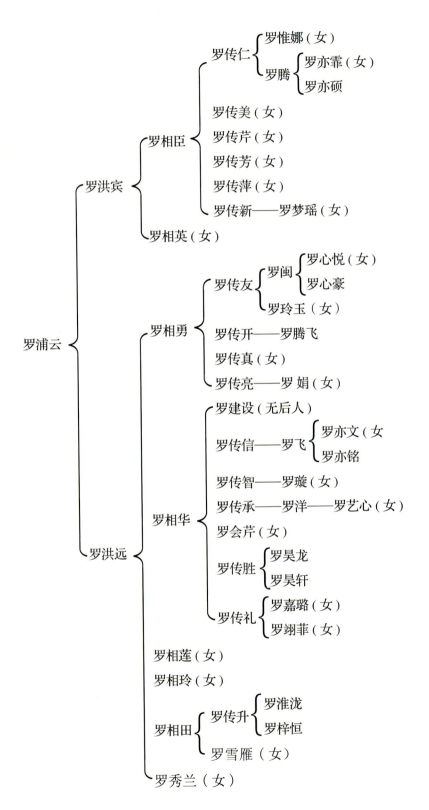

- 罗浦云
  - 罗洪宾
    - 罗相臣
      - 罗传仁
        - 罗惟娜（女）
        - 罗腾
          - 罗亦霏（女）
          - 罗亦硕
      - 罗传美（女）
      - 罗传芹（女）
      - 罗传芳（女）
      - 罗传萍（女）
      - 罗传新——罗梦瑶（女）
    - 罗相英（女）
  - 罗洪远
    - 罗相勇
      - 罗传友
        - 罗闽
          - 罗心悦（女）
          - 罗心豪
        - 罗玲玉（女）
      - 罗传开——罗腾飞
      - 罗传真（女）
      - 罗传亮——罗 娟（女）
    - 罗相华
      - 罗建设（无后人）
      - 罗传信——罗飞
        - 罗亦文（女
        - 罗亦铭
      - 罗传智——罗璇（女）
      - 罗传承——罗洋——罗艺心（女）
      - 罗会芹（女）
      - 罗传胜
        - 罗昊龙
        - 罗昊轩
      - 罗传礼
        - 罗嘉璐（女）
        - 罗翊菲（女）
    - 罗相莲（女）
    - 罗相玲（女）
    - 罗相田
      - 罗传升
        - 罗淮泷
        - 罗梓恒
      - 罗雪雁（女）
    - 罗秀兰（女）

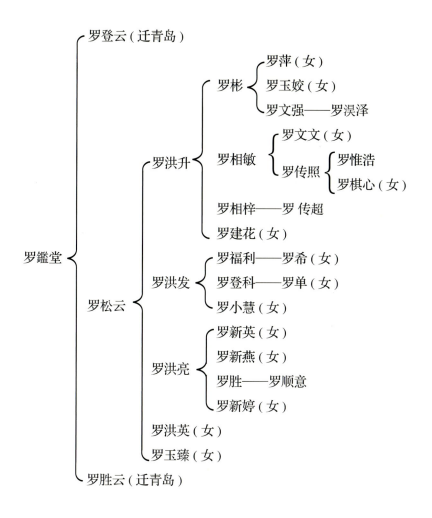

- 罗鑑堂
  - 罗登云(迁青岛)
  - 罗松云
    - 罗洪升
      - 罗彬
        - 罗萍(女)
        - 罗玉姣(女)
        - 罗文强——罗淏泽
      - 罗相敏
        - 罗文文(女)
        - 罗传照
          - 罗惟浩
          - 罗棋心(女)
      - 罗相梓——罗 传超
      - 罗建花(女)
    - 罗洪发
      - 罗福利——罗希(女)
      - 罗登科——罗单(女)
      - 罗小慧(女)
    - 罗洪亮
      - 罗新英(女)
      - 罗新燕(女)
      - 罗胜——罗顺意
      - 罗新婷(女)
    - 罗洪英(女)
    - 罗玉臻(女)
  - 罗胜云(迁青岛)

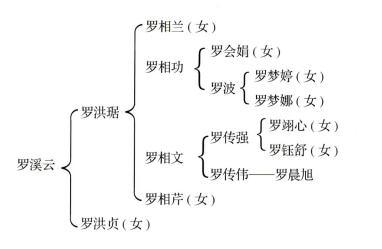

- 罗溪云
  - 罗洪琚
    - 罗相兰(女)
    - 罗相功
      - 罗会娟(女)
      - 罗波
        - 罗梦婷(女)
        - 罗梦娜(女)
    - 罗相文
      - 罗传强
        - 罗翊心(女)
        - 罗钰舒(女)
      - 罗传伟——罗晨旭
    - 罗相芹(女)
  - 罗洪贞(女)

罗金堂
- 罗浦云
- 罗溪云
- 罗庆云(无后人)
- 罗滋云(无后人)
- 罗泽云——罗鸿干——罗相珍(女)
- 罗会云
  - 罗鸿太
    - 罗相福
      - 罗丹(女)
      - 罗靖涵(女)
    - 罗霞(女)
    - 罗琳(女)
  - 罗鸿花(女)
- 罗书云
  - 罗鸿光
    - 罗媛(女)
    - 罗友
      - 罗一凡
      - 罗博文
  - 罗惠芬(女)
  - 罗鸿梅(女)
  - 罗鸿伦——罗 帅

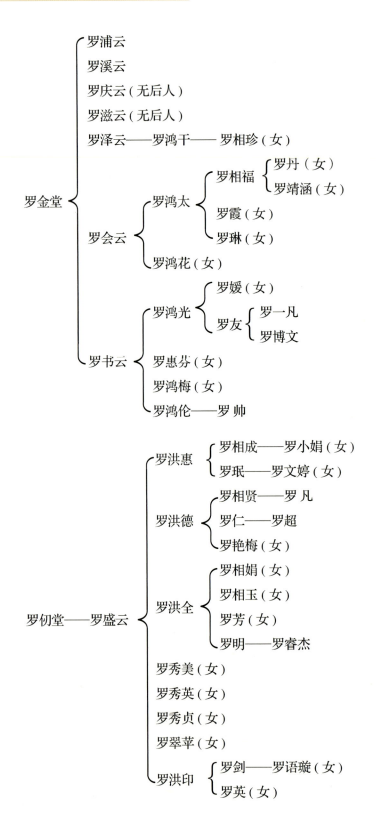

罗仞堂——罗盛云
- 罗洪惠
  - 罗相成——罗小娟(女)
  - 罗珉——罗文婷(女)
- 罗洪德
  - 罗相贤——罗 凡
  - 罗仁——罗超
  - 罗艳梅(女)
- 罗洪全
  - 罗相娟(女)
  - 罗相玉(女)
  - 罗芳(女)
  - 罗明——罗睿杰
- 罗秀美(女)
- 罗秀英(女)
- 罗秀贞(女)
- 罗翠苹(女)
- 罗洪印
  - 罗剑——罗语璇(女)
  - 罗英(女)

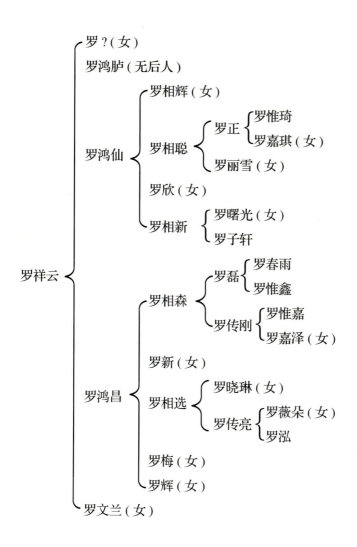

- 罗祥云
  - 罗？（女）
  - 罗鸿胪（无后人）
  - 罗鸿仙
    - 罗相辉（女）
    - 罗相聪
      - 罗正
        - 罗惟琦
        - 罗嘉琪（女）
      - 罗丽雪（女）
    - 罗欣（女）
    - 罗相新
      - 罗曙光（女）
      - 罗子轩
  - 罗鸿昌
    - 罗相森
      - 罗磊
        - 罗春雨
        - 罗惟鑫
      - 罗传刚
        - 罗惟嘉
        - 罗嘉泽（女）
    - 罗新（女）
    - 罗相选
      - 罗晓琳（女）
      - 罗传亮
        - 罗薇朵（女）
        - 罗泓
    - 罗梅（女）
    - 罗辉（女）
  - 罗文兰（女）

- 罗云街
  - 罗洪正——罗相刚（无后人）
  - 罗洪宗（迁广饶）

- 罗德堂——罗云山
  - 罗兰英（女）
  - 罗兰美（女）
  - 罗兰芳（女）
  - 罗兰花（女）
  - 罗洪杰
    - 罗梦迪（女）
    - 罗淦旻

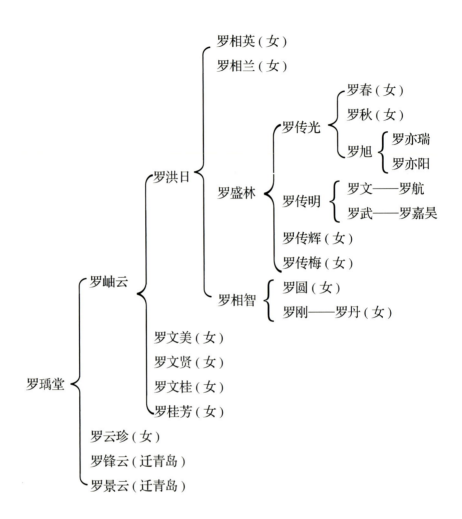

- 罗瑀堂
  - 罗岫云
    - 罗洪日
      - 罗相英（女）
      - 罗相兰（女）
      - 罗盛林
        - 罗传光
          - 罗春（女）
          - 罗秋（女）
          - 罗旭
            - 罗亦瑞
            - 罗亦阳
        - 罗传明
          - 罗文——罗航
          - 罗武——罗嘉昊
        - 罗传辉（女）
        - 罗传梅（女）
      - 罗相智
        - 罗圆（女）
        - 罗刚——罗丹（女）
    - 罗文美（女）
    - 罗文贤（女）
    - 罗文桂（女）
    - 罗桂芳（女）
  - 罗云珍（女）
  - 罗锋云（迁青岛）
  - 罗景云（迁青岛）

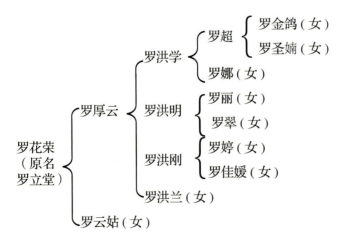

- 罗花荣（原名罗立堂）
  - 罗厚云
    - 罗洪学
      - 罗超
        - 罗金鸽（女）
        - 罗圣嫡（女）
      - 罗娜（女）
    - 罗洪明
      - 罗丽（女）
      - 罗翠（女）
    - 罗洪刚
      - 罗婷（女）
      - 罗佳媛（女）
    - 罗洪兰（女）
  - 罗云姑（女）

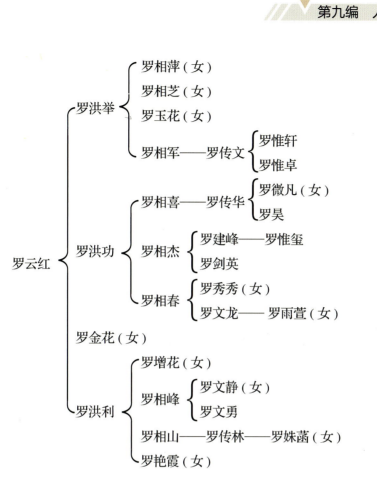

- 罗云红
  - 罗洪举
    - 罗相萍（女）
    - 罗相芝（女）
    - 罗玉花（女）
    - 罗相军——罗传文
      - 罗惟轩
      - 罗惟卓
  - 罗洪功
    - 罗相喜——罗传华
      - 罗微凡（女）
      - 罗昊
    - 罗相杰
      - 罗建峰——罗惟玺
      - 罗剑英
    - 罗相春
      - 罗秀秀（女）
      - 罗文龙——罗雨萱（女）
  - 罗金花（女）
  - 罗洪利
    - 罗增花（女）
    - 罗相峰
      - 罗文静（女）
      - 罗文勇
    - 罗相山——罗传林——罗姝菡（女）
    - 罗艳霞（女）

罗卿云（无后人）

- 徐清森
  - 徐秀贞（女）
  - 徐秀珍（女）
  - 徐秀芬（女）
  - 徐秀娟（女）
  - 徐燕玲（女）
  - 徐艳花（女）
  - 徐艳丽（女）
  - 徐兆伟
    - 徐振
    - 徐志健

徐世清（无后人）

- 徐金清
  - 徐秀花（女）
  - 徐秀辉（女）
  - 徐秀丽（女）
  - 徐兆文
    - 徐伟（女）
    - 徐昌
      - 徐超（女）
      - 徐涵（女）

- 徐秀丰
  - 徐凤兰（女）
  - 徐凤芹（女）
  - 徐建秀（女）
  - 徐文清
    - 徐秀贞（女）
    - 徐兆旺
      - 徐艺文（女）
      - 徐艺丹（女）

- 徐德清
  - 徐兆臣
    - 徐金凤（女）
    - 徐艳凤（女）
    - 徐凯
      - 徐菁晗（女）
      - 徐浩轩
  - 徐兆友——徐甄
    - 徐畅（女）
    - 徐小七（女）
  - 徐兆军
    - 徐晓凤（女）
    - 徐芳芳（女）
  - 徐彬
    - 徐萍（女）
    - 徐梦婕（女）

- 徐振清
  - 徐梅贞（女）
  - 徐梅芹（女）
  - 徐兆林——徐超——徐 子期
  - 徐美丽（女）
  - 徐兆升
    - 徐文杰（女）
    - 徐文茂（女）
    - 徐文涛（女）

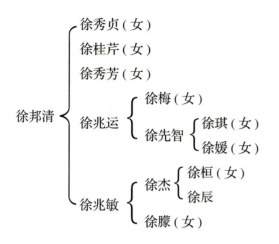

- 徐邦清
  - 徐秀贞（女）
  - 徐桂芹（女）
  - 徐秀芳（女）
  - 徐兆运
    - 徐梅（女）
    - 徐先智
      - 徐琪（女）
      - 徐媛（女）
  - 徐兆敏
    - 徐杰
      - 徐桓（女）
      - 徐辰
    - 徐朦（女）

- 徐海丰
  - 徐清仁（无后人）
  - 徐清芹（女）
  - 徐清花（女）
  - 徐清山——徐铭
    - 徐淼（女）
    - 徐先程

- 徐登丰
  - 徐清田（无后人）
  - 徐清美（女）

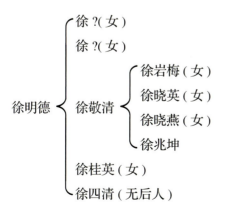

- 徐明德
  - 徐 ?(女）
  - 徐 ?(女）
  - 徐敬清
    - 徐岩梅（女）
    - 徐晓英（女）
    - 徐晓燕（女）
    - 徐兆坤
  - 徐桂英（女）
  - 徐四清（无后人）

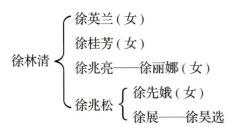

- 徐林清
  - 徐英兰（女）
  - 徐桂芳（女）
  - 徐兆亮——徐丽娜（女）
  - 徐兆松
    - 徐先娥（女）
    - 徐展——徐昊选

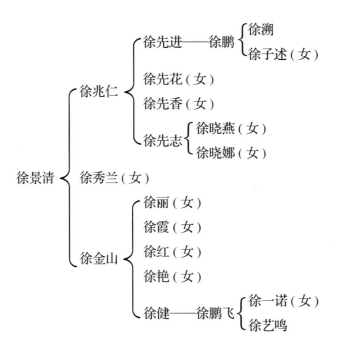

- 徐景清
  - 徐兆仁
    - 徐先进——徐鹏
      - 徐溯
      - 徐子述（女）
    - 徐先花（女）
    - 徐先香（女）
    - 徐先志
      - 徐晓燕（女）
      - 徐晓娜（女）
  - 徐秀兰（女）
  - 徐金山
    - 徐丽（女）
    - 徐霞（女）
    - 徐红（女）
    - 徐艳（女）
    - 徐健——徐鹏飞
      - 徐一诺（女）
      - 徐艺鸣

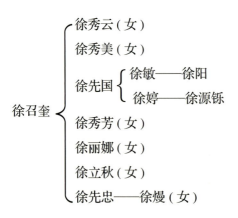

- 徐召奎
  - 徐秀云（女）
  - 徐秀美（女）
  - 徐先国
    - 徐敏——徐阳
    - 徐婷——徐源铄
  - 徐秀芳（女）
  - 徐丽娜（女）
  - 徐立秋（女）
  - 徐先忠——徐熳（女）

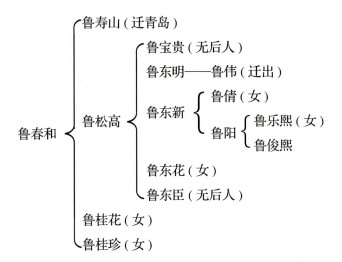

- 鲁春和
  - 鲁寿山（迁青岛）
  - 鲁松高
    - 鲁宝贵（无后人）
    - 鲁东明——鲁伟（迁出）
    - 鲁东新
      - 鲁倩（女）
      - 鲁阳
        - 鲁乐熙（女）
        - 鲁俊熙
    - 鲁东花（女）
    - 鲁东臣（无后人）
  - 鲁桂花（女）
  - 鲁桂珍（女）

罗家庄成为城区后，迁来的新姓氏较多，有：于、马、王、卞、仪、邓、田、巩、刘、齐、闫、孙、纪、杨、肖、邱、宋、张、陆、陈、苗、苑、周、单、赵、荆、胡、钟、候、宫、袁、夏、柴、高、郭、黄、梁、蒋、葛、董、嵇、焦、曾、褚、管、潘、薛、魏、滕等。

第五节　家庭

1949 年前，受传统影响，人们以家庭越大、人口越多、祖孙几代同堂共处为荣，平均每户成员在 5 人以上，尚有 10 人以上的家庭。

1956 年，农业生产合作化后，随着生产资料所有制和劳动产品分配形式的变化，家庭规模发生变化，平均每户成员以 3~5 人最多。

2018 年，全村 526 户，1669 人，平均每户约 3 人。

第三章 人口素质

第一节 身体素质

1949年前，村民生活贫困，加之医疗卫生条件差，缺医少药，导致多种疾病流行。人口死亡率高，自然增长率低，居民身体素质差。大多数人年过50岁即呈现衰老现象。寿命超过70岁的人不多，故有“人活七十古来稀，偶尔见个八十的”说法。

1949年后，随着生活水平的不断改善和医疗卫生事业的快速发展，消灭了一些严重危害人体健康的传染病、地方病，居民体质普遍增强，健康水平普遍提高，人口死亡率逐步降低。1983年到2018年，村内人口死亡率由0.77%下降到0.72%。

残疾人。2018年，村内认定的残疾人有25人，其中男17人，女8人。年龄最小的为14岁，最大的是78岁。残疾类别分为肢体、智力、精神残疾等。按残疾等级，有Ⅰ级、Ⅱ级共17名，Ⅲ级5名，Ⅳ级3名。

表9-4 1949—2018年罗家庄人口寿命调查表

年度	1949	1959	1978	1983	1995	2000	2012	2018
死亡人数				3	8	9	8	5
平均年龄（岁）	50	55	65	70	72	75	76	76

第二节　文化素质

1949年前，村里文盲、半文盲占成年人口的90%以上。1949年后，教育事业快速发展，人民文化水平有了显著变化。

1978年，全村人口714人，高中以上文化程度的有18人，占总人口的2.5%。

1983年，全村人口719人，高中以上文化程度的有28人，占总人口的4%。

1995年，全村人口1022人，大学专科以上文化程度的有20人，占全村人口的2%。

2018年，全村人口1669人，大学本科以上文化程度的有120人，占全村人口的7%。

罗家庄在文化、教育、卫生、科技以及行政管理、商业经营、建筑建材等方面均有人才涌现。

第四章　生活

第一节　服饰

衣着　服饰　中华人民共和国成立时，村民仍以传统服装为主，青年人以便服为主。稍后，供销部门出售的大洋布替代了村民自织老棉布。青年人始有穿中山装者。20世纪六七十年代，大机织棉布花色已是多样，不同年龄层次衣着类似，男性多为中山装、军便服，女性多为便服，老棉布已淘汰。化学布料受到人们喜爱，棉制春秋衣、绒衣已普及。冬季不少青年男女穿短大衣、绒衣、绒裤。20世纪80年代，村民特别是青年人衣着发生很大变化，布料讲究、款式新颖，有化纤、羽绒、人造革质地面料所制作的各式服装。90年代，西装在罗家庄青年人中流行，较富裕的人家开始注重名牌。至2018年，中青年男人多着西服，女人穿得琳琅满目，几乎无两人着相同的服装，布料也都很讲究。

鞋帽　中华人民共和国成立初期，青年人穿千层底圆口布鞋，妇女多穿传统的绣花鞋，小孩穿花布鞋。帽子为“三大扇”和毡帽。20世纪50年代，男青年多戴蓝布八角帽，女青年不戴帽。六七十年代，鞋帽发生较大变化。鞋多为胶底布帮棉鞋、皮鞋等；夏日有塑料凉鞋、水鞋、皮凉鞋等；帽为单、棉军帽。90年代后，鞋式、档次成为居民的主要关注点，低、中、高档，布、胶、塑、皮革、人造革质鞋都有；帽为鸭舌帽。至2018年，女人穿高跟鞋成为时尚。冬日男人多不戴帽，青年女人反而多戴帽，且式样多多。

特殊鞋之簏鞋。用蒲草茎叶编成，原白色，穿着防寒。编得很精致，堪称艺术品。编者多，穿者也不少。20世纪70年代后，逐渐无人再编。

特殊衣服之蓑衣。用蓑衣草编成。蓑衣草有两种：一种是旱蓑衣草，叶宽，黄色，编之蓑衣大，防雨用；一种是水生蓑，三棱，绿色，晒干，编成小蓑衣，为旱蓑衣，穿着凉快，防太阳晒。20 世纪 70 年代后，逐渐没有人再编了。

发式 1949 年前，男人剃光头，女青年梳独辫子。女人出嫁时绾髻，一直到老。1949 年后，男青年渐剪分头，女青年剪短发。改革开放后，少数青年女子有烫发的。之后，各种发型皆有流行。

首饰 1949 年前后，未嫁青年女子只戴戒指，出嫁时始戴手镯，戒指和手镯一直戴到老。男人不戴首饰，男童有戴脖锁、脚铃的。农业合作化后，青年女子及已嫁女人，不戴首饰，只有一些年纪大的女人尚戴戒指、耳环，男人不戴戒指。改革开放后，女人中渐有戴戒指、镯子、耳环、耳钉、耳坠的。男人多不戴首饰，戴手表、手串者常见。

第二节 居住 饮食

居住 1949 年前，罗家庄和其他村一样，住房既小且简陋，土打墙，麦秸草盖顶，门窗仅避风雨。1949 年后，住房条件渐得改善，至 2018 年，居民全部住上楼房。

1949 年，罗家庄村民的家内设施简陋，炕上铺高粱秆皮编的席子，被褥也不是很多。合作化后，生活水平逐步提高，使用的家具也日益改善。改革开放后至 2018 年，居民逐渐用上较高档的家具，铺盖种类丰富而华丽。

饮食 村内饮食习俗以鲁菜为主，户与户亦不一致，只是大致相同。1949 年前，村民的早、晚餐多喝粥，伴以地瓜干、谷面饼子。合作化初期仍是如此，只是把谷面饼子换成玉米饼子。逢年过节吃小麦面食，即细粮。改革开放以后，饮食发生了翻天覆地的大变化，主食改为以细粮为主，粗粮仅作为调剂口味食用。之后，居民饮食品类翻新，衣食无忧。

改革开放以前，副食品很少，有时仅是走亲访友时用点，平常能吃上油条也是大犒劳。20 世纪 80 年代，各种各样的副食品成为人们的家常便饭。不少人家用副食品做早餐，且花样迭出，中西结合。

历史上，村民做菜以香咸为主，

多油多盐，“咸中有味淡中鲜”，至今仍是如此。蔬菜以萝卜、大白菜为主，佐以芫荽、菠菜、黄瓜、豆角、扁豆、茄子、南瓜等。改革开放以后，蔬菜品种繁多，琳琅满目。

1949年前，村民饮酒以白酒为主，偶尔也饮黄酒，有贵客时饮茶。20世纪60年代始有果酒等上市；80年代以来，市场上的酒类品种增多，而啤酒作为一大品类，为部分居民所爱。近几年，红酒进入寻常百姓家。

第三节　家用器具

家具　1949年前，罗家庄各户的家用器具很简陋，多数人家仅有个柜子盛衣服，有张简陋的吃饭桌，有张两抽桌或三抽桌即是生活水平较好的人家了。20世纪八九十年代，不少户开始添置家具，置办写字台、圆桌、折叠椅、电视机、茶几等。后又有沙发进入农家。21世纪，席梦思床、床头柜、大沙发、电冰箱、电风扇、空调等司空见惯。

取暖　旧时，冬季的取暖除通锅灶的土炕外，便是用谷糠、高粱壳等放在土制火盆内烤火。合作化时，较富裕的户用煤炉取暖。2000年后，空调进入百姓家，暖和又清洁。回迁后的楼房，居民集体供暖，冬日亦和煦如春。

照明　1949年前后，村民照明用煤油灯，辅以手电筒。20世纪70年代始用电灯照明，尤其是回迁新楼后，电灯式样更加美观，每到晚上，居民家家灯火通明。

炊具　1949年至20世纪80年代，村民用土灶安锅做饭，鼓风用风箱。炊具为铁制或土陶陶瓷。90年代，土灶逐渐改为液化气灶。回迁后，改用天然气灶做饭，配以抽油烟机，炊具也随之变得精美时髦。

卧具　20世纪80年代以前，社员都睡土炕，被褥为棉布絮以棉花。有的生活困难户竟无被子，盖点破麻袋片睡觉。80年代后，土炕逐渐被木床所代替。现席梦思、真空被、真丝被、棕床垫等一一进入居民家庭。

第五章　计划生育

第一节　政策沿革

旧时，罗家庄百姓受多子多福、重男轻女、传宗接代等观念的影响，生育无计划，多生3胎以上，多者有八九胎的，此习俗延至20世纪50年代末。婴儿死亡率高，呈现“高出生，高死亡，低增长”的特点。

1957年，高密县始号召节制生育。次年，县妇幼卫生保健站宣传新法接生。1966年2月，动员生育3个孩子的育龄夫妇男方做结扎手术。1972年，提出“一个不少，两个正好”“一对夫妇两个孩，两胎间隔四五年”的要求，号召“晚婚、晚育，少生、优生”。1978年，贯彻中央生育方针。1979年7月，贯彻中央关于把计划生育工作的重点转移到一对夫妇只生一个孩子上来的指示，发放独生子女证。对超生夫妇进行批评教育乃至纪律处分，并辅之以经济处罚。1982年，贯彻“控制人口数量，提高人口素质”的方针，在提倡一对夫妇只生一个孩子的同时，按政策安排二孩生育。

实行二孩的政策是根据《山东省人民代表大会常务委员会公告（第122号）》《山东省人民代表大会常务委员会关于修改〈山东省人口与计划生育条例〉的决定》，由山东省第十二届人民代表大会常务委员会第十八次会议于2016年1月22日通过并施行。

罗家庄管理计划生育的负责人，除党支部、村委会各一名负责人外，另配备计划生育专管人员——刘玉梅、甄秀花、王教芬、范佳佳。

2018年，罗家庄共有1669人，已婚育龄妇女312人。独生子女93人，二孩149人；三孩家庭3户，四孩以上家庭有1户，无孩家庭有16户；在孕7人，待孕31人。

第二节　计生宣传

自20世纪50年代末，罗家庄便积极向群众宣传计划生育的意义和卫生知识，提倡和推广节育措施。至60年代后期，计划生育工作提到党政的议事日程上。70年代，大队逐渐健全计划生育组织，积极开展计划生育宣传工作。宣传的主要内容有：克服旧的封建思想，树立新的生育观念，宣传国家的计划生育政策和计划生育措施，提高科学认识等，计划生育专管人员，根据育龄妇女实际情况，登门宣传，动员育龄妇女自觉实行计划生育。

2003年，妇女工作和计划生育工作提到重要地位。根据上级的要求，居委会重新刷写宣传标语30多幅，加大宣传力度，以提高广大妇女的法律意识和优生优育知识，让居民自我提高、自我约束，按时组织进行B超检查和外流人员的调查。对流入人口不厌其烦地逐个调查登记，并随时为其做好服务。由于工作顺利，各项指标完成率均保持100%。同年9月，罗家庄被省妇联授予幸福村荣誉称号。

■ 2018年潍坊市妇联、高密市妇联有关领导来社区检查指导工作

2017年，上级统一发放宣传牌匾，有“习近平对计生协工作重要指示”“村计生协组织网络图”“中国计划生育协会章程摘要”等。2018年，妇女和计生工作受到上级肯定。

第三节 计生措施

计划生育采取的措施主要有避孕工具、药物。1963年后，凡已有两个孩子，年龄在40周岁以下，无妨碍性疾病，符合结扎条件的妇女大都做了结扎手术。1988年起，采取男女绝育、放置宫内节育器等措施。20世纪90年代，计划生育已经逐渐形成程序化管理，以预防为主，尽管杜绝计划外生育，但群众传宗接代的思想仍有遗留，村里超生、计划外生育时有发生。10年间累计超生37户。

1980年始，国家规定凡办理独生子女证者，0—14周岁独生子女父母，每月奖励5元。从2016年起，可领奖励费至孩子18周岁。

2010年3月26日，罗家庄根据高密市委人口与计划生育领导小组办公室文件《人口和计划生育星级村居创建活动的实施方案》，要求认真开展工作，实现计划生育村(居)自治。达到“六个一”的要求，即建立起一个好班子、一支好队伍、一个好阵地、一个好合同、一本好手册、一套好制度工作程序规范，群众参与度高，自我管理、自我教育、自我管理、自我服务有标准、有内容、有载体、有保障、有落实，群众性的人口计生工作正常开展，基层基础牢固。罗家庄基层管理规范，生育证审批准确、规范。育龄群众避孕节育措施落实率及定期查环孕率达100%。孕后、产后、术后、药具后随访服务率达100%。流动人口综合管理服务落实到位，按规定进行村务公开。《已婚育龄妇女管理服务手册》使用规范。

计划生育实行契约化管理。根据有关法律法规，结合本村实际，制定计划生育村规民约和计划生育公约，进一步完善计划生育村民自治，规范婚育行为，推进移风易俗，倡树婚育文明新风尚，加快社会主义新农村建设步伐。居委会与育龄夫妇及成年育龄妇女中的流动人口签订计划生育合同，约定双方权利和义务，合同签订率达100%。

2005年始，村里给做B超的育龄妇女每次补助10元，每年做4次B超。随时为孕妇提供跟踪保健服务。

2010年2月，向60岁以上计划生育家庭户发放生活补助100元至150元不等。

2011年至2012年上半年，超生现象频频发生，2012年第二季度不按时做B超的育龄妇女多至11人。为此，书记罗相明专门召开了全体干部会，通过借鉴周边村（居）的做法，讨论制定了《罗家庄居委会计划生育管理实施方案》，实行分组负责制，每月要召开一次会议进行研究，积极宣传党的计生政策。期间村“两委”和计生干部，清收2户社会抚养金，外出落实流动人口婚育管理1人。

2016年放开二孩政策后，高密市制定《高密市2016年度人口和计划生育目标管理责任书》执行情况考核办法。罗家庄居委会群众再没发生违反计划生育的现象。

2017年始，除育龄妇女建档外，还对18周岁以上未婚青年进行随访登记、一孩二孩服务手册登记。

至2018年，全居落实节育措施人数266人。

第四节　计生管理

计划生育管理是人口管理的核心。大致经历了三个阶段：1958—1970年为节制生育阶段。1971—1987年是按计划生育阶段。1988年以后为按政策法律法规生育阶段。

■　罗家庄居委会计划生育协会第七次代表大会

附：

高密市经济开发区罗家庄居委会计划生育公约

（2010 年）

第一章　总则

第一条　为进一步完善计划生育居民自治，规范婚育行为，推进移风易俗，倡树婚育文明新风尚，加快社会主义新农村建设步伐，根据有关法律法规，结合本居实际，制定计划生育公约。

第二条　本公约适用于全体居民（本居集体组织成员），包括流动人口和居住在本居的外来人员，任何人不得以任何理由拒绝执行。

第三条　实行计划生育是我国的基本国策，公民必须实行计划生育，少生优生，树立科学文明的婚育新观念，夫妻双方在实行计划生育中负有共同责任。

第二章　管理与服务

第四条　提倡晚婚晚育。符合结婚条件申请结婚的，要依法办理结婚登记手续，并在当月内到居委会建立计生信息档案。申请生育的，要按规定申请办理计划生育服务手册或生育证。

第五条　实行计划生育契约化管理。育龄夫妇及成年育龄妇女中的流动人口，应自觉与居委会签订计划生育合同，约定双方权利和义务。合同期一般为 3 年。

第六条　建立计划生育诚信金制度，育龄夫妇应按合同约定，自觉缴纳 1000 元的计生诚信金。

第七条　居民生育子女后，应在婴儿出生当月向居委会报告，并在规定时间选择一种长效避孕措施（市级计生服务机构鉴定不适宜的除外）。

第八条　子女夭折的，应持医院证明 5 日内向居委会报告，不在医院死亡的应在当日报告，居委会组织进行必要的现场查验和善后处理。

第九条 政策外怀孕的，应及时落实补救措施。政策外怀孕、外出躲藏被发现遣返的，及时落实补救措施，并承担由此所发生的交通费、生活费、误工费等费用。拒不执行的，居委会协调有关方面暂停公共服务项目，直至其落实补救措施。

第十条 收养子女的，应依法办理收养登记手续，严禁私自收养。

第十一条 已婚育龄妇女应参加季度健康查体，因故不能按时参加的，应提前向居委会请假，并约定时间补查。

第十二条 严禁非医学需要私自鉴定胎儿性别，严禁选择性终止妊娠。

第十三条 成年育龄妇女流出市（县、区）外30日以上的，应先与居委会签订《流出人口计划生育合同》，办理《流动人口婚育证明》，到达目的地后，应及时告知联系方式。外出期间要自觉遵守计划生育政策，及时反馈婚、孕、育状况。有生育情况的，及时将相关证明材料提报居委会。

第十四条 育龄夫妇要按时参加人口计生知识培训和计生协会组织开展的各项活动。因故不能参加的，应向居委会请假。要妥善保管好计生部门发放的有关计生资料。

第十五条 本居辖区各类企业，实行计划生育法定代表人负责制，配备1名专（兼）职计生工作人员，负责本单位的计生日常管理工作，及时参加居委会召开的计生工作会议及相关活动。居内各类企业在招录人员时应全部查验计划生育证明，无证明的暂不予录用。

第十六条 在本居租赁房屋的，要自觉实行计划生育，出租户和承租户到居委会登记备案，并由居委会查验承租户的计划生育证明，双方签订的租赁合同中要有“承租户必须遵守计划生育”的内容。未出具计划生育证明的，不予租住。租赁期间，出租户承担监管责任，承租户有计生问题，出租户应及时上报居委会，否则一并追究连带责任，居委会有权按出租户窝藏或包庇违法生育行为处理。

第十七条 居住在本居委会但计划生育关系在别处管理的已婚育龄妇女，应按时向本居委会提交计划生育管理、婴儿出生上报证明和季度健康查体证明。

第十八条　居委会对应纳入管理的育龄妇女，应及时建立计生信息档案并纳入管理，不得以任何理由推诿扯皮或拒绝接收。

第三章　移风易俗

第十九条　提倡移风易俗，破除陈规陋俗，树立社会主义新风尚。

第二十条　成立红白理事会，负责主持办理或协助办理居民婚礼、葬礼等事宜。提倡喜事新办，厚养薄葬，禁止出喇叭殡，禁止婚丧嫁娶大操大办，禁止铺张浪费。

第二十一条　遵循婚姻自由、男女平等、一夫一妻、尊老爱幼的原则，建立团结和睦的家庭关系，鼓励男方到女方家落户，反对有重男轻女行为的家族性活动，男女在家庭中具有同等地位，都可以参加祭祀等民俗活动，女孩和媳妇可以上家谱，不得以任何理由拒绝女性参加。男女共同承担家务劳动，共同管理家庭财产，反对家庭暴力。

第二十二条　党员干部和计生协会会员要带头克服封建思想，抛弃只有男孩传宗接代的旧观念。

第二十三条　子女可以随父姓，也可以随母姓。

第二十四　树立和谐新风，建立良好邻里人际关系，不参与宗族派性活动。

第二十五条　尊老爱幼。父母应尽抚养、教育未成年子女的义务，禁止歧视、虐待、遗弃女婴。子女应尽赡养老人的义务，不得歧视、虐待老人。

第二十六条　夫妻应平等对待双方老人，子女赡养老人义务与继承父母遗产权利对等。每年“三八”妇女节，评选“好婆婆”“好媳妇”和“五好文明家庭”并给予表彰奖励。

第四章　奖励保障

第二十七条　对上级规定的各项计生家庭的奖励、优惠、扶持、保障政策等，居委会及时按规定为居民申报申请。

第二十八条　合同期间未违反约定的，合同期满或解除后一个月内，居委会向该合同当事人全额返还所交诚信金。

第二十九条 集体经济分红、发放福利时，按人均分配的，独生子女家庭增加1人份额：按户分配的，独生子女家庭提高户均配额的20%。

第三十条 符合五保供养条件的计生家庭老人，优先推荐入住区敬老院。

第三十一条 在承包土地（山林、果园、河滩、水塘）时，同等条件下，独生子女家庭和双女计生户优先承包租赁，并减免10%的承包金。

第三十二条 计生家庭符合低保条件的，优先推荐纳入农村低保范围。

第五章 违约责任

第三十三条 违法生育的家庭：

(1) 向居委会缴纳违约金。其中非婚生育一孩或者抢生一孩的，缴纳违约金1000元；违法生育二孩的，缴纳违约金3000元；违法生育多孩的，每多生一个子女增加违约金5000元；违法收养子女的，按违法生育相应孩次缴纳违约金。

(2) 追回已享受的各项奖励待遇，违法生育夫妇及其直系亲属不再享受居民的其他福利待遇。

第三十四条 不接受计生管理和服务的家庭：

（1）不在规定时间内知情选择长效避孕措施（市级以上计生部门鉴定为禁忌证的除外）的，向居委会缴纳违约金500元，每延期1个月加收违约金100元。

(2) 不在规定时间向居委会报告结婚登记、子女出生等信息的，向居委会缴纳违约金200元，每延期1个月加收违约金100元。

(3) 无故不参加季度健康查体的，每次应向居委会缴纳违约金100元。

(4) 政策内怀孕后私自终止妊娠的，缴纳违约金1000元。

(5) 私自解除长效避孕措施的，缴纳违约金500元。

(6) 流出成年育龄妇女拒不办理《流动人口婚育证明》的，缴纳违约金500元；流出已婚育龄妇女不按时寄回健康查体证明的，缴纳违约金500元。举家外出，超过3年以上未接受计生管理服务的，居委会有权停止其居民的一切福利待遇。流入成年育龄妇女未办理《流动人口婚育证明》的，不得在本居居住；不参加健康查体的，每次缴纳违约金100元。

(7) 采取欺骗手段违法生育或逃避处理的，要向居委会缴纳违约金2000元。

(8) 窝藏或包庇违法生育的，向居委会缴纳违约金1000元。

第三十五条 居委会不履行职责的，居民有权向市、区计生部门投诉。

(1) 居委会无故不为居民出具计划生育相关证明的，居委会向当事人赔偿500元。

(2) 合同期满或解除后1个月内，无故不按规定返还诚信金的，每拖延1个月，居委会向当事人多赔偿100元。

(3) 居委会每月2日要进行计划生育政务公开，公开内容为计划生育法律法规、生育计划执行情况、避孕措施落实情况、违法生育及社会抚养费征收情况、奖惩政策落实情况、合同双方履行权责情况及违约处理情况等，接受群众和社会监督。不按时公开的，向居民做出说明并检讨。

第三十六条 诚信金、违约金的交纳、管理和使用。

(1) 居委会设立计生诚信金和违约金专户，实行专款专账专管，任何组织和个人不得以任何理由挪作他用，更不准私分贪污。居民理财小组负责监督。

(2) 计生诚信金只能存储，不得以任何理由开支。

(3) 计生违约金用于计生阵地建设、宣传教育、奖励扶持、困难救助等。

(4) 居民违约后拒不缴纳违约金的，居委会从发放福利或集体经济收入分红中扣除，或申请人民法院强制执行，并不为其出具与计划生育有关的证明。

本公约自2010年居民代表大会通过之日起实施。

第六章　社会保障

第一节　社会保障制度

罗家庄的社会保障工作开始较早，后随着经济社会发展而逐步完善。

2009 年，国家开展新型农村社会养老保险（简称“新农保”）试点。中央确定的基础养老金标准为每人每月 55 元。地方政府可以根据实际情况提高基础养老金标准，对于长期缴费的农村居民，可适当加发基础养老金，提高和加发部分的资金由地方政府支出。个人账户养老金的月计发标准为个人账户全部储存额除以 139（与现行城镇职工基本养老保险个人账户养老金计发系数相同）。参保人死亡，个人账户中的资金余额，除政府补贴外，可以依法继承；政府补贴余额用于继续支付其他参保人的养老金。

普通居民养老金待遇领取条件　年满 60 周岁、未享受城镇职工基本养老保险待遇的农村有户籍的老年人，可以按月领取养老金。

新农保制度实施时，已年满 60 周岁、未享受城镇职工基本养老保险待遇的，不用缴费，可以按月领取基础养老金，但其符合参保条件的子女应当参保缴费；距领取年龄不足 15 年的，应按年缴费，也允许补缴，累计缴费不超过 15 年；距领取年龄超过 15 年的，应按年缴费，累计缴费不少于 15 年。

低保户补助　20 世纪 80 年代前，村里有 3 户属于五保户，大队保吃、保穿、保住、保治病、保丧葬。1982 年开始，大队经济条件提高，每个五保户每年补助一定数量的现金。2000 年 4 月，村“两委”为徐清田、范志善 2 户困难户各建新房 2 间。现有低保户 8 户共 11 人，其中 7 户共 10 人均是残疾人家庭。民政部门根据家庭收入情况将低保户分三类补助：一类每月补助 225 元，二类每月补助205元，三类每月补助185元。罗家庄的低保户都属二类，除每人每月领205元补助外，朝阳街道过年为每人补助100元，罗家庄村委过年为每人补助300元。每年电费补贴98.4元由民政部门支付。

残疾人补助 2018年，罗家庄有定性残疾人25人，其中Ⅰ级、Ⅱ级为17人，每人每月补助残疾人护理费80元。

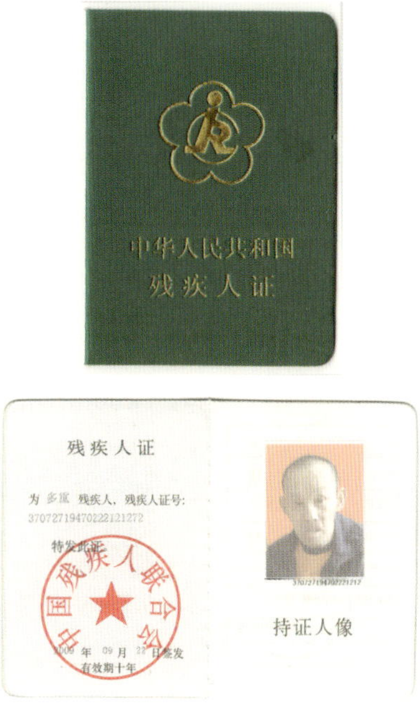

■ 残疾人证

第二节 居民福利待遇

合作社居民待遇 2014年，罗家庄在全市率先试点进行集体资产改制，成立了罗家庄股份经济合作社，制定了《合作社章程》《股份量化方案》《成员资格认定办法》《股权管理办法》以及财务管理制度等。共认定成员425户，1194人，分集体股和个人股，每股股值4.2万元。

自2009年开始，每年年底为集体经济组织成员发放失地农民补助金，每年500元/人；2012年增加至每年1200元/人；2014年合作社成立以后按合作社认定成员发放。

老人福利待遇 2003年开始，罗家庄党支部、居委会每年为老年人过重阳节。为了发扬尊老、敬老、养老的优良传统，使老年人老有所养、老有所依，根据罗家庄的实际情况，经“两委”研究决定从2005年1月1日开始居委会对年满60岁以上的集体经济组织成员每月发放30元生活补助金；为70岁以上的每人每月发放40元的生活补助金；为80岁以上的每人每月发放50元生活补助金；为90岁以上的每人每月发放60元生活补助金；为100岁以上的老人每人每月发放100元生活补助金。2014年，补助金增至150至300元不等，延续至今。

2004年开始，居委会为70岁以上的老人过生日、送蛋糕。

2015年1月开始，由原来为70岁以上的老人过生日、送蛋糕，改为给60岁以上的老人过生日、送蛋糕。2004年，60岁以上的老人有48人，2018年有209人。

自2006年开始，为70岁以上的老人过重阳节，每年每人补助200元。2016年，由为70岁以上的老人改为60岁以上的老人过重阳节，每年每人补助500元，另发放五谷杂粮礼盒一份。

2018年，60岁以上的老人有209人，重阳节每人补助500元，大米10斤，花生油10斤，总计金额104500元。联合海宇股份有限公司为每位老人发放老年健步鞋一双，社区旁的开发区医院分院给每位老人发放价值500元查体卡一张。在社区5楼多功能厅举行盛大文艺演出庆祝重阳节。

大病救助 2008年始，“两委”决定对集体经济组织成员大病居民每人每年补助2000元。

2014年制定了大病救助标准，被救助内容是在城镇居民医疗和职工医疗报销范围内的医疗机构，或国家批准的其他正规医院住院治疗的结算发票（或专用结算单）上的消费额；慢性病患者被救助对象持有社保中心发放的有效慢性病证和按规定到定点医院购买药品的正规发票或收据凭证上的消费额。凡符合以上救助标准的对象在一年度内，即每年的1月1日至12月31日，提供有效票据累计达到3万元不足5万元的，一次性救助2000元；累计达到5万元不足10万元的，一次性补助5000元；累计达到10万元以上的，一次性最多救助1万元。

第十编

兵事

1949年前，军阀混战，日本侵华，战争频繁，民不聊生。中国共产党为救民于水火之中，领导人民求解放、谋生存，很多贫苦农民出身的青年出于对敌人的仇恨，自愿报名参加中国共产党领导的队伍。在抗日战争、解放战争、抗美援朝战争中，罗家庄参军的人，有的多次立功。战争结束后，他们在自己的岗位上为新中国建设继续奉献力量。1949年后，每当国家号召应征入伍，罗家庄的青年都踊跃报名参军。

第一章　村民自卫

土围子　罗家庄原无土围子。1941年县政府要求各村修围子，以加强自卫。罗家庄的围子近圆形，有直径约3米的基部，南北和西北角留门，安木栅栏门。在西北角建了一瞭望楼，又名土炮楼，长、宽各3米，高约7米，内分上、下两层。四周留枪眼，上层供瞭望用。

瞭望楼用土坯垒起，墙里外用麦糠泥抹平，内用木梯子接连上下。

■ 1941年罗家庄瞭望楼（赵永江绘）

武器　1941年，村里共有土枪五六支，还有几十枚手榴弹，主要用于自卫和防土匪抢劫。

第二章　兵役制度

第一节　募兵制

1937年"七七事变"前，实行募兵制，多是根据要兵多少，村里按照每户兄弟多寡摊派。日伪军、国民党军队经常扩充兵员。有的罗家庄贫苦百姓为生活所迫，只好走上当兵这条路。

第二节　志愿兵役制

1946年，罗家庄按照上级要求积极动员青壮年参加中国人民解放军。

1950年，朝鲜战争爆发，中国人民志愿军赴朝作战抗美援朝，保家卫国。至1953年，罗家庄有4人先后参军赴朝参战。

第三节　义务兵役制

1955年2月15日，《中华人民共和国兵役法（草案）》颁布，实行政审、体检制度。自1955年冬季始，村内有多名青年入伍。每个年度的义务兵征集工作多在冬季实施，

表10–1　罗家庄志愿兵役制入伍革命军人一览表

入伍年度	姓名	曾任职务	获得荣誉	备注
1944	徐兆奎	战士	三等功一次	三等甲级伤残军人
1948	罗召云	战士	三等功一次、四等功二次	
1948	徐金山	战士	四等功二次	
1953	罗山云	战士		
1954	石清水	战士		1960年复员

由上一级武装部门具体负责。罗家庄在党支部领导下，以民兵连长为主，组织适龄青年学习《兵役法》，动员他们积极报名应征。经过政审和体检后，由上一级武装部门与接兵部队共同商定，择优录取。在入伍通知书下发后，上一级武装部门负责人协同接兵的部队首长，对新兵进行入伍前的家访。新兵换装，多在县（市）人民武装部。在新兵集结前，村组织欢送活动，祝贺新兵应征入伍。1978 年，开始实施义务兵与志愿兵相结合制度。1955—2018 年，村里应征入伍的义务兵共有 64 名。

表 10–2　1955—2018 年罗家庄义务兵退伍军人一览表

姓名	入伍年度	退伍时间	曾任职务	获得荣誉	备注
罗洪鹏	1955	1959			
罗相诗	1956	1979	军宣传处副处长		
石有亮	1957	1961			
范才华	1958	1963			
罗洪近	1959	1964			
徐敬清	1966	1970			
罗洪莲	1960	1978	连政治指导员		
罗相德	1961	1968		五好战士、连嘉奖一次、营嘉奖一次	
石有祥	1964	1969			
罗希云	1967	1969			
罗洪太	1967	1973		五好战士	
杜立俊	1968	1971			
罗洪学	1969	1975		连嘉奖一次	
李绍申	1969	1975			
徐兆松	1969	1974			
石有明	1970	1981			
范志增	1970	1975			

续表

姓名	入伍年度	退伍时间	曾任职务	获得荣誉	备注
罗相杰	1970	1974			
罗洪印	1970	1993	军医		
葛相金	1970	1982	军医		
杜立贤	1972	1977			
吴邦起	1972	1977			
罗洪智	1972	1976			
徐先进	1974	1985			
王述增	1974	1988			
徐先国	1974	1979		先进青年	
鲁东新	1976	1989			
范才仁	1976	2016	师政治委员		
范玉廷	1976	1996	副连长、参谋股长		
单亦财	1978	1984		连嘉奖三次	
李付章	1978	1991			
罗洪伟	1979	2002	正营、中校军衔		
杜立志	1979	1999	团政治处主任	三等功一次	
罗相选	1980	1985			
吴顺仁	1980	1994			
罗传智	1982		副师、大校军衔		
石福臣	1982	1991			
罗洪海	1983	1987			
范才智	1983	1987			
罗相金	1984	1989		连嘉奖二次	
张桂金	1985	1990		连嘉奖四次	
薛成亮	1986	2000			
刘发亮	1986	1991			
夏纪宏	1987	1992			

续表

姓名	入伍年度	退伍时间	曾任职务	获得荣誉	备注
杜立贵	1989	1991			
罗　刚	1990	1999	二级士官		
徐兆升	1990	2006	四级士官		
罗传胜	1992	2004		优秀士兵	
范玉琦	1993	2003	三级士官		
罗传礼	1996	2013	四级士官		
张　杰	1996	1999			
范　海	1997	2010	三级士官		
杜　江	1999	2014			
孙　伟	2000	2012	三级士官		
罗维一	2001	2004			
王金义	2001	2003			
罗相剑	2001	2003			
范才昌	2001	2017	三级士官		
罗传照	2003	2008	二级士官		
高绪源	2003	2008	一级士官		
罗　帅	2008	2010			
罗　超	2009	2014	一级士官		
李　刚	2010	2015	一级士官		
董　凯	2010	2012			

注：空格处系资料不详。

2018年，罗家庄有现役军人4名：罗鹏是2014年9月入伍，葛学辉是2016年9月入伍，李昆雨是2017年11月入伍，范轩堃是2018年9月入伍。

第四节 拥军优属

解放战争时期，罗家庄村民对人民解放军非常爱戴。在战争中，村里不断组织支前工作，为解放战争的胜利做出了积极贡献。军人家属为“军属”，门上挂着“光荣牌”。军属受到人们的尊敬，村民为其代耕代种，帮助其家人搞好生产。春节前向军属赠送慰问品，并赠送春联，此习俗一直坚持至今。

1950年后，每逢春节慰问烈属、军属、伤残荣誉军人。

农业合作化后，对烈属、军属和伤残荣誉军人除有上述优待外，还有补助工分的政策，保证其生活略高于一般社员的平均生活水平。对伤残荣誉军人，每年补助一个男整劳力工分。伤残荣誉军人确保能分到所在生产队社员的平均口粮。市政府年年向其发慰问品。

1984年，生产队解体后，对烈军属、军属、伤残荣誉军人实行现金补助的办法。对现役军人家属每年补助960元，且金额不断增加。

2018年后，政府重新对退役军人进行登记，重新挂“光荣牌”。

第三章　民兵

第一节　组织沿革

1945年，根据上级指示，罗家庄成立民兵组织，即民兵队，罗高云为首任民兵队长。凡青壮年都参加民兵队，并配备一些小手炮、手榴弹、土枪和大量的大刀、长矛。

1955年，实行义务兵役制后，在民兵组织建设中，凡18—45周岁，身体无残疾的男性公民均参加民兵组织，其中18—25周岁的为基干民兵，26—45周岁的为普通民兵。凡符合入伍条件而未入伍的适龄青年和退伍军人，均为民兵预备役人员，为人民解放军的后备力量。

1958年，全国“大办民兵师”，实行全民皆兵，19—50周岁的男女公民均编入民兵组织，实行军事编制。

1965年，罗家庄大队民兵连设4个民兵排，民兵连长由徐金山担任。

1982年，罗家庄大队民兵连连长由罗相明担任。

2012年，由罗相志担任民兵连长，有5个民兵排。

表10-3　罗家庄历任民兵负责人一览表

姓名	职务	任职时间	备注
罗高云	队长	未详	
罗云喜	连长	1961—1964	
徐金山	连长	1965—1971	
徐敬清	连长	1971—1981	
罗相明	连长	1982—1989	
徐敬清	连长	1990—2011	
罗相志	连长	2012—2018	

第二节　社会治安

解放战争时期，罗家庄民兵虽有土炮、土枪、手榴弹，但多数人仍以大刀、长矛为武器。民兵的主要任务是配合村里维护治安，预防阶级敌人破坏和抓捕坏人，保卫人民的生命财产安全。同时，积极为部队运送军需，抢救伤员，抬担架。女民兵碾米磨面，纺线织布，做军鞋，支援前线，为解放全中国贡献力量。

中华人民共和国成立初期，罗家庄民兵的主要任务为站岗放哨，轮流执勤，看押罪犯，维护村的治安。同时，在拥军优属活动中开展为烈属、军属、伤残荣誉军人家属代耕代种等大生产运动。

农业合作化时期，罗家庄民兵积极响应党和政府的号召，踊跃参加合作社组织，推动农业合作化发展，并成为合作化生产中的排头兵。

1958 年至 20 世纪 70 年代末，罗家庄大队由最初的全民皆兵，负责征兵和村内治安保卫工作，发展为组织广大民兵参与村内、公社及县里的治山治水、整地改土、修桥筑路、修渠引水等农田水利基本建设工程。同时，广大民兵还是抗旱防汛、抢险救灾的突击队和主力军。

20 世纪 80 年代，随着家庭承包生产责任制的落实，罗家庄民兵组织的主要任务为组织民兵带头科学种田，发展商品经济，带头勤劳致富。

■ 2018 年罗家庄社区警务室

2000年后，除做好一年一度的征兵工作和其他业务工作外，劳动力大部分转移到企业中，民兵成为由农变工的带头兵，在各自岗位上发挥着重要作用。

为确保居民的生命和财产安全，罗家庄始终将治安保卫工作当作大事来抓。罗家庄所处地区，外来打工者较多且杂而乱，给社会治安带来不便。2003年，针对这种情况，罗家庄安排6名有责任心的人员进行昼夜巡逻，白天由2名青年配合7名老年义务安全员执勤，24小时监控，发现可疑人员或安全隐患及时报告、调查。入冬后，进一步加大治安保卫力度，新增加2名退休干部专门负责白天巡逻，并率先实行了治安人员挂牌上岗制度。全年制止了4起盗窃案件的发生，降低了发案率。同时对流动人口逐一进行排查登记入册，建立档案，定期查访。

2005年，组织全居干部、群众认真学习《社会治安管理条例》《民法通则》等法律法规和科学知识，反对迷信，倡树新风。大力开展文明户创评活动，评出文明户380多户，占总户数的90%以上。

2011年后，根据有关法律规定，推选成立居委会下属治安保卫委员会，主要由3名委员负责治安保卫工作。

2015年，回迁新居院内和街道都安装了监控摄像头，实现了监控全覆盖，为改善民生、促进和谐、提高居民幸福指数和社区文明程度奠定了基础。

2016年，罗家庄社区荣获潍坊市绿色社区、民主法治示范社区称号。

至2018年，罗家庄连续14年开展文明户、优秀家庭角色评选活动，提升居民素质。同时，建设了社区高清监控数据平台，将公安“天网”监控接入社区警备室，为每家每户安装了可视对讲系统，提供了全天候、全方位的公共安全保障，确保了居民安居乐业。

第三节 民兵训练

解放战争时期，形势紧迫，罗家庄民兵组织初建，顾不上系统训练，只能在实际斗争中摸索。训练内容为救治伤员、捆绑担架、防空

■ 2017 年安保检查

疏散、武器使用，以适应战争形势的需要。

中华人民共和国成立后，民兵训练逐步走向正规化、制度化，实行劳武结合，利用农闲季节进行训练，并推选复员、转业军人担任民兵干部负责训练。训练内容为早上吹号出操，进行队列训练；晚上组织学习文化、军事知识。1959 年，民兵训练达到高潮，训练内容主要为队列、射击、刺杀、战术、投弹、抓捕小股匪特等。此后，民兵训练转入实质性军事训练，训练内容增加实弹射击课目。

村民兵连曾有 56 式半自动步枪 12 支、冲锋枪 1 支、轻机枪 1 支。

20 世纪 70 年代，民兵训练坚持“以劳养武”“劳武结合”的原则，实现分散与集中相结合。在公社人武部每次组织的训练中，罗家庄大队参训民兵均能认真训练，按时完成训练任务。政府规定，民兵训练误工由大队集体解决，按人武部出示的证明给予误工补贴，确保了民兵参训的时间。

1981 年，民兵武器统一集中到县人民武装部武器库保管，长达 20 多年的武装民兵历史至此结束。此后，民兵在训练活动中只能做一些徒手训练动作。同时，随着民兵预备役组织的落实，民兵训练人数压缩，市、镇人武部仅训练应急民兵。此后，民兵训练逐渐减少。

第十一编

民俗

罗家庄的民俗与高密其他地区的民俗大同小异。过去由于长期过着农桑耕织生活，村民一直保持着朴实、勤劳、节俭的村风。1949 年后，尤其是改革开放以后，随着经济、政治的巨大变化，科学、文化事业的迅猛发展，村庄已发展为新的城区，交通日趋便利，信息传播快节奏，田园的闭塞之风已荡然无存，许多落后的旧习俗逐步被健康文明、积极向上的民俗所替代。

第一章　风俗

第一节　婚嫁

中华人民共和国成立前，罗家庄村民的婚嫁沿袭“父母之命，媒妁之言”的传统习俗。凡男婚女嫁，择门定亲等事宜均由父母包办，早婚、纳妾、童养媳也习以为常，“18 岁的大姐 9 岁的郎，50 岁的老翁娶 16 岁的新娘”等现象也有发生。妇女地位低下，认为“嫁狗随狗，嫁鸡随鸡”属天经地义。并有“嫁出去的闺女泼出去的水”“草灰打不得墙，闺女养不得娘”之说。妻死男可以续弦，夫亡女人就要终生守寡，若有触犯，即被视为不知廉耻、有辱门风。

中华人民共和国成立后，村民按照《婚姻法》嫁娶，婚姻状况和习俗发生深刻变化。男性结婚年龄多为 20~26 岁，女性多为 18~24 岁。婚姻习俗，虽有改变，但大致保留了传统习俗的步骤程序。

说媒　也称提亲。介绍人、男女方都同意，双方父母也没意见，即可定下。介绍人很重要，双方有些难以启齿的事情，均由介绍人出面协商定夺。双方对介绍人的酬谢也无定制，但双方都尽心酬谢。

20世纪六七十年代，有家庭困难者，用女儿给儿子换媳妇，也要由介绍人撮合。因其不符合《婚姻法》规定，加之生活困难户逐渐减少，此风逐渐刹住。

相亲 介绍人提亲后，男女双方见面，都没意见，即可成亲。

订婚 如果双方都中意，亲事已成，男方要择日备礼品到女方家定亲。礼品无多无少，也未形成定制，大馒头为必有礼品。双方男亲家相互见面，客气而高兴。女方酒宴招待后，自此便成亲家。

送日子 即男方父母将娶亲日子告知女方，以便女方适当做些准备。男方择日，由男方父母率族人数人，备丰厚礼品到女方家送日子。双方亲人穿戴一新，兴高采烈，女方设盛宴招待后，男方返回。

结婚 20世纪50年代初，多是男方备轿去迎接新娘。60年代后，形式多样，有坐马车的，也有坐自行车的，较为随意，较为简约。改革开放后，汽车渐多，大都用轿车迎接新娘，新娘穿着婚纱，新郎穿着西服，多少有点西式婚礼的味道。其间，放鞭炮，贴红纸，设宴席招待来贺喜的宾客。

嫁妆 20世纪50年代，多由女方家陪送妆奁。60年代，男女双方家庭共同筹办并布置新房。

第二节 生育

生儿育女是常事，也是喜事。20世纪60年代始，用新法接生，由村设接生员承担。70年代始去医院生育，以保母子安全。

过“百岁” 所谓“百岁”就是“百日”，说“百岁”是吉利话，是传统习俗。新生儿“百岁”日，亲朋共聚一堂，男方设盛宴招待，以祝福新生儿。此俗一直不辍，尤其改革开放以后，村民生活水平提高，经济宽裕，对新生儿过“百岁”更加珍视。

第三节 寿诞

寿诞 即过生日。此习俗，自古即有，规模不一。有的户，无论老人还是孩子，只要逢生日，全家早晨吃面条，过生日者外加1~2个鸡蛋，就算过了生日。有的户，亲朋来庆寿，要设宴招待，较隆重。改革开放以后，庆寿的规模愈来愈大，又由家庭设宴发展为到大酒店招待宾朋，且宾客们还要送红包。

第四节　节庆

传统节日

罗家庄的传统节日与高密其他地区大致相同，只是由于文化背景和经济状况不同而有所出入。

春节　俗称过年，是传统节日中最隆重的节日。

此传统节日，其俗自古及今无较大变化，可分前奏和过年两个阶段。

前奏阶段是“吃了腊八煮，就把年来数”。腊八过后，家家户户开始做新衣，购买年货，推磨，买新碗筷，“忙年”便开始了。农历腊月二十三“辞灶”，也称过小年。是日晚，供糖瓜，送“灶王”。俗语说：“辞了灶，年来到。”小年过后，做大豆腐，打扫卫生。此俗至今也无大的改变。

除夕日，要上坟、贴春联、敬祖、供财神。女人们忙着包饺子。待子时，家家放鞭炮，吃饺子，喝酒，一家人穿新衣、戴新帽，团聚守岁到天明。

正月初一是“耍日”，尤其青年男女皆盛装，出门拜年，见面互道“过年好”。初二晚“送年”，卸下“家堂轴子”。初三开始走亲戚，带着礼品，中午宴后归。

自电视机进入罗家庄后，现已家家有电视，除夕夜观看“春晚”也成为隆重和热闹的事，延续于今。

2017 年开始，罗家庄每年在社

■　罗家庄社区 2018 年春节联欢晚会

■ 罗家庄社区向全市人民拜年

俗沿袭至今。

清明节 因寒食节在清明节前的一日或二日，人们便将清明节和寒食节合二为一，所以将清明节也称为寒食节。清明节，扫墓敬祖，插柳，荡秋千，擀单饼，煮鸡蛋。此时，杏花已绽，天气转暖，有些农事便要开始，孩子们开始放风筝。旧时寒食节这一天不点火做饭，吃凉的食物，今这一习俗已改，但其他习俗仍沿袭。

区中心多功能厅举办春节联欢晚会。演出队上街进行行进性表演活动，给春节增添了新的内容，受到居民欢迎。

总体来看，过春节的习俗，自古至今变化不大，只是随着人们生活水平的提高，过大年趋于奢侈，年味不如从前浓郁。

元宵节 正月十五元宵节，吃元宵、挂彩灯，所以叫“灯节”。此节自古及今一直未有多大变化。

二月二 “二月二，龙抬头”，一些冬眠的动物要起蛰了，农事也要开始了。20世纪80年代及以前，二月二日要培育地瓜种让它发芽。这一天要炒豆子，场院里要“打围子”，以祈盼丰收，粮食满囤。此

端午节 农历五月初五为端午节，也称五端阳。端午节，家家门上插艾草，人人戴艾草，过去孩子们手腕上拴上五色线，吃粽子。今之端午节，孩子们手腕上不再拴五色线，但这个节日仍被人们重视。

中秋节 农历八月十五的中秋节，俗称八月十五。时天高气爽，月光皎洁，晚上全家团聚，吃月饼，赏明月。

新节日

元旦 俗称阳历年，即公历每

年的1月1日。每逢元旦，机关、学校等单位放假，升国旗并举行庆祝活动。

“三八”妇女节 每年3月8日，县（市）里举行庆祝活动，罗家庄的妇女，有时也受邀参加。近几年村委为广大妇女举办庆祝会。

植树节 每月3月12日为植树节，罗家庄居民委员会有时也开展植树活动，以实际行动过节。

“五一”国际劳动节 5月1日为全世界劳动人民的盛大节日，政府往往举行庆祝活动，罗家庄有时也举办庆祝活动。

“五四”青年节 每年5月4日，多为共青团组织庆祝活动。

“六一”儿童节 每到6月1日这一天，孩子们穿上新装，举行文艺演出，庆祝自己的节日。

“七一”建党日 每年7月1日，党组织利用多种形式举行活动，庆祝中国共产党建党纪念日。

“八一”建军节 每年8月1日，多召开复员军人座谈会，到烈军属家慰问等。

教师节 每年9月10日，学校举行教师节活动，社区“两委”领导受邀参加，并向学校捐款捐物。

国庆节 每年10月1日，举国上下隆重庆祝中华人民共和国的诞生。罗家庄多是升旗、张贴标语，以示庆祝。

重阳节 每年农历九月初九这一天，罗家庄居委会为60岁以上老人过节，并发放慰问金和礼物。

■ 罗家庄社区庆祝重阳节

第五节 丧葬

历史上，罗家庄实行土葬；1969年，高密县火化场建成，方改火葬。

丧葬制度，自古烦琐。但是，历来大多数农民之家，因无力厚葬，均简约丧葬，程序简化。多是在亲人卒后，买一具棺材，用几百个砖，由乡邻帮工，垒一墓，当日埋葬即罢。

县里的火葬场建立后，实行火

葬，多是将骨灰盒葬在村里专辟公墓内。

改革开放以后，墓前立石碑之风渐盛。生者按风俗去墓前扫墓。过年时将书有其亡故亲人名讳的轴子供在居室当中，以示追思。

■ 鲁家庙岭西罗家庄公墓

罗家庄公墓变迁 1958年前，村里各姓氏将墓葬分布在耕地里，1958年后，多被夷平。1972年3月，大队划出公墓用地，零散坟墓集中迁入，遂建公墓两处。2001年，将原两处公墓合二为一，名为南大茔公墓。后因大昌纺织有限公司新建工业园之需，公墓于2003年迁至鲁家庙岭西，占地16.83亩。2007年，居委会在公墓外周砌青砖墙460米，公墓内硬化道路约1380平方米，并建砖瓦房3间，供管理人员居之。

第六节　禁忌

服饰禁忌 忌穿上下白衣，忌用麻绳束腰。

饮食禁忌 忌吃饭用筷子敲空碗。忌筷子横担在碗上。忌筷子插在盛满食物的碗里。给人倒水、舀饭时水壶和勺子不能反倒。

居住禁忌 忌所居院子不整齐，一头宽一头窄。忌出门碰墙角，有“碰三山不碰一角”的说法，因不雅观。忌积肥圈在东南角，应在西南角。树木之栽植有“前不栽桑，后不栽柳，桃树不栽大门口”之说，因“桑”与“丧”、“柳”与“流”、“桃”与“逃”谐音，人们认为不吉利，实并无科学道理。

年龄禁忌 忌言“百岁”，有人活过百岁时，仍说99岁。

交际禁忌 忌用一根火柴给三位客人点烟，以防烧着手。客人未走，不能扫地，扫地乃“驱客”。招待客人，上菜盘碗，用双数，取意“好事成双”。看望病人不能送梨，“梨”与“离”谐音，不吉。

行为禁忌 忌正月里剃头，风

俗说“正月里剃头死舅舅”，实因年前刚剃了头，不用剃得那么勤。这也是敦促大家年前一定要理发，头新人新。不能站在磨面的磨顶上。忌将废弃的石碑、磨盘等置于院内。

语言禁忌　忌“死”字，人死说“走了”“老了”。过年不说不吉利的话。蒸的饽饽裂了说“笑了”，水饺煮破了说“挣了”，尽量用吉利话取代。

婚姻禁忌　新婚者不与同期结婚或生孩子者互赠礼品，因俗语所说“喜家不吃喜家的饭”。

第七节　陋俗

赌博　1949 年前，村民赌博的方式大致有掷骰子、看纸牌、押敲、拾薄等。中华人民共和国成立后，党和政府强令禁止此种陋俗，遂得到有效控制。

缠足　俗称裹脚，使妇女几乎失去走路的能力，招致生活中的诸多不便。1949 年后，政府大力宣传裹脚的危害，号召已裹的放开，未裹的不准再裹，此陋俗遂止。

吸烟　早时人们多购买旱烟吸之，后渐改为卷烟，因其诱发各种癌症等疾病，时人多戒，但近年女性吸烟者渐增。

第八节　称谓

自古及今，人际交往，礼貌当先。与人交谈，称谓当前，是村民交往中的基本礼貌，也是人际交往中不可缺少的礼仪因素。

亲属称谓　称父亲为爹、爷、大大。称母亲为娘，今称爸爸、妈妈。称祖父为爷爷，祖母为嬷嬷。对父亲的兄弟，比父亲长的称大爷，比父亲小的称叔或者小大大，并按排行称。对大爷、叔的配偶称大娘、婶子。对祖父的父母称老爷、老嬷。

夫妻间对称　夫称妻老婆，妻称夫俺外头。今夫称妻，青年人称俺对象，年纪大的称俺老伴。妻对夫家的人随夫称，但对外人则称公公、婆婆，对夫的兄称大伯、弟为小叔子，称夫之姐为大姑子、妹为小姑子，称夫侄辈为侄子、侄女。

亲戚间的称谓　母亲之父称姥爷；母亲之母称姥娘。外祖父之父称老姥爷，外祖父之母称老姥娘。

母亲之兄弟称舅，称舅的配偶为妗子。外祖父之兄弟称舅老爷，其配偶称舅姥娘。外祖父之姊妹称姨姥娘，外祖父之姊妹的配偶称姨姥爷。舅父之子女称为表兄或表哥、表弟、表姐、表妹，当面以兄、弟、姐、妹相称，对外人则称舅家表兄弟、舅家表姊妹。舅父对姊妹之子女称外甥、女外甥，对姊妹之孙、孙女称外孙，但发音却与外甥相同。

母之姊妹称姨（按长幼呼为大姨、二姨等），姨之配偶称姨父。姨之子女称表兄或表哥、表弟、表姐、表妹，当面以兄、弟、妹相称，对外人则称姨家表兄弟、姨家表姐妹。

父之姐妹称姑，按长幼呼为大姑、二姑等，其配偶称姑父。姑之子女亦称表兄或表哥、表弟、表姐、表妹，当面以兄、弟、姐、妹相称，对外人则称姑家表兄弟、姑家表姊妹。

夫对妻家人当面随妻，对外人称岳父、岳母或丈人、丈母娘。妻之兄弟称舅子，舅子配偶称舅子媳子。妻之姐妹按长幼称大姨子、小姨子等，统称姨子。妻的姐妹之夫称连襟。

父母对女儿之夫当面称他姐夫、老大女婿、老二女婿等，对外人则称闺女女婿。夫妻双方之父母互称亲家，当面则按年龄大小称哥哥、嫂子，兄弟、妹妹。

姓名称谓 姓名，即一个人的姓氏和名字。姓名称谓是使用比较普遍的一种称呼方式。全姓名称谓有一种庄严感、严肃感，一般用于学校、部队或其他郑重场合。一般来说，在人们的日常交往中，指名道姓地称呼对方是不礼貌的，甚至是粗鲁的。省去姓氏，只呼其名字，显得既礼貌又亲切，运用场合比较广泛。姓氏加修饰称谓，即在姓氏之前加一些修饰词，这种称呼亲切、真挚，一般用于在一起工作、劳动和生活中相互比较熟悉的同事之间。

中华人民共和国成立之前，小辈称呼长辈姓名为大不敬，此俗至今仍存。过去有点学问的人除了姓名之外，还有字和号。这种情况在中华人民共和国成立前很普遍。平辈之间用字称呼既尊重又文雅。而为了尊重不甚相熟的对方，一般以号相称。

如今，随着互联网和微信的普

及，人们在写博客、写微博、发微信时常以“网名”为之。

尊称和谦称　古人在称谓上尤为讲究，但甚为烦琐，今已不再用。1949年后，一直到20世纪70年代，出门在外，人们互称同志；80年代，多称师傅、老师。对素不相识的人，根据年龄，尊称对方大爷、大娘、大叔、大姨、大哥、大嫂、大姐、大妹妹、大兄弟等。2000年后，人们对于那些知名度高、有较大成就者以先生、女士称之。

职务称谓　职务称谓就是称呼对方担任的职务。这种称谓方式，古已有之，目的是不称呼其姓名，以表尊敬。今应用更广泛。

不同场合的称谓　一般来说，称谓使用多注意场合。若到机关、部队去办公务，应称同志；在医院称医生或大夫；到工厂叫师傅；去学校称老师、教授或同学等。

第九节　交往

交往方式　邻里之间总是你来我往，互相串门，生活用品互借互用，礼尚往来。你送我一碗豆沫子，我送你一碗水饺，一来一往，互相赠送。打墙建房，红白喜事，互相帮忙。遇有天灾人祸，尽管平时有打破头的冤仇，也会以人力、物力相助。

逢年过节，亲戚之间带礼物登门做客，主人设宴待客，俗语有说“三年不登门，是亲也不亲”。

先敲门而后入。敲门时，通常要轻轻敲两三下；若主人家门大开，则先呼喊，等主人应声后再进入。

客人要来访，到大门口站立相迎。即使突然到访，也要起身示礼。亲戚朋友相聚，沏茶相待，饮茶要用专用茶具，斟茶要浅。俗话说：“斟茶要浅，斟酒要满。”茶随喝随倒，受敬一方，往往叩指扶杯。味淡色浅要另加茶叶。

餐桌南北放置，正对着门口的一侧为上，请主宾入座，然后按各自的身份选择适当的位置。主人坐背对门口的一侧。主人斟酒要满，溢出酒杯无妨。主人为劝客多饮，以先于宾客为敬。先喝酒，再吃饭，为待客之道。主人如果不喝酒，需陪客人吃菜，也不能先给客人盛饭，若先盛饭则被视为逐客。

遇结婚、节日等时，亲戚、邻

里往往以礼物相赠。礼物若用篼子盛着，客人回去时，主人都以客人的礼物押篼子，留下大部分，送回小部分，俗称“回篼子”。

问候语言 街头巷尾，田间地头，熟人相遇，打一声招呼常用的问候语为“吃了吗？”“去哪儿了？”；遇到长辈按称呼打招呼；如果是一般熟人，仅打一声招呼，或加上一两句评论天气的话为礼。

常用客套语 村民常用客套语至今沿用。

初次见面——久仰
陪伴朋友——奉陪
托人办事——拜托
求人帮忙——劳驾
好久不见——久违
中途离开——失陪
赞人见解——高见
求于对方——借光
请人批评——指教
等候客人——恭候
麻烦别人——打扰
请人勿送——留步
向人祝贺——恭喜
对方来信——惠书
求人解答——请问
问老者年龄——高寿
请人指点——赐教
与人分手——再会
赠送作品——雅正
晚上道别——晚安

第二章　方言　俗语

第一节　方言特点

罗家庄的方言土语和高密的不少村相同，和普通话相比较，区别主要表现在语言、词汇、语法等方面。

语言方面　罗家庄方言中，声母“r”均被读成“y”音，如“人”“肉”。复韵母“ong”读作“eng”，如“中”；“ong”读作“ing”，如“永”。

词汇特点　罗家庄方言中，尾词“子”用得较多，且音重，如“嫚姑子”“夜猫子”。

语法特点　重叠用字较多。且多在重叠词前加一“精”字，如“精短短”“精薄薄”“精点点”。

表 11-1　罗家庄部分方言和普通话对照表

普通话	方言	普通话	方言
猫头鹰	夜猫子	昨天	夜来
黄老鼠	黄鼬子	小公牛	趴犊子
肚脐	卜脐	蚂蚁	蚁蛘
西红柿	洋柿子	很多	一大些
手电筒	电棒子	接生婆	姥娘婆
腰带	束腰带子	太阳	日头
地方	埝儿	脖颈	脖颈子
四周	四下里	理发	剃头
雷声	打雷	腋窝	夹肘窝
闪电	打闪	生病	不欲作
冰	冻冻	疟疾	疲寒
去年	上年	院子	天井
高粱	秫秫	鸭子	扁嘴

续表

普通话	方言
枕头	兜枕
套间	套房子
不住雨	不拔点
邻居	邻晨家
中午	晌午
厕所	茅房
花生	果子
向日葵	朝阳花
馒头	饽饽
说话	拉呱
讲故事	说瞎话
肥皂	胰子
癫痫病	羊骨子风
累	使得慌
蚯蚓	曲蟮
乌鸦	老鸹

普通话	方言
蝉	节溜
壁虎	蝎虎子
大公牛	犍子
母牛	沙由
公狗	伢狗
上午	头晌
下午	过午
土豆	地蛋
男孩	小厮
女孩	小嫚
用具	家把什
前天	前日
晚上	后上
月亮	月明
大月	大进
小月	小进

第二节　谚语

谚语是流传于民间的固定语句，它用简单通俗的语言，准确地反映出一个深刻的道理，或给人以启迪，或给人以警示，或给人以劝解，是群众口头语言的精髓。罗家庄流行的谚语举例如下。

农谚

闰月年，早种田。

种地不施粪，等于瞎胡混。

谷雨秫秫立夏瓜，

过了小满种芝麻。

蚕老一时，麦熟一晌。

芒种三日见麦茬。

处暑三日谷落地。

白露早，寒露迟，

秋分种麦正适时。

寒露麦，不施粪。

春争日，夏争时。

三春不如一秋忙。

一翻二不收，三翻到了秋。

立了秋，哪里下雨哪里收。

气候

一场春雨一场暖，

一场秋雨一场寒。

不怕初一阴，就怕初二下。

雹子打岭，霜打洼。

早照不出门，晚照晒煞人。

日晕三更雨，月晕午时风。

日圆三日下大雨。

早看东南，晚看西北。

大雪不封地，过不了三二日。

八月初一下一阵，

旱到来年五月尽。

理想意志

世上无难事，只怕有心人。

人往高处走，水往低处流。

不磨不炼，难成好汉。

虎瘦雄在心，人穷志不短。

有志不在年高，无志空活百年。

人无远虑，必有近忧。

人争一口气，佛争一炷香。

只要功夫深，铁杵磨成针。

只有上不去的天，

没有过不去的山。

冻死迎风站，饿死不低头。

品德修养

金无足赤，人无完人。

救人救上岸，帮人帮到底。

不怕人不敬，就怕己不正。

长兄如父，老嫂如母。

多行及时雨，少放马后炮。

恶有恶报，善有善报。

不是不报，时候不到。

话多了不甜，胶多了不黏。

浪子回头金不换。

你敬人一尺，人敬你一丈。

若要人不知，除非己莫为。

小人记仇，君子感恩。

知识学习

刀不磨要生锈，人不学要落后。

师傅领进门，修行在个人。

东西越用越少，知识越学越多。

读书不用功，等于白搭工。

学问勤中得，富裕俭中来。

人不学不知理，玉不琢不成器。

智养千口，力养一人。

友情亲情

酒肉朋友好找，患难之交难逢。

在家靠父母，出门靠朋友。

远亲不如近邻，近邻不如对门。

亲不过父母，近不过夫妻。

衣不如新，人不如故。

惜时敬业

一寸光阴一寸金，

寸金难买寸光阴。

一日之计在于晨，

一年之计在于春，

一生之计在于勤。

没有金刚钻，别揽瓷器活。

人生一世，草木一秋。

三百六十行，行行出状元。

树靠人修，人靠自修。

健康养生

笑一笑，十年少。

病从口入，祸从口出。

粗饭养人，粗活养身。

冬吃萝卜夏吃姜，

不用医生开药方。

饭后百步走，活到九十九。

我行动，我健康，我快乐。

合理膳食，适量运动，

戒烟限酒，心理平衡。

骑行是一种爱好，

健康是一种能力。

第三节　歇后语

歇后语是民间的一种特殊语言形式，一般由两个成分构成：前一部分是形象的比喻和陈述，后一部分是对比喻形象的解释，或者是谐音字引申的说明，像谜底。通常只要说出前半截，就能让人领会和猜出其要表达的意思，所以为歇后语。

擀面杖吹火——一窍不通。

枕着扁担睡觉——想得太宽。

老鼠拖木锨——大头在后边。

哑巴吃黄连——有苦难言。

马尾栓豆腐——提不起来。

老鼠钻进风箱里——两头受气。

骑驴看唱本——走着瞧。

头顶长疮，脚底流脓——坏透气了。

洗脸盆子扎猛——不知深浅。

茶壶里煮饺子——肚里有倒不出。

小葱拌大豆腐——一清二白。

泥菩萨过河——自身难保。

山顶上滚碌碡——石磕石。

猪鼻子插大葱——装象。

狗咬耗子——多管闲事。

鼻子尖上挂炊帚——耍喷嘴。

竹篮子打水——一场空。

西北风带蒺藜——连风（讽）带刺。

十五个吊桶打水——七上八下。

扒着眼照镜子——自找难看。

黄鼠狼给鸡拜年——不安好心。

耍藏掖的下了跪——没有咒念了。

老虎拉碾——乱了套。

黑瞎子掰棒子——掰一棒掉一棒。

大豆腐掉进灰窝里——吹不得，打不得。

脚丫子挠脊梁——高手。

第十二编

人物

罗家庄历届党支部、村委会、党委、居委会、社区干部和很多居民为罗家庄的发展做出了重要贡献。兹将他们的事迹收录简介之。

第一章　先进模范人物

第一节　现任村干部

罗相明

罗相明，1953 年 6 月 25 日生。中共党员。大专学历，高级工程师。1961 年 7 月至 1965 年 8 月在村小学读书。1965 年 9 月至 1967 王年 7 月在卣坊小学学习。1967 年 8 月至 1970 年 7 月在许家庄联中读书。1970 年 8 月至 1972 年 7 月就读于高密一中。1972 年 8 月至 1979 年 12 月在高密镇水利组工作。1980 年 1 月至 1990 年 11 月回村任团支部书记，后历任村委副主任、民兵连长、治安主任。1990 年 12 月至今任罗家庄党支部书记。2002 年 5 月被评为高密市劳动模范。2005 年 3 月被评为潍坊市优秀民营企业家。为高密市第十五、十六届人大代表，潍坊市第十五届、十六届、十七届人大代表。2006 年 2 月被评为高密市优秀人大代表。2007 年 4 月被评为潍坊市劳动模范。2008 年 1 月兼任高密经济开发区和平社区党工委书记。2009 年 10 月被授予潍坊市老龄工作先进个人三等功。2013 年 5 月被评为山东省劳模。2015 年 2 月被评为高密市 2014 年度农业和农村工作先进个人。2018 年被评为潍坊市善行义举四德榜“榜上有名”先模人物。

罗传刚

罗传刚，1978 年 2 月出生。中共党员。本科学历。1986 年 9 月至 1991 年 8 月在本村小学读书。1991 年 9 月至 1995 年 6 月在朝阳中学读书。1996 年 7 月进入罗家庄居委会担任水电工职务，期间被高密市供电局评为先进个人。2000 年加入中国共产党。2001 年 4 月当选为罗家庄居委会委员。2004 年 8 月至 2009 年在高密市委党校学习，取得法律专业本科文凭。2012 年 2 月被高密市食品药品监督管理局评为全市食品药品安全工作先进个人。2014 年 12 月当选为罗家庄支部委员、居委会主任。2014 年、2015 年、2017 年、2018 年四次被朝阳街道党工委、办事处授予先进工作者荣誉称号。2016 年 9 月至今，担任罗家庄社区副主任、罗家庄支部委员、罗家庄居委会副主任。2018 年 6 月被朝阳街道党工委授予优秀共产党员荣誉称号。2018 年 9 月被高密市人社局、体育局授予 2015—2018 年度体育工作先进个人荣誉称号。

杜 坤

杜坤，1972 年 8 月 9 日生。中共党员。1988 年 5 月由本县旗台二村迁罗家庄定居。1988 年 8 月在村委会担任电工职务。1992 年 8 月至 1998 年 5 月任电工职务兼团支部书记。1992 年 9 月 1 日至 9 月 10 日参加团中央北戴河培训基地团干部培训班并顺利结业。1994 年被高密镇评为优秀团干部。翌年 5 月加入中国共产党，6 月被高密镇评为优秀青年工作者。1995 年独自承接了罗家庄村委会的棉花种植任务，承包种植 25 亩棉花，超额完成了皮棉上交任务。1996 年响应居委会号召，带头引栽经济作物大樱桃，为种植结构调整及居民增收起到了示范带动作用。1997 年 5 月被高密市团委评为农村青年星火带头人。1998 年 6 月在罗家庄任“两委”成员、居委会文书兼团支部书记。2004 年 8 月至 2007 年 6 月在中共中央党校函授学院经济管理专业大专班修业期满毕业。2005 年 11 月取得山东省统计局颁发的统计从业资格证书，是年被高密市团委评为优秀团支部书记。2007 年 9 月至 2009 年 12 月就读于山东省委党校经济管理专业本科班，期满毕业。2011 年 7 月被评为全省第六次人口普查先进个人。2014 年 12 月至今任罗家庄居委会支部副书记兼居委会文书。2016 年 7 月被朝阳街道办事处聘为居委会会计。任职期间，多次被朝阳街道党工委评为优秀共产党员、先进工作者、优秀统计工作者、优秀青年工作者、经营管理先进工作者等。

范佳佳

范佳佳，女，1983 年 11 月生。中共党员。1989 年 8 月至 1992 年 7 月在本村小学读至三年级，后转至东栾家庄小学读四、五年级。1994 年 9 月至 1998 年 7 月在朝阳中学读初中。1998 年 9 月至 2001 年 5 月在高密市亚泰木业工作。2001 年 6 月进入罗家庄居委会工作。2004 年 8 月至 2009 年在高密市委党校学习，取得法律专业本科学历。2006 年 4 月加入中国共产党。2011 年 12 月任居委会计生主任。2014 年 12 月任居委会委员、团支部书记。2018 年 1 月任支部委员及居委会委员，兼妇女主任。

罗相志

罗相志，1971 年 3 月生。中共党员。山东省委党校法律专业本科学历。1979 年 7 月至 1984 年 6 月在本村小学读书。1984 年 7 月至 1988 年 6 月在向阳中学就学。1988 年 7 月至 1991 年 6 月在高密一中读高中。1999 年 7 月至 2002 年 2 月任居委会水电管理员。2001 年 6 月入党。2002 年 3 月至 2014 年 11 月任居委会委员。2014 年 12 月至 2017 年 11 月任居委会副主任。2017 年 12 月至今任罗家庄居委会“两委”委员。

罗卫国

罗卫国，1987 年 3 月生。中共党员。1995 年 9 月至 1999 年 8 月在本村小学读书。1999 年 9 月至 2001 年 8 月在开发区小学就读。2001 年 9 月至 2005 年 7 月在朝阳中学上学。2005 年 9 月至 2008 年 7 月在高密五中读书。2008 年 12 月入党。2015 年 12 月在罗家庄居委会工作。2018 年 1 月任居委会党建管理员。

巩新亭

巩新亭，1971年10月生。中共党员。1979年9月至1984年6月在柏城苑家疃小学读书。1984年9月至1986年6月在柏城初级中学读书。1986年9月至1989年10月在东方建筑公司上班。1989年11月户口从苑家疃迁入罗家庄居委会。1999年6月至2017年进入罗家庄居委会工作。2006年4月入党。2018年1月至今担任治安主任、调解委员会主任。

第二节 在外工作人员（部分）

葛相金

葛相金，1954年6月生。中共党员。1970年12月入伍，1982年退役。1997年毕业于山东行政管理学院，获大学本科学历。1982年3月任高密县人民检察院法医。1983年调任高密县卫生防疫站任党支部委员、科室主任。1990年后历任中共高密县委地方病防治领导小组办公室主任、支部书记，高密县人民政府地方病防治领导小组办公室主任、书记。1992年任高密县卫生局副局长，兼任高密市爱国卫生运动委员会办公室主任、地病办主任，高密市医疗事故鉴定委员会主任、卫生局党委委员。1995 年 10 月兼任高密市卫生防疫站站长、书记。2006 年任高密市人民政府“疾病预防控制与医疗救治两个体系建设”领导小组副组长。2013 年退休。为潍坊市跨世纪科技人才、潍坊市专业技术顶尖人才等，享受政府特殊津贴。1996 年，被中央电视台《焦点访谈》栏目采访报道。在氟中毒研究方面达到了国际领先水平，填补了国际空白。先后被国务院、爱卫会、卫生部授予全国先进工作者称号。被山东省委省政府记二等功 1 次，省卫生厅记三等功 2 次。获省、市、县先进工作者 10 余次，2 次被授予高密市劳动模范称号。

罗相和

罗相和，1959 年 8 月生。中共党员。高级工程师。1977 年 6 月至 1979 年 6 月在高密东关学校高中部读书。1979 年 8 月至 1981 年 9 月在罗家庄小学任教。1981 年 10 月至 1984 年 10 月在高密县第一棉油厂工作。1984 年 11 月至 1985 年 4 月受罗家庄成立的永昌建筑安装有限公司委派外出学习建筑施工。1985 年 5 月考取潍坊市建筑技术培训班，翌年 11 月培训结束回永昌建筑安装公司工作。1988 年 5 月去高密供销社联合社建筑公司工作。1992 年去山东建筑工程学院学习建筑工程专业。1993 年 4 月成立高密东方建筑安装有限公司（国家二级建筑总承包工程资质），担任法人代表、董事长兼总经理。1996—1999 年在山东省管理干部学院经济管理专业学习 3 年。2016 年 1 月任东方建筑安装有限公司董事长。

罗洪伟

罗洪伟，1960 年 1 月生。中共党员。1968 年 9 月至 1973 年 7 月在本村小学读书。1973 年 9 月至 1975 年 7 月在卣方联中读书。1975 年 9 月至 1977 年 7 月在城关十九中学习。1979 年 11 月参军，曾在青岛公安边防分局水上派出所任班长、干事。1982 年 12 月入党。1987 年 6 月 7 日参加青岛公安边防系统步枪射击比武获第一名，被评为青岛公安系统先进个人。1989 年 1 月任青岛边防支队业务处参谋（正连），去山东公安专科学校脱产学习，同年到济南军区参加公安厅组织的边防部队情报调研人员培训班。1991 年 11 月 28 日在崂山女姑口海域缉私缉毒战斗中荣获三等功。1992 年 1 月任青岛市开发区珠山边防工作站副站长（副营级少校）。1995 年 1 月，任青岛市开发区公安分局海巡大队正营教导员（中校）。1996年8月在青岛金沙滩海上帆船比赛中营救韩国落水运动员，荣获三等功。1997年1月任青岛市开发区黄岛边防工作站站长。2002年10月转业到黄岛街道610办事处任主任。2004年兼任管家洼社区书记。2010年10月任黄岛街道办事处大福岛路居委会书记。2015年2月至今任黄岛街道办事处老年体协主席、老干支部书记、关工委办公室主任。

杜立志

杜立志，1961年8月生。中共党员。1969年9月就读于本村小学。1975年1月就读书于城关镇栾家庄中学。1977年9月读高中，就读于东关中心学校。1980年1月应征入伍，分配在二炮803团九连，任班长，相继在第二炮兵工程学院、湖南师范大学、机电技术管理大学学习。1983年8月任二炮803支队五大队制氧二中队技师。1985年3月任二炮803支队制转大队制氧中队副中队长。1986年1月任二炮五十五基地转运站转注连副连技术员。同年9月任某部参谋。1987年11月去二炮工程学院学习。1989年10月回原部任指导员。1992年3月任副营职指导员。1993年6月任副营职参谋。翌年

2月任二炮五十五基地后勤部仓库政治指导员。1997年9月任二炮905团二站副团职政治指导员。次年3月任二炮905团政治处主任。曾多次受到上级嘉奖。1999年9月转业到高密市公安局工作，历任副科级侦查员，主任科员，政工科副科长，车管所指导员，五中队、二中队队长，事故处理科科长，现任道路救助基金管理办公室主任。享受正县级生活待遇。2007年被评为潍坊市优秀警察。2008年荣立个人三等功。2015年被评为省优秀中队长。

罗相友

罗相友，1962年生。本科学历。小学高级教师。1981年10月起先后在柏城小学、东关小学、农丰学区小学、崇实小学任教。1998年10月加入中国共产党。曾被县团委、少工委、县教育局评为优秀少先辅导员、语文教学能手、模范班主任、教坛名师等。

罗传仁

罗传仁，1963年12月生于青岛市，祖籍罗家庄。自幼随父罗相福学习书法，主要学习颜体和行书，后跟书法大家高小严专工魏碑。笔法苍劲有力，追求劲建老辣的艺术风格。现为青岛市市北区书法家协会会员、青岛市北苑书画院理事、青岛市书法家协会会员。

罗相杰

罗相杰，1963年生。现居青岛。1979年毕业于美德米尼肯大学。高级经济师。曾在山东纺织工业学院学习，长期担任学生会主席。现在美国太平洋煤气电力公司工作，先后担任业务项目经理、政府关系项目主管等职务。兼任美国旧金山湾区齐鲁会馆副理事长，经常参与接待山东的访美人士，为促进在美华侨与省内各界的相互了解和经济合作做出一定的贡献。并常代表公司在政府的听证会上答辩，多次接受美国电视台采访。

罗传福

罗传福，1966年1月生。中共党员。2013年被潍坊市人民政府授予劳动模范称号。现任潍坊电视台发展研究室主任。1984年毕业于高密一中，同年考入山东工业大学电子系无线电专业，1988年毕业，分配到潍坊广播电视实验厂。1993年在潍坊有线电视台任广告部副主任。2011年进入潍坊电视台工作，先后任广告三部主任、栏目部主任、综合部主任、广告中心总监。

参与制作的《2011年潍坊电视台春节文艺晚会形象宣传片》获2010年度山东省广播电视广告奖一等奖；《人文潍坊》《2012年记者节晚会宣传片》荣获山东省第二十三届电视艺术牡丹奖二等奖；《扬正气促和谐——廉》在第十八届中国国际广告节上获中国广告长城奖创意奖。

罗传智

罗传智，1966年2月生。1973年9月至1978年7月就读于本村小学。1978年9月至1980年7月在东栾家庄联中读初中。1980年9月至1982年7月在姚哥庄七中读高中。1982年7月空军招飞入伍。1986年执行对越自卫反击战接送伤员任务。1988年7月毕业于西安空军第16航校，后任济空航运团通信主任。1989年获首都卫士奖章。1992年5月参加空军安全局空中防线与反恐专业培训。现在空军沈阳部队服役，副师级，大校。共飞行6900小时，获空军飞行员金质荣誉奖章，记二等功2次、三等功6次。

罗相贤

罗相贤，1966年3月生。中共党员。研究生学历。1973年8月至1978年9月在本村小学读书。1978年6月至1980年9月在东关联中读书。1980年6月至1983年9月在高密一中读书。1983年9月至1985年7月就读于山东省人民警察学校获中专文凭。2001年8月至2003年12月就读于中央党校函授学院获本科文凭。2005年9月至2008年6月就读于山东省委党校获研究生文凭。历任潍坊市公安局预审科办事员、科员，刑警支队科员，四大队大队长，治安支队政委，寒亭分局政委，国内安全保卫支队支队长，临朐县政府党组成员、副县级干部、公安局局长、党委书记，青州市委常委、政法委书记、维护稳定工作领导小组办公室主任、公安局局长、党委书记、督察长等职。2017年3月任潍坊市公安局刑警支队支队长、刑事科学技术研究所所长。

罗　琳

罗琳，女，1968年生。中共党员。1975年7月在浙江省宁波市白沙路小学读书。1979年10月随父罗相诗回高密，转西关小学读书。1980年9月至1986年在高密五中、高密一中读完中学后，就业于高密市水泥厂，历任文书、厂办副主任兼团委书记、职教科长、业务科长等。期间在山东青年干部管理学院财会专业函授学习。2000年从山东艺术学院美术设计专业毕业。2002年5月考入高密日报社，任彩排输出中心副主任。2005年5月至今历任高密市广播电台主播和播音组主任、《潍坊日报·今日高密》编辑。多次被评为先进工作者和标兵。自幼拜师学习书法，各种字体均有涉猎，尤擅魏碑。绘画以国画为基础，涉猎西洋画和电脑设计。现为山东省女书画家协会理事、潍坊市书画家联谊会会员、高密市书画协会会员、高密市女画家协会副主席兼支部书记。作品多次参加省、市级展览获奖，并在报刊发表。

范　伟

范伟，1974年5月生。中共党员。1992年12月应征入伍。1995年7月考入中国人民解放军南京政治学院。毕业回部队后，历任排长、参谋、营长、政治教导员、学院教研室副主任（副团级）等职务，中校军衔。2007年任装甲兵学院教练团司令部兵员参谋期间，以纯熟的业务能力、“一口清”的业务水平被总装备部评选为优秀司令部参谋（当年总装备部获此殊荣的干部仅有5人）。后被保送至中国人民解放军南京政治学院进修深造。2009年任中国人民解放军装甲兵学院教练团装甲营营长，仅用1年时间，就领导所属连队跨入全院先进基层单位行列，被评为优秀基层主官。2010年任中国人民解放军装甲兵学院学员一大队四队政治员，期间多次荣获“四会教员”一、二等奖。入伍20余年，先后10余次参与或组织指挥所属部队参加大型军事演习、军事技能比武、抗洪抢险等重大任务，均出色完成。分别于1998年、1999年、2003年、2006年、2007年、2010年、2012年当选党代表参加学院党代会。2012年12月退役。创办了全国首家青少年行为习惯养成训练中心，先后培训中小学生2万余人次，并被中国国际营地教育研究院聘任为专家委员及核心领导成员。现为吉林省瑞思佰教育科技有限公司董事长。

范玉燕

范玉燕，女，1978年2月生。中共党员。现任潍坊电视台《直播潍坊》《新闻晚高峰》栏目主持人。国家一级播音员，国家拍卖师，国家三级心理咨询师，全国广电系统青年岗位能手，山东省十佳主持人，潍坊市十大优秀青年，潍坊市巾帼建功岗位明星。自2000年至今，先后担任潍坊电视台《全新视线》

《全景新闻》《环球生活报道》《直播潍坊》《新闻晚高峰》等栏目主持人，于2012年、2013年、2014年、2018年四次被聘为潍坊广播影视集团首席主持人。其主创作品多次荣获全国、省、市大奖，分别荣获2002年、2004年、2010年、2012年、2017年山东省播音与主持作品政府大奖。2013年同时荣获山东省播音主持作品一等奖和山东省播音主持论文一等奖。其凭借电视主持作品《莫言诺奖之后》荣获山东省第二十七届电视艺术“牡丹奖”十佳主持人荣誉称号。作品《畅述企业家精神 共谋潍坊发展》荣获2017年度山东广播影视大奖电视主持项一等奖。

罗传国

罗传国，1978年11月生。中共山东省委党校研究生学历。1999年7月参加工作，2003年12月加入中国共产党。曾在高密市姚哥庄镇中心小学、初中、开发区朝阳中学任教师。2003年通过国家公务员考试，历任高密市财政局科员，高密市人大常委会研究室科员、办公室副主任科员、办公室副主任、老干室主任等职，2007年晋为副科级，2013年晋为正科级。2015年3月任高密市夏庄镇党委副书记（正科级）。2018年10月任高密市高新区党工委副书记、管委会主任（主持夏庄镇政府全面工作），同年晋升一级主任科员。2002年获高密市优秀青年教育工作者称号；2004年至2017年中有8个年度被中共高密市委、市政府嘉奖；2005年、2013年被中共高密市委、市政府记三等功；2012年至2014年，被评为高密市城北工业区建设工作先进个人；2010年被评为“平安高密”建设先进个人；2011年6月，被评为高密市优秀共产党员；2018年6月，被评为高密市优秀党务工作者。

罗　胜

罗胜，1980年6月出生。中共党员。1999年9月至2003年6月就读于为烟台大学经管学院工商企业管理专业。2003年7月任烟台福山区门楼镇政府科员。2005年9月至2007年8月任福山区发展和改革局科员。2007年9月任该局工交农业科副科长。2010年9月至2012年6月在职学习山东大学管理学院工商管理专业。2014年1月任福山区发展和改革局副局长、党组成员。2015年12月至今任福山区发展和改革局副局长、党组成员，重大项目办公室副主任。

第二章　已故干部

第一节　已故村干部

罗立堂（1896—1978 年）

罗立堂，又名罗华荣，1896 年生，字花荣。中共党员。幼年丧母，被寄托在外祖父家抚养。幼年未上学，成人后，做过长工。20 岁去吉林省抚松县开荒耕种。1949 年 2 月加入中国共产党，曾任抚松县东冈护林站长（半脱产）。由于工作勤奋，护林有成绩，被评为吉林省护林模范，出席劳模大会，并获省人民政府“劳动模范勋章”。1953 年回原籍，任罗家庄党支部书记、贫协主任等职，广受群众好评，有较高的威望。1978 年去世。

罗洪儒（1912—1997 年）

罗洪儒，1912 年生。早年在青岛一家自行车修理铺当记账先生，后回原籍。1961 年至 1972 年 12 月任罗家庄大队会计。1973 年至 1985 年改任本村物资保管员。1997 年病故。

罗云山（1926—2004年）

罗云山，1926年生。中共党员。幼年随父母去关东。1953年回原籍，翌年加入中国共产党。曾任村高级农业生产合作社会计、罗家庄生产大队党支部书记。任职期间，工作认真负责，带领社员努力发展农业生产，并领导建立了砖窑厂、翻砂厂、粉丝厂、磨坊、木业组等副业组织，使生产大队的农副业生产日益发展壮大。此外，积极筹划，使村民尽早用上了电。在职十年多，受到群众的好评。2004年去世。

罗洪显（1928年—？）

罗洪显，1928年生。1948年加入中国共产党。1961年至1964年任罗家庄大队党支部书记。

范志彬（1942—1998年）

范志彬，1942年7月生。中共党员。1964年至1974年任罗家庄第四生产队会计。1975年至1998年任村大队会计兼文书。1986年6月加入中国共产党。后任罗家庄大队党支部委员。在任村大队会计期间，被高密镇经管站推荐为卣坊片会计业务指导片长。1998年病故。

罗洪金（1943—2017年）

罗洪金，1943年9月29日生。中共党员。1952年至1957年在卣坊小学就读。1964年至1969年任罗家庄大队团支部书记。1969年至1975年任本大队党支部书记。1975年至1983年任大队长兼党支部副书记。1983年至1999年任村委会主任。1999年至2001年任村居委会副主任。2001年退休。1991年至1994年连续4年被评为县先进工作者。1995年至1997年被开发区党工委评为优秀共产党员。1998年被开发区党工委、管委会评为先进工作者。1999年被开发区评为党政廉政建设先进个人。2001年至2002年被开发区党工委、管委会评为优秀共产党员。2017年去世。

徐敬清 （1945—2011年）

徐敬清，1945年2月生。中共党员。1966年1月应征入伍，1968年8月加入中国共产党，后任侦察班长。1970年1月退伍，任罗家庄大队党支部副书记，后任民兵连长兼城关公社党委委员。1975年1月至2002年4月任村党支部委员、民兵连长、治保主任、居委会委员。2002年5月至2011年任村居委会副主任、民兵连长。2011年病故。

罗相敏（1955—2017 年）

罗相敏，1955 年 8 月 28 日生。中共党员。1963 年至 1968 年在本村小学读书。1968 年至 1972 年在许家庄读联中。1973 年至 1977 年在罗家庄生产大队任保管员、民兵连长。1977 年至 1996 年为村电工。1996 年后，历任村委会成员、主任、党支部副书记。2017 年病故。

第二节　已故在外工作干部（部分）

罗景云（1899—1986 年）

罗景云，1899 年生，字星瑞。济南大学法律系毕业，并外语系结业。1950—1960 年在青岛律师事务所工作，后又到青岛新闻出版局从事外文翻译工作，“文革”以后在青岛自来水公司任职，直至退休。其子罗洪亮，于 1956 年迁至内蒙古呼和浩特市定居。

罗青云（1904—1960 年）

罗青云，1904 年生，字天阶，曾居青岛。毕业于烟台益文学校。曾去荷兰、美国等做生意 11 年，后为上海友联商行经理。主要推销山东产发网、花边等手工艺品，为早期山东手工艺品开拓国外市场做出了贡献。1960 年去世。

罗焕云（1908—1962 年）

罗焕云，1908 年生，字文卿。幼年读于私塾。青年时期到青岛面粉机械工厂当学徒并就业。1937 年到潍县宝生源面粉厂工作，担任技师。1948 年任宝生源面粉厂副厂长、工会主席，被评为昌潍专区劳动模范。1954 年加入中国共产党。1958 年调潍坊面粉厂任厂长。1962 年逝世。

罗洪干（1925—1984 年）

罗洪干，1925 年生。中共党员。1949 年参加工作，分配在青岛藏马县政府办公室工作。后辞职回罗家庄任村文书。1953 年任卣坊乡乡长。1955 年任柏城区政府生产助理。1962 年任柴沟公社党委组织委员、柴沟供销社副主任、双羊供销社党总支书记。1984 年退休，同年病故。

罗召云（1925—1991 年）

罗召云，1925 年 10 月 10 日生。1948 年参加解放军，参加解放上海、南京等战役。1952 年参加抗美援朝，历任班长、代理排长等职务。曾获三等功 1 次，四等功 2 次，勋章 3 枚。1954 年 6 月 25 日回国。10 月 25 日复原回乡参加社会主义建设。1991 年逝世。

葛荣华（1926—2008 年）

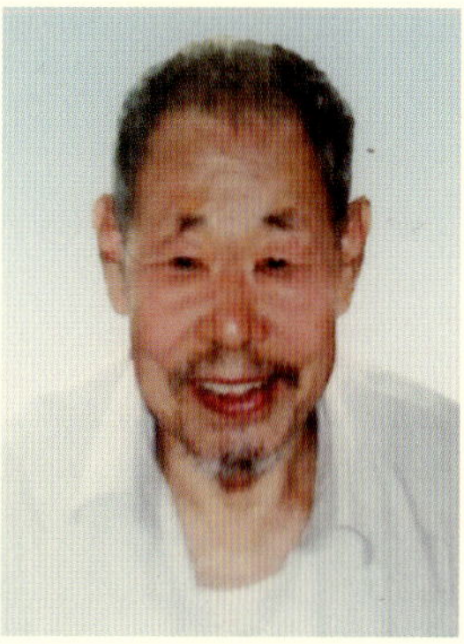

葛荣华，1926 年 12 月生。8 岁时因父母病故，由姥爷吴彦明将其收养，成为罗家庄人。1948 年 10 月参加革命工作，同年加入中国共产党。历任仁和区副区长，康庄公社党委副书记、社长，贫下中农协会主任（兼）、高密县农业局调研员（正科级）。1982 年 4 月离休。在康庄公社任职期间，在全国第一个培育了亩产达百斤皮棉品种，被中央、省、地、县高度重视，在全国推广康庄公社的先进生产经验。1965 年，葛荣华代表康庄公社参加了全国棉花工作会议，受到党和国家领导人的接见，周恩来总理对他进行了个别接见。

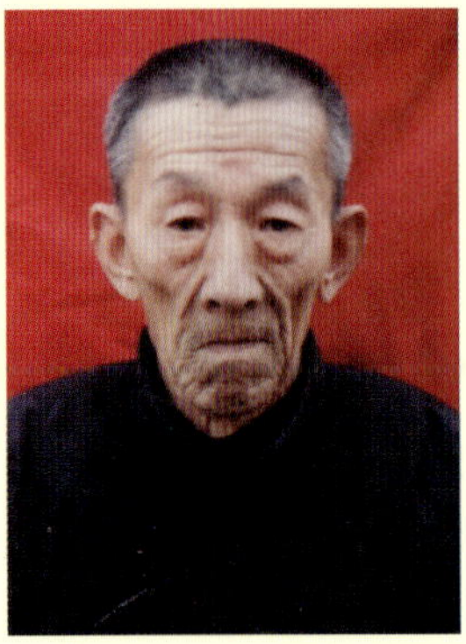

罗洪先（1930—2011年）

罗洪先，1930年6月23日生。1939年始读私塾，1944年转入东栾小学插班两年，1946年转入邓家庄，又到姚哥庄小学就读六年级。1948年春去青岛求学半年，后去县人民政府文教科学习月余，分配至东栾家庄任教。1950年去胶州专署教师培训班学习1年。1951年结业后去大吕小学任教。1953年调姚哥庄完小。1956年调芝兰庄小学任负责人，同年被县教育工会评为先进工作者。1964年调东大王庄学校任负责人。1969年去卣坊小学任教。1971年调鲁家庙小学任负责人。1983年离休。2011年病逝。

罗鸿鸣（1931—2016年）

罗鸿鸣，1931年生。毕业于南京大学。曾任教于西安交通大学、青岛建筑工程学院，并曾任实验室主任、教研室主任、系副主任。曾在《建工学院学报》等学术刊物上发表多篇学术论文。2016年去世。

罗相福（1931—2003年）

罗相福，1931年生，字子哲，号未名楼。曾任青岛市蔬菜公司驻军供应站工会主席。自幼随祖父从楷书入门习书。13岁拜高密著名书法家李绍海先生为师。其楷书较系统地临习了欧阳询的《九成宫醴泉铭》和颜真卿的《多宝塔》等帖。行书则学赵子昂并临《兰亭序》《圣教序》，浸淫“二王”书法尤深。中年之后专学草书，并广泛涉猎两汉及先秦之书和近代诸家，习字不辍。他擅长行、草书，笔势苍劲，潇洒自如。并广泛与书法名家交流技艺，博采众长，逐渐形成了自己的书法艺术风格。其书法作品曾多次参加书画大赛并获奖。作品及传略载入《中国老年书画家大辞典》《青岛市百名书画家作品集》等，作品在《大众日报》《青岛日报》等发表。其书法作品还被吴道子书画艺术馆以及美国、马来西亚、日本等国家和地区的艺术馆收藏。罗相福曾为山东画院高级画师、青岛市书法家协会会员、中国老年书画研究会会员、青岛市老年书画研究会秘书长、青岛市北苑书画院院长。2003年去世。

范财明（1948—2003 年）

范财明，1948 年生，中共党员。1970 年至 1973 年任罗家庄共青团支部书记。1974 年至 1975 年任本大队党支部书记。1976 年至 1979 年任城关公社党委副书记。1980 年退职经商。2003 年病故。

罗　彬（1964—2008 年）

罗彬，1964 年生，又名罗传义。中共党员，助理工程师。1970 年随军后，1972 年入宁波市白沙路小学读书，1978 年入宁波市第二十中学。翌年，因父亲转业转学至高密东关学校继续学习。1980 年考入高密一中。毕业后，先在高密机床厂工作，1983 年调入高密县环保局监测站任化验员，后任该站副站长。期间到上海医疗器械专科学校进修 3 年，专业为医用电子。2007 年任高密市环保监测站长。他精通业务，能熟练使用 BXJT8B 型数学式离子计、YGZ 型原子荧光测汞仪等各种监测仪器。所在监测站曾被省站评为仪器管理先进单位，个人被山东省监测站评为先进个人。2008 年卒。

第三章　退休人员

第一节　退休村干部

罗洪利

罗洪利，1933 年 6 月生。中共党员。1949 年至 1951 年任本村儿童团团长。1952 年至 1960 年在东栾家庄耕作区任副大队长。1961 年至 1973 年任本大队第一生产队队长。1974 年至 1975 年任村党支部副书记。1976 年至 1989 年任本村党支部书记。1990 年退休。改革开放以后，他带领全村村民先后办起了纸箱厂、鞋厂、建筑公司、石灰窑厂、硬脂酸厂、翻砂厂、拉链厂，为罗家庄的经济发展打下了基础，创造了一定的成绩，增加了集体收入，减轻了村民的负担。曾受到上级多次表扬。1981 年，他被县里授予万元户称号。

罗坤云

罗坤云，1937 年出生。中共党员。1958 年任本大队第二生产队会计。1965 年加入中国共产党。1966 年任生产大队长。1974 年至 1980 年任第二生产队队长。1981 年至 1982 年任村党支部组织委员。1983 年至 2002 年任本村现金保管。2003 年退休。在职期间，尽职尽责，从不马虎。在任大队长和生产队长期间，想尽办法发展副业，多种点经济作物，为社员增加收入。在任村现金保管时，从未有过错账，从未用集体的钱办私事，公是公，私是私，公私分明。曾受到上级有关部门的表扬，得到本村村民信任和支持。

杜立贤

杜立贤，1950 年 7 月生。1972 年 12 月应征入伍。1977 年 3 月退伍回乡务农。1978 年至 1989 年在本村建筑公司任物资保管员。1990 年任罗家庄居委会物资保管员。1999 年至 2014 年任村治保主任。在村任职期间，一直参与村“两委”工作。有修路、挖沟、水利工程任务时身先士卒，带领村民完成各项任务。工作积极，具有奉献精神，为罗家庄的发展做出了一定贡献。

甄秀花

甄秀花，女，1950年1月生。中共党员。娘家系娘娘庙村。1987年4月至2010年任罗家庄居委会妇女主任兼计生主任。2013年后任专职计生主任。2014年退休。1991年被评为高密镇优秀妇女干部。1994年荣获高密市计划生育工作先进个人。1995年、1996年被高密市经济开发区评为先进个人。1997年被高密市经济开发区党工委评为优秀共产党员、优秀妇女工作者。1998年荣获实施“春蕾计划”先进个人荣誉称号。在妇女工作中成绩显著，被评为优秀妇女工作者、三八红旗手。2000年、2001年分别荣获优秀妇女工作者、三八红旗手荣誉称号。2002年被高密市计划生育局评为计划生育系统先进个人。2003年被高密市妇联评为优秀妇代会主任。2007年被授予全市人口计生系统先进工作者。2009年荣获高密经济开发区党工委管委会颁发计划生育工作先进计生主任称号。2010年荣获潍坊市妇女儿童工作先进个人荣誉称号。

罗洪学

罗洪学，1951年4月生。中共党员。1969年12月应征入伍。1974年4月加入中国共产党。在部队受连嘉奖一次。1975年4月退伍回乡务农。1978年至1980年任本大队第二生产队会计。1984年至1998年任村党支部组织委员。其中，1985年至1990年在村办硬脂酸厂任物资保管员。1999年在村居委会工作。2003年至2014年任居委会现金保管员。2014年12月退休。任职期间，认真负责。在第五次人口普查中，荣获潍坊市人口普查先进个人奖。在完成上级分配的修路、挖沟和水利工程中，能带领村民保质保量地完成工程任务，多次受到上级领导的表扬。

王教芬

王教芬，女，1962年7月生。中共党员。1970年9月至1975年7月在律家村上小学。1975年8月至1978年7月在大周阳读初中。1978年8月至1981年7月在苗家屯读高中。1981年10月至1985年12月在律家村饭店任会计。1986年1月至1989年12月在东方建筑公司从事会计工作。1990年至1991年为罗家庄村委记账员。1992年至1998年8

月在东方建筑公司从事会计工作。1999 年 1 月至 2007 年 12 月在罗家庄居委会干会计。2008 年至 2009 年在居委会工作。2010 年至 2017 年 8 月任居委会妇女主任。

第二节　在外工作退休人员（部分）

罗厚云

罗厚云，1930 年 3 月 30 日生。中共党员。初中文化程度。1948 年 10 月加入中国共产党。是年 3 月至 1950 年 3 月任罗家庄民兵连指导员。1950 年 3 月至 1951 年 10 月任本村党支部书记。1951 年 10 月至 1952 年 10 月任中共高密县委第二区分委（区分委机关驻柏城）交通员。1952 年 10 月至 1953 年 3 月任中共高密县委第七区分委（区分委机关驻仁和）组织干事。1953 年 3 月至 10 月在中共胶州地委党校学习。学习结束回中共高密县委第七区分委任原职，后改为文书。1954 年 4 月至 1955 年 5 月任中共仁和区党委委员兼秘书。1955 年 5 月至 1956 年 2 月任单位组织委员。1956 年 2 月至 1957 年 8 月任单位党委委员兼农技站站长。1957 年 8 月至 1958 年 5 月任高密县农技站第二分站副站长、党委委员。1958 年 10 月至 1980 年任高密县气象站站长、副书记。1980 年退休。

罗洪升

罗洪升，1934 年 2 月生。1955 年 7 月于高密第一中初中毕业。1955 年 8 月参加工作，任小学教师。期间自学至中师学历。1959 年受到公社奖励。1983 年退休。

罗鸿庆

罗鸿庆，1936 年生。中共党员。1943 年到潍县求学。1957 年考入河北工学院（现天津大学）。1961 年大学毕业，被分配至一机部直属企业北京轴承厂任技术员。由于工作主动、积极、努力，积极参加党组织及企业各项活动，被党组织确定为重点培养骨干。后由于父亲突然去世，母亲年事已高，弟弟妹妹尚幼，由组织照顾于 1965 年 10 月调潍坊量具厂做技术工作，任技术科长。1966 年加入中国共产党。1976 年任潍坊量具厂副书记、副厂长。1981 年至 1987 年任潍坊市电子工业局生产科科长。1987 年调潍坊无线电一厂任书记、厂长。1988 年为使企业改制顺利进行，主动让贤，调潍坊录音机公司设备动力部任书记、主任。1996 年退休。

罗文照

罗文照，女，1936 年生，原籍罗家庄，罗景云之女。青岛卫生学校临床医学专业毕业，青岛市立医院肿瘤科临床医学专业结业，大学学历，副教授职称。1964 年毕业于青岛卫生学校，同年留校任教。1968 年到青岛市立医院肿瘤学科学习。1971 年回青岛市卫生学校工作。1977 年任青岛市卫生学校任教务主任。1996 年退休。

罗洪鹏

罗洪鹏，1937 年 6 月生。1955 年 12 月应征入伍，1959 年 4 月退伍，转业到新疆克拉玛依炼油厂，曾任机动科副科长、科长，电力工程师。1993 年退休。

罗相诗

罗相诗，1938 年生，字见方，号生肖斋。中共党员。1953 年 1 月参加工作，历任小学教员、供销社出纳。1956 年 1 月参加解放军。1958 年毕业于海军第二航空学校。1960 年 9 月加入中国共产党。历任学员班长、机械员、师干部科工作员、干部助理员、副政治指导员、政治指导员、海军东海舰队航空兵政治部干部处干事、东航政治部宣传处副处长。被海军航空预备学校和海军第二航空学校评为优秀学员2次。曾荣立三等功1次。获书面嘉奖1次，通报表扬1次，假日奖励2次，五好战士3次。1979年转业后一直从事环保工作，曾任高密县环保局局长。被国家环保局授予全国环保系统先进个人称号，被山东省人民政府授予全省环保系统先进工作者，被山东省环境保护委员会评为全省环保系统先进个人，被潍坊市人大评为普及法律知识先进个人，被潍坊市环保局评为先进工作者，被高密县委评为优秀共产党员，被高密县委、县政府评为先进工作者2次，被县委县政府记功1次，被高密县机关党工委评为优秀共产党员4次，被高密县政协评为优秀政协委员。高密县第九届人民代表大会代表，政协高密第五届文史委员会委员。1998年退休。

罗　毅

罗毅，1940年出生，曾用名鸿福。居青岛。1964年毕业于南京工业大学。曾任青岛海洋化工厂技术员、机动科科长。1979年调青岛市环保局任工程师、计财科长、计财处长，主持环保计划、财务工作。1990年升任环保局总工程师。1998年退居二线，任助理巡视员。2000年退休。他曾是青岛市环保局首任总工程师，也是青岛市首任公务员。在环保系统工作长达21年，是环保界的元老。他工作务实认真，多次荣获全国、省、市级先进工作者称号。长期从事青岛市环保计划、规划的起草工作，主持青岛市的“六五”“七五”“八五”环保规划的制定工作，在全国环保系统处于领先水平，多次受到表彰。担任总工程师后，分管环保外事、外经工作，主持了亚洲开发银行在我国的第一个环保项目的前期准备工作，包括青岛市亚洲开发银行项目的环境评价工作，获得亚行的好评。曾出访东南亚诸国、欧洲，并任团长到美国进行培训。论文曾收入“中国科学技术文库”（环境篇）、日本名古屋大学编辑的丛书等。曾获青岛市科学技术进步奖。社会兼职为中国环境科学学会理事、青岛市环境科学学会理事长、青岛市科协委员、青岛市环境科学学会名誉理事长。

罗鸿莲

罗鸿莲，1943年2月生。中共党员。1951年6月入本村小学读书，后加入少年先锋队。1956年7月考入柏城乡邓家庄完小学习，1958年8月毕业。1960年1月2日应征入伍，分配驻烟台二十六军炮兵团。翌年6月加入中国共青团。1962年7月加入中国共产党。历任战士、副班长、班长、排长、副连长、政治指导员、党支部书记、营党委委员，多次受到团、营、连嘉奖。1978年转业至蔡站良种保种厂，任办公室主任、工会主席，并多次被评为先进工作者。2002年退休。

罗鸿宝

罗鸿宝，1951年生。中共党员。1968年3月参加中国人民解放军，曾任班长。1969年7月加入中国共产党。1971年退伍，被分配至山东昌潍拖拉机厂，历任配件车间党支部委员、团支部书记、生产负责人。1975年后相继担任加工三车间、机修车间、设备科、供应科车间主任、科长、党支部书记等职。1982年任山东昌潍拖拉机厂党委常委、副厂长，1984年任该厂党委副书记。1991年任山东潍坊拖拉机厂厂长助理、销售处长兼党支部书记。次年任副厂长。1996年企业并入中央直属企业上海华源集团，其任山东潍坊华源拖拉机有限公司副总经理、总经济师、董事会董事。期间还任中国农机流通协会常务理事，并被评为山东省机械系统先进个人、潍坊市经贸系统先进党员等。2005 年企业改制后任总经济师。2011 年退休。

罗洪印

罗洪印，1951 年生。中共党员。1966 年 5 月加入共青团。1970 年 12 月入伍，毕业于福州军区军医学校。1972 年 9 月入党。历任通信员、卫生员、技术员、助理军医、军医、主治军医、副团职中校军医。服役期间曾受师党委通报嘉奖 2 次，师后勤部党委嘉奖 5 次，被评为师后勤部优秀共产党员 2 次。1993 年 10 月转业回地方，分配到交通系统工作。历任济青高速公路青州管理处主治医师、办公室主任、济青高速公路昌乐县收费站站长。被省交通厅评为先进工作者和工会积极分子各 1 次，被济青高管局评为三等功 2 次，先进工作者 3 次。

罗锦秀

罗锦秀，女，1953 年生。中共党员。1960 至 1969 年先后在本村小学、卣坊小学与中学读书。1974 年至 1976 年在胶州师范学校上学。师范毕业后分配至高密县教育局任科员。1978 年至 1984 年先后在东关小学、立新中学任教。1984 年至 1996 年任县教育局科长、副局长。1996 年任潍坊市教育局勤工俭学管理站副站长。职称为中学高级教师。

徐先进

徐先进，1955 年 11 月生。中共党员。1962 至 1968 年 12 月在本村小学读书。1969 年 1 月至 1971 年 12 月在许家庄联中就读。1972 年 1 月至 1972 年 12 月在高密五七红校（一中）读高中。1973 年 1 月至 1974 年 11 月任本大队会计。1974 年 12 月应征入伍。入伍后为部队放映员。1976 年 10 月 23 日加入中国共产党。1977 年 7 月至 1979 年 10 月，任代理书记员兼放映员。1979 年 11 月任代电影组长，成志愿兵。1984 年退伍，安排至高密热电工程指挥部工作。1984 年 12 月至 1985 年 6 月，为高密热电工程指挥部供应处业务员。1985 年 7 月至 12 月任高密热电工程指挥部供应处仓储组长。1986 年 1 月至 11

月任高密热电厂厂办文书。1986年12月至1991年12月任高密热电厂煤炭供销公司副经理。此间，3次被评为优秀党员，2次被评为先进工作者。1992年任高源集团公司政工科主任，被评为优秀党员。1993年1月至1994年5月任高源公司集团公司办公室副主任，连续被评为优秀党员。次年6月至1998年12月任公司电化厂经营副厂长，2次被评委先进工作者，3次被评为优秀党员。1999年12月至2005年12月任公司后勤处处长、支部书记，连续被评为优秀党员。2006年1月内退。2010年11月退休。

罗相增

罗相增，1956年5月生。中共党员。1974年毕业于高密五中。1976年3月就业于高密华通机械厂，从事车工技术、质量检查等工作。1977年至1982年连续荣获厂先进生产者。1983年3月调高密市乡镇企业局工作。1985年7月考入高密师范干部班带薪学习2年，结业后负责乡镇企业职工教育。1989年被潍坊市乡镇企业局评为先进工作者。是年撰写的《论乡镇企业职工教育》一文，被潍坊市教委评为优秀论文二等奖。1989年4月参加北京经济函授大学的学习。1990年

3 月调到高密市机械厂任经营厂长兼工会主席。是年 7 月入党。1991 年 4 月获函授大学专科学历。1994 年被高密市乡镇企业局评为先进工作者。1995—1996 年连续被高密市总工会授予工会积极分子。1997 年 7 月获厂内技术革新二等奖。

范玉廷

范玉廷，1956 年 12 月生。1962 年 8 月至 1967 年 8 月在本村小学读书。1967 年 9 月至 1970 年 10 月在荆许联中就读。1970 年 11 月至 1973 年 2 月在高密一中读高中。1973 年 8 月至 1974 年 11 月在高密运输公司当工人。1974 年 12 月至 1976 年 11 月为城关公社农业学大寨工作队队员。1976 年 12 月应征入伍，在部队历任战士、班长、排长。1978 年 12 月荣立三等功。是年 3 月加入中国共产党。1980 年 9 月至 1981 年 8 月为空军雷达学院学员。1981 年 9 月至 1988 年 1 月任副连长、参谋、股长。1988 年 2 月至 1996 年 8 月任济空部队股长。1996 年 9 月退伍，任高密残联主任。2017 年退休。

范彩仁

范彩仁，1958 年 9 月生。中共党员。本科学历。师职干部。1976 年 2 月应征入伍。1977 年 9 月入党。2016 年 10 月退休。入伍后历任战士、班长、学员、政治指导员、参谋、干事、主任、处长、政治委员等职。在基层工作期间，带领连队出色完成了各项战备任务和工作任务。曾代表连队出席全军基层政治工作会议并介绍经验，受到军委首长的接见，所在连队被军兵种授予全面建设模范连荣誉称号。本人被评为优秀指导员，荣立三等功。在机关工作期间，参与完成了许多急难险重任务，撰写了大量研究性和实用性文稿，被评为优秀机关干部，荣立三等功。担任团以上领导干部后，团结带领班子成员和所属单位组织完成了上级赋予的各项任务，所在单位被全军评为先进单位。撰写的《领导干部一定要讲政治》一文在《解放军报》发表。荣立二等功 1 次、三等功 4 次，被军兵种评为优秀共产党员 1 次，被评为先进工作者多次。

罗相金

罗相金，曾任临沂地区种畜场财务科科长，高级会计师。已退休。

附：

勤政为民　公仆本色

——记潍坊市人大代表、潍坊市劳动模范、
高密市朝阳街道罗家庄社区党支部书记罗相明

一曲《圆梦》唱遍了大江南北，也让大家认识和熟悉了刘老根。在高密市朝阳街道罗家庄社区，就有一个和刘老根有同样梦想的圆梦人——为了父老乡亲的那份情，他带领干部、群众解放思想、艰苦创业，走出了一条和谐致富路，圆了一名共产党员无怨无悔的人生。他，就是高密朝阳街道罗家庄社区党支部书记罗相明。罗相明是罗家庄这方土地上养育起来的农村基层干部。自 1990 年担任党支部书记以来，他和社区“两委”一班人，以对党的事业的无限忠诚和对父老乡亲的无限热爱，在罗家庄社区这方热土上奏响了一曲曲新时代的奉献之歌。

经过十几年的不懈努力，罗相明把高密市原来最乱最穷的村治理成全市十佳文明村；把负债 438 万元的贫穷落后村发展成固定资产 7000 万元、自有资金 3500 万元的富裕村、文明村、和谐村。罗相明也由于业绩突出而先后荣获高密市优秀共产党员、优秀人大代表、潍坊市优秀民营企业家、潍坊市劳动模范等荣誉称号。

“作为一名共产党员，就应该在党和人民要的时刻挺身而出，挑重担，开动脑筋谋发展。”

让我们将时光回转，走进 20 世纪 80 年代末期罗家庄的历史记忆……

罗家庄地靠城边，地少，打的粮不够吃。原有六家村办企业都已倒闭，集体欠债 400 多万元。骂街撒泼、打架斗殴现象司空见惯，寻衅滋事、栽赃陷害现象屡屡发生。300 户人家有 37 户超生。窃电成风，电费打着滚儿往上翻……

罗家庄可谓进入了多事之秋。

罗家庄的出路在何方？谁能带领大家走出困境？

上级部门在寻找着，罗家庄的群众在热切地期盼着。最终大家把关注的目光集中到了罗相明的身上。罗相明高中毕业，先后担任过村团支部书记、治安主任、民兵连长、村委副主任，有经验，有头脑，有能力。1990 年 12 月，罗相明以全票当选为罗家庄新一届党支部书记。

俗话说，新官上任三把火。但此时此刻，罗相明拥有的却是青春之火、奉献之火、热情之火。历经多次的失眠和细致的摸底之后，他稳定了情绪、理清了思路、调整了对策，终于把这一团团火点燃了……

谁也没有料到，罗相明所点燃的这把火没有“火气”，却放射着星火般的光芒。原来，他把老百姓最关心最想办的事情办成了。

当时，罗家庄有半年多被停电，恢复用电是当务之急。罗相明算了一下：变压器要换，线路要改造，欠供电局的电费要还上，几项加起来要五六万元。“我们每人出 5000 元，是借是贷个人想办法。我去找找供电局，请求照顾一下，电的问题马上解决！”罗相明拿定了主意。在罗相明的积极协调努力下，罗家庄重现光明。

电的问题解决了，整修道路也是一个迫在眉睫的问题。

过去的罗家庄村没有一条像样的街，雨天走在路上，泥能拔下鞋来。上任伊始，罗相明便把通街路的事提到了“两委”会议上。主意不错，但大家愁的还是钱，“两年之内，必须把村里的三条大街全部通好，铺上砂石。没有钱不要紧，发动村民自己解决。一口人三方石头，出去捡！”罗相明当即拍板。

不出两个月，罗家庄村西那条大街便焕然一新。

罗家庄地处贫水区，全村 1000 多亩土地没有一亩是水浇田。为此，罗相明专门请来了市里和省里的水利专家勘探，寻找水源。可罗家庄的地下却是一片红板岩。

在困难面前低下头颅的是懦夫而非真正的勇士。罗相明无疑属于后者。他不放弃，相信总会有办法。“从胶河提！”这一颇为大胆的想法在罗相明的脑海中产生了。他带领村民克服重重困难筹集了30多万元，在胶河床上打了7眼机井，用二级提水的办法解决了村南500多亩粮田的灌溉问题。从此，罗家庄人告别了几百年来靠天吃饭的历史。

智者先达。一个偶然的机会，罗相明了解到种植大棚樱桃前景广阔，利润可观。他在充分考察论证的基础上决心把村东那200亩高岭薄地变成高效农业示范基地。

为了消除广大群众对栽培樱桃的疑虑，罗相明率先垂范，动员自己的几个弟弟连同8名党员干部成了罗家庄1996年春的第一批樱桃种植户。经过精心培育，试验终于获得了成功，1998年，大樱桃开始结果，每亩卖到了2000多元！当年，全村大樱桃种植就猛增到300多亩，成为全镇种植业结构调整的一大亮点！为了进一步做好樱桃种植产业，2000年，罗相明带头投资8万元建了大棚樱桃示范项目。结果当年每斤樱桃卖到80元，1亩半的樱桃就毛收入11.7万元，从而极大地调动了群众的种植积极性。

尽管忙忙碌碌地解决了一系列老百姓最关心的问题，可罗相明还是觉得自己做得太少了，经济发展的步伐太慢了。熟悉罗相明的人都知道，虽说他血气方刚，富有开拓进取的锐气，但是脚踏实地、结合实际促发展也是他的宝贵品格。

随着城市的扩张和城镇化建设的推进，罗相明敏锐地觉察到，罗家庄要实现新的突破，必须全面落实科学发展观，不断加大招商引资力度。

“筑巢引凤”是罗相明发展集体经济的一个亮点。1999年，他提出在村西出100亩土地建设村级工业园。为了解决资金不足的问题，罗相明审时度势，力排众议，他说，“我们可采取集体投一部分、建筑商垫一部分、村民集一部分的办法解决。我给大家分个任务：我和主任每人出10万元，副主任和文书出4万元，其他成员出3万元，村民自愿，愿出多少出多少，好不好？”

罗相明的决策得到了班子成员的一致赞同。几年下来，罗家庄白手起家，相继投资5000多万元建起了三个工业园，总建筑面积5万多平方米。整个社区呈现出蓬勃生机和活力。

也正是凭着罗相明的执着和真诚，近年来，社区先后引进马来西亚的马来生物肥料有限公司和我国台湾地区的亚泰木业有限公司、江苏交通控股集团的南林国际假日酒店等投资项目 15 个，总投资近 3 亿元，年产值可达 2.5 亿元，年创税收 1000 多万元。

“什么时候都不能忘记党的宗旨，全心全意为人民服务。你心里装着群众，群众心里才有你。”

多年来，罗相明始终把造福乡亲当作自己的责任与义务，用大山般的炽热情怀书写着爱的赞歌，用行动诠释出奉献的真谛。伟大的追求激发不懈的动力，但目标简单而崇高，那就是为父老乡亲谋福祉，为构建和谐社会与新农村做贡献。

在罗家庄采访，给人印象最深的就是这里有一个务实、廉洁、勤政的好领导班子，他们是真心实意为父老乡亲办实事的人。由于过去集体经济薄弱，村干部的工资直到 2003 年才结清。村干部在此前近十年的时间里几乎没有发过工资，这在常人看来是不可思议的事。“我们主要是被罗书记的人格魅力鼓舞着，否则早就不干了。”村“两委”成员动情地告诉记者。

多年来，罗相明时刻把群众的冷暖挂在心上，被群众誉为“贴心人”，有些事迹已被传为佳话。罗家庄有七八家特困户，其中有两家属于孤儿寡母相依为命的情况。母亲都是 80 多岁的耄耋老人了，儿子都是 60 多岁的智力障碍者。如果没有集体照顾，那他们的生活将是何种状况啊？可这两家日子过得还不错，不愁吃不愁穿，两个老人整天还乐呵呵的。这些年，罗相明经常去看他们。徐清田的老母亲视力几近失明，从前的不少街坊亲戚她都辨认不出来了，可每次村干部们去看她，她一眼能认出书记来。

春节前夕，罗相明带上钱和过年的东西去看她，老人拉着他的手激动地说：“重阳节你送来的油、面还没吃上呢，钱也有，老让你操心，我真过意不去啊！”

据悉，这两个家庭过去生活很困难，一斤豆油吃半年，住的房子也是“痨病屋”。自罗相明当了书记后，村里对特困户实行了倾斜政策，保证他们不低于村民平均生活水平。2001 年春，村里还出钱专门给这两家盖了四间大瓦房，现在可以说是吃住不愁了。

诸如此类的感人事迹无疑还有很多，有的连罗相明自己都记不清了，但是这里的父老乡亲却一直铭记在心，用最朴实的语言诉说着最动人的故事。

老有所养，幼有所教，中有所用，是千百年来劳动人民的美好愿望。如今，这在罗相明带领下的罗家庄变成了现实。

2003 年，罗家庄在全市农村中第一个实施养老制度。近 80 岁的罗洪利老人数起了他的待遇：“我现在很知足了，你看，像我们这些庄户人，每月还享受 60 元（60 岁开始，每高 10 岁加 10 元）生活补助；过生日村里送蛋糕；过冬，每人发 200 元的烤火补贴；去年重阳节村里给我送来了太空被，还有 400 元钱，这在过去想都不敢想！”老人罗范氏高兴地说：“过去，花一分钱都要跟儿女要，现在把钱都送到俺家门上，这都是托了俺大当家的福啊！”

作为潍坊市人大代表，罗相明的话朴实而又饱含深情：“我觉得人大代表是一种荣誉，更是一种使命和责任，要积极在群众和政府之间发挥桥梁和纽带的作用。”

多年来，罗相明积极履行代表职责，注重学习有关法律法规，积极参加上级部门组织的活动，抽时间深入群众调查研究，先后提出了《关于加强胶河水源地保护的建议》《关于加强路标路牌建设的建议》等多条建议议案。特别是在 2008 年初召开的潍坊市十五届人大一次会议上，他与其他代表联合提出的《关于从源头上抓好食品质量安全》的议案得到大会主席团和潍坊市人大常委会的高度重视，成为列入大会议程的一号议案。

谈起未来，罗相明书记依然豪情满怀：“我们计划从 2008 年开始进行旧村改造，争取用三五年的时间让所有村民从现在的平房住进宽敞明亮的楼房，让父老乡亲过上更加幸福的生活！”

（邱科发　杜坤　鞠恩珏　原载于 2008 年 4 月 22 日《山东工人报》）

附：

金光大道上的领路人

——记山东省劳模、潍坊市人大代表、高密市朝阳街道罗家庄社区党委书记罗相明

在事业面前，他是一位眼光超前的开拓者；在乡亲们心里，他是一位事无巨细的亲人。27 年间，凭着对党的事业的无限忠诚和对父老乡亲的无限热爱，他敢想敢干，将一个全市最穷的村硬是打造成了拥有固定资产 7000 万元、自有资金 3500 万元的富裕村、文明村、和谐村。随着社区建设的加快，他又带领广大居民将村居打造成了城市社区建设的示范和标杆，将社区推上了第五次跨越发展的快车道。他，就是潍坊市人大代表、高密市优秀共产党员、朝阳街道罗家庄社区党委书记罗相明。

崛起之路

1990 年 12 月，罗相明以全票当选为罗家庄新一届党支部书记。当时罗家庄正处于一个前所未有的“多事之秋”：因为原有六家村办企业倒闭欠下 400 多万外债，导致群众产生了强烈的猜疑、不满、对立情绪，各种歪风邪气弥漫开来，上访事件时有发生，骂街撒泼、打架斗殴现象不断发生，300 户人家有 37 户超生；窃电成风，欠费严重，已经被供电局停电达半年多……

罗相明是个土生土长的农村基层干部，已经先后担任过村团支部书记、治安主任、民兵连长、村委副主任等职，对村庄这种癌变式的散乱，看在眼里，急在心上。虽然他是“两委”干部中最有经验和头脑的人，可是面对这样的烂摊子，他却陷入了深深的沉思。

千里之行，始于足下。罗相明决定还是从老百姓最关心、最想办的事情干起。当时，罗家庄已被停电半年之久，恢复供电是当务之急。他算了一下：

变压器要换，线路要改造，欠供电局的电费要还清，几项加起来要五六万元。“我们每人出5000元，是借是贷各人想办法。我去找找供电局，请求照顾一下，电的问题马上解决！”罗相明对“两委”干部分配了任务。在他的积极协调努力下，罗家庄重现光明。随着之后的规范管理，罗家庄的用电问题再没出过意外。

老百姓最喜欢办实事的村干部，这次恢复供电，也让村民看到了罗家庄的光明：骂干部的话少了，见面打招呼的多了，干群紧张关系大为缓和。见这招有效，罗相明趁热打铁，用白手起家式的苦干，两年之内把村里的三条大街全部铺上砂石，用二级提水的办法解决了村南500多亩粮田的灌溉问题，解决了群众多年出行难和靠天吃饭的苦日子。随后，一桩桩实事无不办到了老百姓的心坎上。两年下来，全村上下心齐了，气正了，一盘散沙的面貌一去不返。

尽管解决了一系列老百姓最关心的问题，可是罗相明深深明白：这些问题只能治表，想要彻底改变罗家庄的落后面貌，当务之急是要尽快让老百姓过上好日子。可是，罗家庄地靠城边，地少又贫瘠，打的粮仅够糊口，到哪里找一条合适的出路呢？

一个偶然的机会，罗相明听说种植大棚樱桃前景广阔，利润可观，带队外出考察后发现果然如此。经过充分论证，他决心把村东200亩高岭薄地变成高效农业示范基地。

为了消除群众对栽培樱桃的疑虑，罗相明率先垂范，动员自己的几个弟弟连同8名党员干部成了罗家庄1996年春的第一批樱桃种植户。经过精心培育，种植终于获得了成功：两年后大樱桃顺利结果，盛果期每亩卖到了2000多元。2000年罗相明带头投资8万元建了樱桃大棚，结果每斤樱桃卖到80元，1亩半地毛收入高达11.7万。这些数字让村民沸腾了！村民不用号召便热情高涨，很快全村大樱桃种植就猛增到300多亩。靠种植业结构调整，罗家庄终于挖掉了传统农业的穷根。

初战告捷，让罗相明信心倍增，更激起了他加快经济发展的雄心。随着城市的扩张和城镇化建设的推进，罗家庄的区位优势陡显，罗相明敏锐地觉察到：村庄要实现新的突破，必须全面落实科学发展观，加大招商引资力度。也正是从这时起，他带领群众跨入经济高速发展的快车道。

1999 年，罗相明提出在村西辟出 100 亩土地建设村级工业园。为了解决资金不足的难题，他再次给“两委”干部分配了重担：“我们可以采取集体投一部分、建筑商垫一部分、村民集一部分的办法解决。我给大家分个任务，我和主任每人出 10 万元，副主任和文书出 4 万元，其他成员出 3 万元，村民自愿，愿出多少出多少！”他的决策得到了班子成员的一致赞同。

几年下来，罗家庄白手起家，相继集体投资 5000 多万元建起了 3 个工业园，总建筑面积 5 万多平方米，先后引进马来西亚的马来大壮生物肥料有限公司和中国台湾地区的亚泰木业有限公司等 15 个投资项目，总投资近 3 亿元，年产值达 2.5 亿元以上，年创税收 1000 多万元。工业经济的迅猛发展，带动了当地服务业和居民就业，“筑巢引凤”成为罗家庄集体经济壮大的亮点，整个村庄呈现出蓬勃生机和活力。

嬗变之路

2012 年前，因为高密南部高层楼的崛起，罗家庄慢慢被周边的高层建筑所包围，成了典型的“城中村”。之前的多年，因为顾及城市综合开发，唯恐浪费了财力，罗相明一直对群众翻建房屋、批宅基地等建设项目采取了相应的限制。随着“城中村”逐渐被边缘化，看着有的居民住的还是低矮破旧的平房，他也开始盘算着如何在村庄面貌上动一次大手术。

恰在这期间，市领导主动找到了罗相明：“老罗，有项非常艰巨的任务想交给你，敢不敢接下来？”原来，市领导经过再三选择，想把罗家庄树为第一个整村搬迁的典型。得知领导的计划和自己的想法不谋而合后，罗相明敢闯敢干的激情顿时被点燃了：“只要有领导的支持，罗家庄保证完成任务！”

虽然他答应得斩钉截铁，可是连亲朋好友都为他的“冒失”捏一把汗：拆迁那可是“天下第一难”呀，老罗都 60 岁的人了，放着清闲不享，这不是自找麻烦吗？！

明知道拆迁难做，可是罗相明偏偏不信这个邪，开弓没有回头箭，很快，市、街道、居三级共同参与，组成28个工作组，100多人的工作队伍将偌大的指挥部挤了个满满当当。动迁会开完，复杂的拆迁工作就给罗相明来了一个下马威：无数居民挤进他的办公室，有的寻问情况，有的咨询补偿政策，还有的要求他帮着处理家庭纠纷……几十张嘴把小屋搞得如早市般吵闹。而外面，还有市直部门的关系等着他去协调，还有若干工作等他处理，让罗相明一时分身无术，焦头烂额……

的确，这次搬迁的工作量太大了：全村467亩土地，528户居民，共675套房屋，想一次性全部协议搬迁，其难度可想而知。此后的一个月时间里，罗相明几乎每天都处于这种紧张、繁杂、吵闹的工作氛围中，如一团乱麻般的工作让他疲于应对，每一天都口干舌燥、心力交瘁。

罗相明此前的血压一直正常，可是在拆迁开始后，一天早上他突然感觉头晕得根本走不了路。街道领导唯恐他这根顶梁柱倒下，硬逼他去了医院。检查结果把他自己都吓了一跳：高压到了180！血压再高，搬迁工作也离不开自己，为了把血压降下来，他把药吞下肚后又返回了指挥部。从此，他落下了靠吃药维持血压的后遗症。

在拆迁指挥部里，每天罗相明第一个来，最后一个离开。往往到了家便一头扎进床上，再不想动一下。老伴和儿子心疼得直掉泪，为他洗脚、喂水，唯恐他累出个好歹来。

有这样的基层老领导带头，参与拆迁工作的人员都倍受鼓舞，个个都成了不计得失、忘我付出的精英，每天和居民解释政策，说服教育，百问不厌，百跑不烦，百折不挠。凭着这样的韧劲，在市、街道、居三级齐心协作下，全村675处房屋搬迁签约工作仅用30天的时间就全部完成，由此，罗家庄成为高密市史上第一个顺利实施整村改造的村庄。

利用倒出的土地，罗家庄小区很快开工建设。此时，罗相明有了一个更大的梦想：社区建设是各级政府大力倡导的中心工作，搬迁为罗家庄建设新型城市社区打好了基础。新的居住区不但要有好的居住环境，更应该有优质服务、坚实保障、丰富多彩的文化活动，要让群众过上时尚便捷的城市生活。

2015 年秋，罗家庄选择多层楼的搬迁户回迁住进了罗家庄小区；2018 年春，选择高层楼的搬迁户住进了高层回迁项目罗府新城。至此，自 2012 年冬实施的旧村改造项目圆满画上了句号，群众的居住环境发生了质的飞跃。

如今，在罗家庄小区，我们可以清晰地感受到当初罗相明描绘的那个蓝图：欧式风格的居民楼里宽敞明亮，小区中心是 5000 平方米的党群服务中心大楼，里面按群众需求配套建好“一厅、两校、十室、两馆、两中心”。居民回迁后，党群服务中心成为居民办事、互助、学习、休闲、娱乐的好地方。其中，居委会重金打造了智慧平台，居民信息管理系统、罗家庄频道、党建微平台等版块成为居民参与社区管理和日常生活的参谋助手，足不出户，居民便可享受多样化的服务资源。党群服务中心启用后，罗相明便大力倡导家园文化教育，随之形成了浓厚的孝老爱亲氛围，一系列文化活动丰富了社区文化，提升了居民素质，在社区上下形成了做文明人、办文明事、创文明和谐社区的浓厚氛围。社区自成立后，先后 80 多次为省住建厅、潍坊市委组织部等上级检查工作、兄弟单位观摩学习提供现场，优异的工作成绩也赢得了上级领导、兄弟单位的肯定和好评。

亲民之路

多年来，罗相明始终都把造福乡亲当作自己的责任与义务，用大山般的炽热情怀书写着爱的赞歌，用行动诠释出奉献的真谛。伟大的追求激发不懈的动力，但目标简单而崇高，那就是为父老乡亲谋福祉，为构建文明和谐社区做贡献。

罗家庄“两委”是一个团结务实、廉洁勤政的好领导班子，他们是真心实意为父老乡亲办实事的人。由于过去集体经济薄弱，村干部的工资直到 2003 年才结清。村干部在此前近十年的时间里几乎没有发过工资，这在常人看来是不可思议的，对此村干部的解释是：“我们主要是被罗书记的人格魅力鼓舞着，否则早就不干了。”

多年来，罗相明时刻把群众的冷暖挂在心上，被群众誉为“贴心人”，有些事迹已被传为佳话。罗家庄有七八家特困户，其中有两家属于孤儿寡母、相依为命的情况。母亲都是80多岁的耄耋老人，儿子也都是60多岁的智力障碍者。如果没有集体照顾，那他们的生活将是何种状况啊？可这两家日子过得还不错，不愁吃不愁穿，两个老人整天还乐呵呵的。这些年，罗相明经常去看他们。有位老人明明视力已几近失明，从前的不少街坊亲戚她都辨认不出来了，可每次罗相明去看她，她却一眼就能认出来。

诸如此类的感人事迹还有很多，有的连罗相明自己都记不清了，但是这里的父老乡亲却一直铭记在心，用最朴实的语言诉说着最动人的故事。

老有所养，幼有所教，中有所用，是千百年来劳动人民的美好愿望。如今，这在罗相明带领下的罗家庄变成了现实。

2003年，罗家庄在全市农村中第一个实施养老制度。60岁以上老人享受起了养老待遇：每月享受生活补助，过生日居委会干部便早早送来蛋糕，重阳节不但能领到敬老金，还有文艺节目可看。很多老人提起自己的待遇便开心地夸道：“过去，花一分钱都要跟儿女要，现在把钱都送到俺家门上，这都是托了俺大当家的福啊！”

举国百姓享受着新型农村合作医疗保险带来的益处时，罗家庄的居民前些年几乎不用交一分钱，便可享受到这一益处。除此之外，罗相明多年前就意识到大病给居民造成的因病致贫、因病返贫现象，推出了自己的土政策，制定了《罗家庄居委会大病救助办法》，让那些身患重病的不幸家庭，除了享受农村合作医疗的医药费报销外，还能得到居委会最高一万元的二次救助。领到村里的大病救助金后，很多居民为此非常感慨：“这些钱不但帮了我们的大忙，村里对我们的关怀也真真切切地让人感觉暖心窝子呀！”

群众虽然对一些工作并不了解，可是他们却敏锐地察觉到了罗家庄的细微变化：山东省、潍坊市的领导时不时来社区看一看；居民最关心的孩子们，每天放了学可以走进社区的四点半学校，不但有人照顾，还有人教书法；全国女子象棋甲级联赛的大师们走进了社区，和象棋迷坐在一起进行友谊赛；2017 年底，罗家庄社区自己办的“春晚”走上了高密电视台的荧屏……

这一桩桩可喜的变化，让老百姓真切地体会到罗家庄落后的面貌已经一去不复返，有罗相明这个当家人，他们肯定会跟着踏上一条更为宽广、更受期待的发展之路。

（刘志杰撰）

附：

罗相诗的艺术人生

罗相诗自幼酷爱书法，1986年毕业于中国书画函授大学。其楷书取法魏唐，主攻颜体，笔法浑厚，体态端庄，朴实有力，气韵为上。行草师法“二王”，兼容唐宋诸家。行书借草结构，形体增加动势，意在笔先，挥洒自如，行如流水，落笔成趣。喜作榜书，笔酣墨畅，苍劲有力。追求劲建、豪放飘逸、洒脱老辣的艺术风格，尤擅长行书和魏碑。系山东省书法家协会会员。

其曾担任《中国环境报》《山东环境报》《山东环境》《新环境报》《半岛环境报》《青岛环境》通讯员和特约记者，撰写环境论文和通讯报道300余篇。其中《县级环境保护的重点应放在加强乡镇企业的环境管理上》《加强环境工作之我见》《监督就是服务》《领导负责制是搞好环保工作的关键》等，受到各报社的好评。用书法宣传环境保护，受到各级领导和各界人士的好评。

1995年以来，先后被高密一中、第一实验小学、东关小学、城南中学、曙光中学、康成中学聘为特长生导师专教书法。被高密市老年大学聘为书法班教师。此外，还经常被省内外、市内外邀请参加一些书法交流活动。

他的书法作品曾多次参加国内外展览，60多次获奖，其中43次获一、二、三等奖。还被国内外18家档案馆、艺术馆收藏了作品。特别值得一提的是，他为1990年北京第11届亚运会创作的十二生肖作品，受到高度评价。著名书法家朱学达说该作品“有独到之处”；山东工艺美术学院院长张彦青说十二生肖作品“堪称佳作”；国家环保局原局长曲格平说：“全国用书法宣传环境保护，县级环保局长中，罗相诗是独此一家，书法写得好，宣传工作搞得更好。”为此，他应邀出席亚运会开幕式。县政府为此还召开了新闻发布会。他还为第四次世界妇女大会和第六届远东及南太平洋地区残疾人运动会捐赠了作品，受到省政府好评。

他先后在《中外交流》《大众日报》《中国环境报》《中外企业报》《中国城市美容报》《山东环境报》《山东环境》《潍坊日报》《青岛环境》《新环境报》等发表书法作品百余件。作品曾被出访代表团作为国礼赠给外国团体和友好人士；被日本、新加坡、韩国、泰国、美国、意大利等国家和地区艺术爱好者收藏，广誉海外。出版过《罗相诗书法作品集》，并陈列于新加坡新神州艺术馆和济南南郊宾馆中。他的十二生肖作品、荣誉证书和在外地活动的照片由高密市档案馆入馆收藏。1992年在济南举办过“罗相诗书法展”；1995年在济南美术馆、青岛市博物馆举办的“高密籍十名书画名家作品联展”，他为作者之一。他的传略及作品被载入《中国书画作品精选》《中国国际文学艺术博览》《中国书画作品大观》《世界当代书画篆刻家大辞典》《东方书画长城巨卷》等。他还爱好古典诗词，诗作被载入《中国新世纪诗人诗选》《当代诗坛》《聂帅颂》《渤海诗草》等诗集中。报纸、杂志、电台、电视台都对他做过专题介绍。他还编写了楷书、行书、隶书、篆书、草书讲义和《王羲之行书集锦》《加强乡镇企业环境管理》（与人合作）。

（罗琳撰）

附录

罗家庄党员大会制度

支部党员大会是支部的领导机关，凡属支部重要问题都应提交支部党员大会讨论决定。支部党员大会是支部全体党员都参加的大会。定期召开支部党员大会是党支部贯彻执行民主集中制的主要形式和制度。

一、支部党员大会的任务

传达、学习党的路线、方针、政策和上级党组织的决议、指示，制定本支部贯彻落实的计划、措施；听取、讨论支部委员会的工作报告，对支部委员会的工作进行审查和监督；讨论接受入党申请和预备党员的转正；讨论决定对党员的表彰和处分；选举支部委员会；讨论决定其他需由支部党员大会讨论决定的重要问题。

二、支部党员大会的会期

支部党员大会6个月召开一次。

三、支部党员大会的准备

召开支部党员大会前，支部委员会要为支部党员大会的召开进行认真的准备。

1. 要根据实际工作需要确定支部党员大会的议题。

2. 将大会内容和要求事先通知全体党员。

四、支部党员大会的举行

1. 支部党员大会由党支部书记主持，支部书记因故不能到会，也可由委员主持。

2. 组织党员就大会准备决定的问题进行充分的酝酿讨论。

3. 按照规定的表决方式举行表决，形成决议。

4. 支部党员大会要指定专人做好大会记录。大会记录要记载大会时间、地点、主持人、出席人、缺席人、大会议题、每名党员发言内容、决议的内容及表决情况等。

五、支部党员大会的要求

1. 支部党员大会要充分发扬民主，到会党员应充分发表意见，并按照少数服从多数的原则进行表决。对经过讨论不能统一认识的问题，不要急于做出决议，会后可进一步酝酿，待下次大会再议，必要时可报上级党组织。

2. 支部党员大会进行表决时，赞成票超过应到会有表决权的正式党员半数时，结果有效。召开党员大会换届改选时，到会有选举权人数超过应到会人数的 4/5 时结果有效。

3. 召开支部党员大会进行党的委员会换届改选和补选委员前要向上级党组织请示，在答复后再决定会期。

4. 支部党员大会通过的决议需要上级党组织审批的，应及时上报上级党组织，批准后向全体党员公布。

罗家庄居规民约

（2017年6月修订）

为了推进我居民主法制建设，为经济社会发展和居民安居乐业提供一个稳定的社会环境，使居民在居生产生活中有所遵循，结合实际制定本居规民约。

一、社会治安

1. 每个居民都要学法、知法、守法，自觉维护法律尊严，积极同一切违法犯罪行为做斗争。

2. 居民之间应团结友爱，和睦相处，不打架斗殴，不酗酒滋事，严禁侮辱、诽谤他人，严禁造谣惑众、拨弄是非。

3. 自觉维护社会秩序和公共安全，不扰乱公共秩序，不阻碍公务人员执行公务。

4. 严禁偷盗、敲诈、哄抢国家、集体、个人财物，严禁赌博，严禁替罪犯藏匿赃物。

5. 严禁非法生产、运输、储存和买卖爆炸物品；经销烟火、爆竹等易燃易爆物品须经公安、安监等有关部门批准。不得私藏枪支弹药，捡拾枪支弹药、爆炸物品的，要及时上缴公安机关。

6. 爱护公共财产，不得损坏水利、道路交通、供电、通讯、生产等公共设施。

7. 严禁非法限制他人人身自由或非法侵犯他人住宅，不准隐匿、毁弃、私拆他人邮件。

8. 严禁私自砍伐国家、集体或他人的林木，严禁损害他人庄稼、瓜果及其他农作物，加强牲畜看管，严禁野外放养家畜，损坏庄稼。

9. 宠物饲养实行圈养，加强看管，定期注射疫苗，严禁发生伤人、损物、破坏环境卫生等事件。

对违反上述社会治安条款者，触犯法律法规的，报送司法机关处理。尚未触犯刑律和治安处罚条例、情节轻微的，由居委会批评教育，责令改正。对于虽未触犯法律，但给别人造成损失的，应赔偿损失。

二、消防安全

1. 加强野外用火管理，严防火灾发生。

2. 家庭用火做到人离火灭，严禁将易燃易爆物品堆放户内、村居内，定期检查、排除各种火灾隐患。

3. 加强居民小区防火设施建设，定期检查消防池、消防水管和消防栓，保证消防用水正常、消防通道顺畅。

4. 对村居内、户内用电线路要定期检查，损坏的要请电工及时修理、更新，严禁私拉乱接电线。

5. 加强居民尤其是少年儿童安全用火用电知识宣传教育，提高全体居民消防安全知识水平和意识。

三、居风民俗

1. 提倡社会主义精神文明，移风易俗，反对封建迷信及其他不文明行为，树立良好的民风、村风。

2. 红白喜事由红白理事会管理，喜事新办，丧事从俭，破除陈规旧俗，反对铺张浪费、大操大办。具体操作办法为：禁止聘请婚丧司仪，缩减仪式程序；招待人员仅限直系亲属；招待标准每人不得超过 20 元标准。

3. 不请神弄鬼或装神弄鬼，不参加封建迷信活动和邪教组织。

4. 建立正常的人际关系，不搞宗派活动，反对家族主义。

5. 严禁索取高额彩礼、过分闹婚、办流水席、唱大戏等粗俗丑陋或奢侈排场的不文明行为。

6. 规范殡葬行为，严格按照上级和居委会规定使用公墓，杜绝出现使用棺材、罩车、烧纸扎、大操大办等现象。

四、邻里关系

1. 深入实施“四德”工程建设，在居内形成“文明礼貌、助人为乐、爱护公物、保护环境、遵纪守法”的社会风尚，形成“尊老爱幼、男女平等、夫妻和睦、勤俭持家、邻里团结”的家庭氛围，形成“爱国明礼、自立自强、公道正派、勇于担当、团结互助”的个人品质，居民素质和文明水平进一步提高。

2. 居民之间要互尊、互爱、互助，和睦相处，建立良好的邻里关系。

3. 在生产、生活、社会交往过程中，应遵循平等、自愿、互惠互利的原则，发扬社会主义新风尚。

4. 邻里纠纷，应本着团结友爱的原则平等协商解决，协商不成的可申请居人民调解委员会调解，也可依法向人民法院起诉，树立依法维权意识，不得以暴制暴。

5. 全体居民，尤其是青少年、老党员、退休干部、职工，应积极参加志愿服务活动，为五保户、烈军属、优抚对象、残疾人、老年人、儿童提供力所能及的帮助。

6. 男女平等，夫妻共同承担家务劳动，共同管理家庭财产，反对家庭暴力。

7. 父母应尽抚养、教育未成年子女的义务，禁止歧视、虐待、遗弃女婴。子女应尽赡养老人的义务，不得歧视、虐待老人。

五、土地管理

1. 居民以合法形式取得的承包地，依法受到保护。任何人和任何组织都不得非法剥夺其承包权。

2. 居民的承包地，因修建道路、学校、医院，新村建设、园区建设等公益事业需征用的，应给予被征地农民合理补偿。

3. 居民应当维持承包地的农业用途，不得取土，不得毁坏，不得用于非农建设。如已被毁坏，居委会有权责令其恢复原貌。

4. 居民以家庭承包方式取得的承包地可以通过农村土地承包经营权流转市场依法资源有偿进行流转。

六、户口管理

1. 居委会负责管理本居的农业户口。除本居正常的出生、结婚迁入外，严禁非农业户口倒流回居，严禁空挂户口。

2. 未经居“两委”讨论同意，经其他途径迁入的外地人员、非转农人员，原则上不享受本居居民的土地、宅基地和集体资产分红、补贴等待遇。

3. 到居投资创业的企业负责人、企业发展引进的有一定专长的高科技人才，经居“两委”讨论、三分之二以上村民代表同意，可以到居落户，享受居民待遇。

七、计划生育

1. 提倡婚姻自主，反对包办婚姻，男女青年结婚必须符合男 22 周岁、女 20 周岁的法定结婚年龄要求。

2. 提倡晚婚晚育和计划生育，严禁超生、抢生。

3. 男女平等，独女户婚后户口不迁出的，和本居居民享受同等待遇。有固定住所，要求男方迁入的应予准许，并享受本居村居民同等待遇。

4. 非法抢生、超生的，应依法缴纳社会抚养费，取消一切先进称号评选资格。

八、规划建设

1. 建房应服从居建设规划，经居委会和上级有关部门批准，统一安排，不得未批先建、先建后批，不得超规划建设、挤占道路与排水口或损害四邻利益。

2. 经批准建设的农房，房屋的长、宽、高和院落的长宽要严格执行规划部门制定的统一标准，不得私自加长、加宽、加高。

3. 未经批准强行建设的房屋和私搭乱建的附属设施，居“两委”要履行监管责任，请求上级执法部门依法拆除。

4. 居内主要道路两旁严禁堆放杂物、垃圾，严禁乱植树木、种植蔬菜，严禁私搭乱建。

九、居级财务和村务公开

1. 村级重大事务和重要开支要严格执行“四议两公开一监督”制度，即居党支部委员会提议、居“两委”商议、党员大会审议、居民代表会议或居民会议决议，决议结果公开，实施结果公开，居监督委员会实施全过程监督。

2. 居级财务实行居账街办管，执行账、款、物分离管理制度。严禁同一人管理账、款、物。

3. 居必须建立标准的村务公开栏，并在公开栏上注明上级监督部门的举报电话。

4. 居级重大投资、大宗土地承包、集体资产处置、低保评议、大病救助、计划生育指标、粮食直补发放明细、建设批复、拆迁倒地补助明细等群众关心的情况，要一月一公布，重大事项随时公布。

罗家庄社区治安制度

一、协助公安机关向居民群众进行安全防范和遵纪守法教育。

二、协助公安机关抓好外来人口登记和治理工作。

三、积极配合有关部门做好社会治安综合治理，做好失足青少年的帮教工作。

四、协助公安机关发动和组织群众做好防盗、防火、防破坏、防治安灾害事故。

五、协助司法机关做好本社区一般民事纠纷的调解。

六、做好治安综合治理工作，做到时间、人员、任务三落实，纠正麻痹思想，提高警惕，严查疑人、疑物，维护良好的治安秩序。

七、协助公安机关做好盘查、控制疑人、疑物等工作。

八、认真做好本社区治安情况的收集、登记和反馈工作。

罗家庄居委会红白理事会章程

第一章　总则

第一条　为了充分发挥红白理事会在婚丧嫁娶中的作用，破除婚丧嫁娶中铺张浪费、愚昧落后的陋习，做到婚事新办、丧事简办，倡导文明、健康、科学的生活方式，促进社会主义新农村建设，根据上级有关规定，结合我居实际，特制定本章程。

第二章　组织机构

第二条　红白理事会在居党支部、居委会和上级政府的指导下开展工作，实行自我管理、自我教育、自我服务。

第三条　红白理事会由群众民主选举产生，罗相明任红白事理事会会长，成员有：罗相田、范才荣、付岭芝。

第四条　红白理事会在业务上接受街道红白理事会指导小组的业务指导。

第三章　职责和任务

第五条　积极向群众宣传党的方针、政策，引导群众移风易俗，认真贯彻各级政府在婚丧嫁娶中的政策、法令和规定，耐心做好群众的思想疏导工作。

第六条　主动热情地为婚丧事做好服务。

（一）操办婚事具体原则

1. 理事会要坚决按照《婚姻法》和《婚姻登记办法》的规定办事，协助婚姻登记机关认真做好婚姻登记，严禁早婚私婚。

2. 婚事坚持新事新办，废除陈规陋习，倡导举办集体婚礼或有意义的义务植树、联欢会等，既要气氛热烈又要文明节俭。

3. 不准讲排场、摆阔气，不准相互攀比，不准借用公车办婚事，不能举债办婚事。

（二）操办丧事具体原则

1. 要坚决执行上级有关文件规

定，协助街道抓好本居的殡葬工作。

2. 操办丧事坚持从简原则，反对大操大办，不准动用公车办丧事。

3. 坟墓必须建在本村统一规划的公墓内，不得随意乱葬乱埋。

4. 丧事规模以寄托哀思、葬好亡者为原则，宜小不宜大。

第四章　制度和措施

第七条　理事会实行会长负责制，对红白事的承办，在与事主交换意见后，由会长组织按本章程的规定实施。

第八条　各居红白理事会要自觉接受上级指导，并向街道红白理事会指导小组汇报工作。

第九条　红白理事会每月召开一次会议，研究工作，总结经验，不断提高服务质量。

第五章　纪律

第十条　认真贯彻执行党和政府的各项政策及规定，坚持原则，不徇私情。

第十一条　不收受婚丧事主赠送的钱物，不在婚丧事主家大吃大喝，对婚丧事主一视同仁，不搞优亲厚友。

第六章　附则

第十二条　本章程经村民代表会议审议通过后执行，根据情况需要适时经村民讨论后予以完善。

第十三条　本章程自 2013 年 3 月 1 日起正式实行。

罗家庄社区红白理事会工作制度

为了破除婚丧嫁娶中的铺张浪费、愚昧落后等陋习，做到婚事新办、丧事简办，提倡文明、健康、科学的生活方式，根据上级有关规定，结合罗家庄社区实际，成立罗家庄社区红白理事会，并制定本制度。

一、红白理事会在居委会的领导下开展工作，实行自我管理、自我教育、自我服务。

二、积极向居民宣传党的方针政策，认真贯彻执行各级政府的政策、法令和规定，引导群众移风易俗，耐心做好群众的思想疏导工作。

三、理事会要主动热情地为婚丧事做好服务。

（一）操办婚事的具体原则。

1. 严格按照《婚姻法》和《婚姻登记办法》有关规定办事，协助婚姻登记部门认真做好婚姻登记和婚嫁服务工作，严禁早婚私婚。

2. 婚事要坚持新事新办，废除陈规陋习，倡导举办集体婚礼或有意义的活动，如义务植树、联欢会等形式，既要气氛热烈，又要文明庄重。

3. 不准讲排场，摆阔气；不准借用公车办婚事；不索要彩礼，不大摆宴席。

（二）操办丧事的具体原则。

1. 认真执行中央、省、市有关文件精神，集镇抓好本辖区内的殡葬管理工作。

2. 坚持从简原则，反对大操大办，实行播放哀乐、鞠躬、默哀、佩带黑纱等文明健康的丧葬礼仪。

四、理事会实行理事会长负责制，对红白事的承办需经理事会讨论决定，并征求事主意见，由会长及成员依照本章程规定组织实施。

五、理事会要善于创新、注重总结，通过定期研究工作，不断总结经验，提高服务质量，并经常向居委会汇报工作，发现问题，及时解决。

2017 年 6 月 15 日

罗家庄社区移风易俗工作明白纸

为进一步深化社区移风易俗工作，罗家庄社区结合实际，制定出台了一系列移风易俗工作措施，主要内容如下。

一、主要内容

凡结婚需要办理喜事、死亡（病故）需要办理丧事者，须及时报告居委会红白理事会及居“两委”，并在统一领导下办理。

（一）喜事新办

1. 当事人要依法办理婚姻登记，提倡婚事新办，废除陈规陋习，反对盲目攀比，提倡认亲不收见面礼、婚礼不收改口费、不盲目攀比定亲彩礼。

2. 不大操大办，不滥发请柬，不乱贴红纸，婚礼仪式不超过1小时，少放烟花爆竹。

3. 不用豪华车辆，迎亲车辆一般不超过6辆，提倡互用亲朋好友或本村居（社区）车辆，义务帮忙，不收车费，不以烟酒感谢。

4. 鼓励广大青年以集体婚礼、公益婚礼、旅游结婚等方式，举办节俭适度的婚礼。

5. 其他一般性喜庆事宜，如乔迁新居、庆生祝寿、满月过“百岁”、升学参军，参与人员严格限定在近亲属范围内，不大操大办，不收受礼金，不提倡置办庆祝宴席。

（二）丧事简办

1. 取消家族自己办丧，统一由居委会红白理事会全程办理。

2. 居内为办理丧事提供必要的场所和设施，并全程操办报丧、打坟、火化等事宜。

3. 丧葬活动时间原则上为1天，严格控制丧事规模，不在公共道路举行祭祀等活动。

4. 提倡除儿女至亲以外，其他人一律不穿白大褂，提倡戴白花、黑纱；严禁披麻戴孝、唱戏打鼓、扎纸人纸马等，严禁祭路祭车等封建迷信活动；严禁土葬（禁止火化后将骨灰装入棺材再行土葬），一律实行火化，提倡在死亡当日火化遗体，火化一律使用殡仪专用车辆。

5. 简化报丧程序，由红白理事会负责并实行电话报丧；来人招待一律从简，统一吃大锅菜，不得饮酒；禁止使用棺木下葬或装棺二次葬，原则上仅限于三代以内亲属参加送葬。

6. 严禁乱埋乱葬，公益性墓地严格按照省、市有关规定，原则上不留大坟头；大力倡导文明祭扫，杜绝放鞭炮、烧纸钱等陋习，倡导文明新风。

7. 理事会成员要加强自我约束和自我教育，不得在事主家大吃大喝或接受馈赠。

二、党员、干部率先带头

广大党员、干部要带头节俭办理婚丧嫁娶事宜，带头革除陈规陋俗，带头树立文明新风，带头落实生态安葬，带头宣传移风易俗，以实际行动引导广大群众积极参与移风易俗工作。

三、宣传口号

1. 大力推进移风易俗，积极倡树文明新风。

2. 厚养薄葬、孝养礼葬，破除迷信，倡树新风。

3. 提倡婚事新办、丧事简办，杜绝铺张浪费、大操大办。

4. 大力开展乡村文明行动，积极推进农村移风易俗。

5. 广大党员干部要做移风易俗工作带头人。

2017 年 6 月 15 日

罗家庄60岁以上老人福利待遇说明

一、为了发扬尊老、敬老、养老的优良传统，使老年人老有所养、老有所依，根据我居的实际情况，经居“两委”研究决定，从2005年1月1日开始居委会对年满60周岁的老人每月发放30元生活补助金，年满70周岁的老人每人每月发放40元的生活补助金，年满80周岁的老人每人每月发放50元生活补助金，年满90周岁的老人每人每月发放60元生活补助金，年满100周岁的老人每人每月发放100元生活补助金。

二、外迁户：户口必须在本居委会并在本居居住10年以上方可享受本待遇。

三、有下列情况之一的不享受本待遇：

1. 凡属本人及子女不能按时完成应上缴的各项收费的。

2. 有违法乱纪行为受到处罚的。

3. 违反居规民约的。

4. 不热爱集体或无集体主义的。

5. 有家庭纠纷并经居调解委员会两次以上调解解决不了的或经调解达成协议不认真履行的。

6. 非农业户口的。

7. 违反户口管理规定的（如户口在罗家庄而人不在罗家庄居住的）。

四、本规定自2003年10月1日起执行。本规定最终解释权归罗家庄居委会。

朝阳街道罗家庄党支部居委会

2003年3月3日

罗家庄片区房屋搬迁补偿实施方案

按照市委、市政府加快旧城改造的总体规划部署，为改善城市面貌，提升城市品位，优化群众生活和工作环境，位于康城大街以北、曙光路两侧的罗家庄片区列入2012年重点改造片区计划，特制定本实施方案。

一、基本情况

罗家庄改造片区位于康成大街以北、晏子路以东、曙光路两侧、孚日花园及阳光绿城以南，总占地面积467亩，共涉及搬迁户651户。其中，平房517户，建筑面积约89296平方米；楼房134户，建筑面积约34683平方米；企业4家，建筑面积约11100平方米。

二、搬迁范围、时间安排

（一）搬迁范围。

康成大街以北、晏子路以东、曙光路两侧、孚日花园及阳光绿城以南。

（二）时间安排。

1.2012年11月5日召开搬迁动员会议。

2.2012年11月5日至11月22日公示评估结果，签订协议，实施搬迁。

3.搬迁安置阶段。多层为2012年11月22日至2014年11月22日（过渡期为24个月）；高层为2012年11月22日至2015年11月22日(过渡期为36个月）。（过渡期以每户实际拆除房屋的时间为准开始计算）

三、房屋搬迁补偿评估方法

依照有关规定，由居委会组织被搬迁人协商选定评估机构，由评估机构按照《房地产估价规范》等组织评估，补偿价值由评估机构评估确定（包括房地产价值、附属物价值及附属设施迁移费、装饰装修费等）。评估结果由评估公司进行公示，被搬迁人对评估结果有异议的，应提出书面申请进行复估。

四、房屋搬迁补偿方式

房屋搬迁补偿方式有房屋产权调换和货币补偿两种方式，被搬迁人可以自行选择。

（一）被搬迁人选择房屋产权调换的，按被搬迁房屋的市场评估价值，即4100元／平方米折算应回迁面积给予补偿。在此基础上由居委会给予适当奖励补助回迁面积。回迁总面积＝应回迁面积＋奖励补助面积。

安置时被搬迁人选择的房屋安置面积超过回迁房总面积20%（含20%）以内的，按搬迁时点的评估价格结算；超过回迁总面积20%的，按回迁安置时点的普通商品房市场价格结算，如被搬迁人预交超面积部分70%的房屋价款，安置时按搬迁时点的评估价格结算。回迁安置时，根据回迁楼房实际面积（以房管部门确认值为准）和楼层互找差价，据实结算。

（二）被搬迁人选择货币补偿的，除按被搬迁房屋的评估价格给予补偿外，在规定期限内签订协议并拆除房屋的再奖励20000元。

（三）住改非房屋，按评估机构的评估价格，结合实际营业情况和营业执照、税务登记证等营业手续适当提高补偿标准。

（四）面向曙光路或晏子路的沿街住改非楼房，可选择房产权调换，按被迁楼房的评估价值与营业房回迁价格折算应回迁面积。

五、安置房屋的地点及户型

（一）住宅房屋安置地点：原则上在花园街以北、曙光路两侧地块，如有不足则在相邻地块安置。户型按多层和高层有不同设计：多层户型设计有85平方米左右、95平方米左右、118平方米左右、125平方米左右四个住宅户型；高层户型设计有95平方米左右、115平方米左右、125平方米左右三个户型。最终户型以规划部门批件和施工图设计为准，确权面积最终以房管部门的实测面积为准。

（二）营业房安置地点：原则上在花园街以北、曙光路以西、晏子路以东地块，按规划批准建设的沿街商业网点房进行安置，如有不足则在花园街以北、曙光路以东地块安置。户型最终以规划部门批件和施工图设计为准，确权面积最终以房管部门实测面积为准。

六、安置房的楼层差价和建设标准

（一）楼层差价。多层住宅楼的一层、四层及五层带阁楼（阁楼面积不计算在内）按 4100 元 / 平方米计算（五层不带阁楼的价格另计），二层、三层按 4250 元 / 平方米计算。高层住宅楼的六层按 3680 元 / 平方米计算，六层以下的每减少一层每平方米减少 50 元，六层以上的每增高一层每平方米增加 50 元。底层为商业房的住宅价格比纯住宅楼相同楼层每平方米低 100 元。

（二）储藏室按每平方米 1800 元计算；车库按每平方米 4100 元计算；地下停车位按每个 6000 元计算。

（三）回迁营业房按 4800 元 / 平方米计算。

七、其他补助费用

（一）搬家补助费：选择货币补偿的，每户补助 1000 元；选择房屋产权调换的按两次结算，即补助 2000 元。

（二）赁房费、停产停业补助：被搬迁人选择产权调换且自行安排住处的，在规定的过渡期限内，住房按有证房屋面积每月每平方米发放 8 元赁房费；选择货币补偿的，按有证房屋面积每月每平方米 8 元的标准一次性支取 5 个月的赁房费。超过过渡期限的，住宅按有证面积每月每平方米 12 元给予补助。选择多层住宅楼的，过渡期为 24 个月；选择高层住宅楼的，过渡期为 36 个月。搬迁营业房（房权证用途栏内注明“营业”）造成停产停业的，在过渡期限内，实行产权调换的给予被拆迁户有证房屋面积每月每平方米 20 元的停产停业补助，超过过渡期限的按有证面积每月每平方米 28 元给予补助；选择货币补偿的，给予被搬迁户一次性有证房屋面积每平方米 100 元的停产停业补助。

八、安置房屋的选房原则

被搬迁户每户只能选择一套多层住宅，剩余的面积选择高层住宅回迁安置。若被搬迁人选择高层住宅回迁安置，另外予以奖励。

九、安置程序

凡实行房屋产权调换的，对住

宅房屋按照单元立体切块提供安置。本着早签协议早拆房早选房的原则，按签协议和拆房先后得分数的高低选房，具体办法是：凡在11月12日前签订协议得10分，按期拆除房屋者得10分。11月12日后每拖后一天减1分；凡在11月12日前签约并拆除房屋的，每提前一天各加1分。回迁楼选房顺序按得分多少依次选房；分数相同者按签订协议顺序依次抽签，确定选房顺序。

对确有困难的烈（军）属、残疾人、孤寡老人，在楼层的安置上给予指定首层照顾。照顾户的名单由开发区、居委会、公安、民政等部门共同确定，经公示无异议后，报房屋搬迁部门核实同意后实施。

高密经济开发区罗家庄居委会

2012年1月

罗家庄股份经济合作社理事会职责

理事会是本社的常设决策机构和执行机构，对成员（代表）大会负责。本社理事会由5人组成，设理事长1人、理事4人。理事长是本社的法定代表人。职责如下。

1. 召集与主持成员（代表）大会。

2. 拟定本社发展规划、经营计划和资产经营方案。

3. 对重大投资项目进行可行性论证，提出投资决策方案。

4. 拟定本社财务管理制度、财务预算、收益分配方案。

5. 提出理事会、监事会成员的报酬方案。

6. 执行成员（代表）大会通过的决议。

7. 负责日常社务工作，根据需要设置必要的内部经营管理机构，聘用必要的经营管理人员。

罗家庄股份经济合作社 监事会职责

监事会是本社的监督机构。本社监事会由3人组成，设监事长1人、监事2人。职责如下。

1. 监事长可列席理事会会议，但没有表决权。

2. 依据法律法规和有关政策，依照成员（代表）大会的决议和章程、本社的有关管理制度，对理事会和财务部门等管理人员进行监督，防止损害集体和成员利益的行为发生，对全体成员负责。

3. 有权要求理事会及有关管理人员对项目承包、转让、经营合同及执行情况做出说明。

4. 检查本社经营管理和财务状况，查询账簿和其他会计资料，监督本社的财务公开，对财务公布表进行审查并签字确认。

5. 参与本社工程项目投标验收及土地面积丈量，监督土地使用或转让价格的确认，监督大额固定资产的购置，监督大额财产变卖、转让、报废等工作。

6. 按期向成员（代表）大会报告工作，提议召开理事会、成员（代表）大会。

7. 监事会可以向成员（代表）大会提出要求罢免不称职的理事会成员的建议。

罗家庄股份经济合作社财务管理制度

为加强罗家庄股份经济合作社财务管理，保障股份经济合作社的合法权益，促进农村经济发展，根据《村集体经济组织会计制度》《集体经济组织财务管理制度》等相关法律法规，结合实际情况，制定本制度。

一、财务预决算

1. 预算编制内容。

（1）年度内各项收入。主要包括经营收入、土地、林木果园等发包及上交收入、补助收入、投资收益、其他收入。

（2）年度内各项支出。主要包括经营支出、管理费用、福利支出、拨付居委会支出、其他支出。

（3）年度可分配收益。包括年度收益、年初未分配收益。

（4）年度收益分配。收益分配顺序：上缴国家的各项税费；计提公积金、公益金；股东所得。

2. 预算编制程序。

（1）草案编制完毕后，召集理事会，对草案进行修改、补充、完善。

（2）完善后的草案，提交股东代表大会审议，每年年初参照上一年的财务决算报告和当年的生产经营计划，坚持“统筹兼顾、量入而出、增收节支、留有余地”的原则，董事会负责编制预算草案。

审议通过，并经监事会签章后，向全体股东公开，报街道经管站备案。财务收支预算方案在每年 3 月底前完成。

3. 财务收支预决算的执行。

（1）账务事项发生，必须取得合法有效的原始凭证。各项支出凭证，必须写明用途，并有经手人签名、监事会审核盖章、审批人审批，做到原始凭证规范、用途明了、手续齐全。严格限制白条凭证的使用，对外购物品或外包业务不得用自制凭证支付。

（2）严格控制非生产性开支。2000 元以上的非生产性开支，必须经理事长、支部书记同意后报经管站核实后报街道审批。理事会、监事会工资、奖金、各种补贴应根据街道有关规定执行，严禁超定额标准发放；招待费支出应从紧从严，切实规范商务接待；严格控制各类外出参观考察活动，确需外出的，必须事先经理事会或股东代表大会同意，报街道批准。

（3）财务人员有权拒绝受理不真实、不合法、内容不完整的原始凭证；未经审批的票据，代理会计不得入账。

（4）财务实行每月一次结报制度。

二、债权债务管理

1. 集体组织或任何个人不得以任何名义为其他单位和个人提供经济担保和抵押；严禁举债垫付各种税费；严禁举债用于村级支出，如确有特殊情况需经借贷办事的，须经股东代表大会讨论同意，报上级批准。

2. 发生应收应付经济业务必须全部纳入账内核算，会计应建立应收应付分户明细登记簿，详细登记应收应付单位名称和应收应付业务发生的时间、金额、原因及经手人、证明人等内容。

3. 及时清理暂收、暂付、内部往来款项。对各类应收拖欠款项，采取措施进行催收，限期归还；对各类债务要及时收回，逐步化解。

4. 及时做好债权债务的公开工作。

三、票据管理

1. 各类票据必须落实专人保管，设立领用登记簿，严格保管和规范使用手续。

2. 向单位或个人收取款项，使用市里指定的统一收款收据，严禁使用外购、自制的收款收据。

3. 收款收据要求整本连号有序使用，严禁转让、出借、赠送、代开、代用、盗用。

四、资产管理

1. 财产物资要通过建立总账、明细账进行核算。

2. 建立健全登记保管制度，每

年至少盘点一次，对盘盈或盘亏的应查明原因，分清责任进行处理，做到账实相符。

3. 建立健全固定资产折旧制度，按规定提取折旧，用于固定资产的购置和更新。

4. 固定资产的购置、更新，根据年初预算办理。报废、核销、拍卖、转让、入股，经股东代表大会讨论通过后实施。固定资产的拍卖、转让、入股价格，应由依法取得相应资质的资产评估机构进行评估，评估结果提请股东代表大会讨论确认。

5. 任何单位和个人不得无偿占用集体财产。

6. 集体经济组织资产的发包租赁及出让等事项，须经理事会集体讨论，群众较为关注或金额较大的项目，须经股东代表大会讨论同意，按照公开、公平、公正的原则，进行公开招投标。

7. 各类集体资产的发包、租赁、出让，严格按照《中华人民共和国合同法》等的规定，签订合同，合同经双方签字后，提交街道经管站一份备案。

8. 定期检查合同的履行情况，到期做好结算兑现工作，切实提高承包合同的兑现率。

五、资源管理

1. 建立统一格式的资源台账，按实际情况逐笔登记，详细记录使用土地的单位（人）、时间、用途，土地的面积等，资源发包要严格履行招标程序。

2. 对征地补偿费应实行专户管理，严格按照专户存储、专项核算、专款专用的原则规范管理。留归村集体经济组织的土地补偿费属农民集体资产，主要用于发展生产、增加积累、失地农民补偿、集体福利、公益事业等方面。

3. 资源收益的分配、使用预算方案要经居集体经济组织股东代表大会批准，或经全体股东同意。

4. 资源台账资料要及时进行公开，接受群众监督，涉及补偿到户或个人的，必须按补偿项目、按户或人公开。

六、工程建设项目管理

1. 基建项目由理事会先编制工程项目建设计划和总投资概算。总投资概算包括征地拆迁费用、工程前期费用、工程直接费用、附属工程、配套工程及其他有关费用。

2.工程项目计划和总投资概算，必须经股东代表大会通过，报街道审核。

3. 对造价在 3 万元（含 3 万元）以上的建设工程项目，要按照《高密市工程建设项目招标投标管理暂行办法》执行，由街道招投标中心进行公开招标。

4. 工程预算（标底）由理事会委托有资质的单位编制，理事会必须按照审核通过的总概算控制工程预算，对工程预算超过原计划的，必须及时调整工程预算或对原概算进行调整，并按原程序进行办理。

5. 工程建设项目必须按有关规定签订建设施工合同，合同中必须明确工程款项拨付进度。建设施工合同经双方签字后，提交街道经管站一份备案。

6. 建设单位、施工单位、监理单位不得任意变更原工程设计、施工方案、材料种类及价格。确需变更的，必须由理事会提出变更理由和要求，经居集体经济组织股东代表大会通过，报街道备案。

7. 街道三资委托代理中心必须根据工程合同、工程决算书、竣工验收报告和评审资料等审核支付款项，凭正式票据入账。

8. 自觉接受街道对居工程项目建设情况的检查监督。

七、民主理财

1. 民主理财由监事会代表居股份经济合作社股东进行，监事会由股份经济合作社股东代表大会推选产生，一般由 3 人组成，每届任期与居“两委”任期相同（3~5 年），其成员的罢免或增补，必须经股东代表大会表决通过。居干部及其配偶、直系亲属不得担任监事会成员。

2. 监事会享有财务活动的民主监督权利，参与制定财务计划和各项财务管理制度、基建工程等重要事项的管理；审查本组织财务预决算执行情况、各业承包合同的签订与兑现情况及村级财务收支的合理性、合法性、真实性、准确性；监督管理人员执行财务制度和成员代表大会的决议情况；督促财务人员如实及时做好财务公开；对财务监督中发现的问题提出质疑，并要求当事人做出解释；及时向上一级主管部门反映财务管理中的问题。

3. 股份经济合作社民主理财小组活动一般每月一次，活动中应将股份经济合作社的各类收支凭证逐项审查。每次审查结束，必须有书面记录。年终，监事会应当将全年财务收支审查情况向股东代表大会报告。

八、财务公开

1. 财务公开内容应按照高密市“三务”公开工作的规定进行公布，接受成员监督。

2. 财务公开上墙前应通过监事会的审核并签字，报街道经管站审核认可。

3. 财务公开坚持“实际、实用、实效”的原则，并做到“公布地点公众化、公布形式专栏化、公布内容通俗化，热点问题专项化”。公布栏旁设立意见箱，接受群众监督，向群众解答有关疑问。

九、审计监督

1. 股份经济合作社财务收支必须先审计后入账，审计工作由经管站组织实施，每月审计一次。审计前，所有原始凭证需经监事会审核合格，并填写理财记录簿，由会计分别填写收入、支出报账单。根据“权责发生制”，当月收支，当月结算，最多不超过两个月。收入超 90 天不入账的按挪用公款报纪检监察部门，开支超过两个月不入账的谁开支谁负责，特殊情况必须报街道批准后方能入账。一般不准赊账，特殊情况赊账的，责任人必须当月与赊欠单位（人）办理欠款手续，并将开支和欠款当月入账。

2. 经管站设专职审计员，每月的 3—9 日为经管站审计记账日，必须按时参加审计，对未发生收支业务的，可书面说明当月不审计的原因并报分管领导同意。审计员对上报的原始凭证报告单、收支明细表、开支申请报告和收支单据、现金库存及审批手续按照要求全面审计。审计合格后逐单逐表加盖审计章，交记账员记账。对审计不合格的原始单据，由审计员注明审计结论和审计决定；对手续不全的下月复审；对审计不准入账的单据直接加盖“作废”章；对乱开乱支的责成专人追要；对违法违纪的报街道处理，情节严重的，追究有关责任人的法律责任。

3. 下列情况不予审计：理事长、

支部书记、经办人未签字的单据，未经监事会审核合格的单据，跨月单据，不按规定使用统一票据的单据，未履行审批手续的单据，开支项目与审批内容不相符的单据，白条收支的单据，按规定不准开支的单据，审计员认为不应审计入账的单据。

4. 经管站定期对股份经济合作社的现金、存款、固定资产、承包合同、大型基建项目以及群众反应比较强烈的财务热点问题和重大经济案件进行专项审计，并将结果进行公开。

5. 建立审计档案。对审计的原始记录、审计底稿、审计报表、群众意见、审计单位和上级的意见，要及时整理存档。

十、会计档案管理

1. 会计档案包括各种经济合同和承包合同或协议，各种财务计划及收益分配方案，财务公开报表，各种会计凭证、会计账簿和会计报表，财会人员交接清单，会计档案销毁清单等。

2. 每年度形成的会计档案，在年度终了后，由代理中心会计人员按照归档要求整理立卷，装订成册，并统一存放在档案室内，不随意堆放，严防毁损、散失。

3. 加强对会计档案的管理，建立档案室，实行统一管理，专人负责，使之完整无缺、有效有序、方便查找。

2017 年 10 月 16 日

罗家庄社区 2018 年工作总结

一年来，在上级党委政府的正确领导下，罗家庄社区突出以党建工作为引领，坚持“完善、提升、创新”的工作思路，围绕“改进党员干部作风、增强社区居民综合素质、提高居民幸福指数和社区文明程度”等核心工作，不断加大社区建设力度，完善社区服务职能，同心同德，勠力进取，各项工作都取得了优异成绩。

一、以党建引领为保障，持续推进工作规范开展

坚持“围绕发展抓党建，抓好党建促发展”。一是扎实开展好“作风建设年”活动。在下基层大调研活动中，共走访居民 248 户，收集各类问题 50 个，分别落实了责任人和整改期限，拉近了党和群众的距离，达到了“访民情、集民智”的目的。9 月下旬，组织 32 名骨干党员到即墨的古城社区开展寻标对标考察学习活动，通过感受差距，增强加快发展的危机意识，转化为加快社区发展的动力。二是更加注重支部的规范运转。健全和完善“支部生活日”制度，通过为党员过“政治生日”、赠送“政治生日”礼物、重温入党誓词等方式，进一步增强了党员的归属感、荣誉感，同时也使支部的运转更加规范。三是积极抓好“三务”公开工作。通过罗家庄频道、党建云平台等多种渠道，做好“三务”公开工作，主动接受群众监督，增强了基层党组织的公信力和凝聚力。此外，“党员到社区报到”工作迈出新步伐，已有市农工办等 23 个党组织的 260 多名党员，认领奉献岗位并参与社区建设管理，初步形成了双重奉献的可喜局面。

二、以社区建设为抓手，持续扩大影响力和知名度

以打造城市社区建设的示范和样板为追求，坚持建设和完善两手

抓。一是社区品味和整体竞争力再上新台阶。2018年春天完成了高层楼的回迁，罗家庄自2012年开始的旧村改造工作彻底圆满完成，群众的居住环境发生了质的改变。二是扎实做好迎查工作。自社区成立后，共迎接各类检查指导近300次，有力地提高了社区的知名度和影响力，荣获了全国书香社区、山东省文明社区等20多项潍坊市级以上荣誉。三是继续大力倡导以“孝”为主题的家园文化教育。利用社区大讲堂，邀请市委党校老师、相关专家，开办“党性教育进社区”“知识讲座”等26次，利用社区广场组织播放电影、戏曲表演32场，坚持文化建设从娃娃抓起，利用社区功能室，常年开设书法班、舞蹈班。组建了太极拳队、舞蹈队等7支文体队伍，举办和承办了罗家庄社区春晚、全市广场舞比赛、庆祝重阳节等大型晚会17场，既让居民接受了教育、学到了知识，又繁荣了充满正能量的社区文化。

三、以民生工作为动力，提升党员干部的奉献精神

通过加大民生改善力度，提升党员干部的奉献精神。一是不断提高居民的福利待遇，为社区60岁以上居民缴纳银龄安康保险，每年高标准地发放失地农民生活补助金，出资为合作社成员发放城镇居民基本医疗保险补贴，让群众生活无忧，看病不难。二是不断提高老年人的待遇。为60岁以上老人发放生活补助金。重阳节期间，除居集体出资15万元外，还邀请赞助单位为老人们发放节日慰问金和慰问品，此外还联系了两家医院，为老人们进行免费健康查体，确保了老年人的健康。三是开展好扶贫济困活动，年内完成残疾人护理补贴的发放工作，为8户大病居民发放大病救助金4.2万元。定期对困难户进行走访，对两个五保户分别落实了集中供养和分散供养，实现了居民老有所养、病有所医。四是抓好日常服务工作。完善社区服务职能，重点做好户籍管理、计生关系、医疗保险费收取等城市社区服务项目，坚持日常坐班、周六正常上班、节假日值班，提升了工作人员的服务奉献意识，最大限度地方便了群众。

此外，我们以拆迁、维稳等急

难任务为平台，锤炼班子队伍的担当意识。年内参与并率先完成小木田、单家屋子、鲁家庙等4个片区74户搬迁户的棚改任务，并做好了东栾家庄3个尾留户的清零工作。维稳工作全年没有出现影响隐患。工作的历练，让班子成员独当一面的担当意识显著提高。

2019年1月9日

后记

盛世修志，志载盛世。《罗家庄志（1949—2018）》终于付梓，它是罗家庄有史以来第一部志书。屈指算来，耗时两年，真有些“历尽艰辛”的味道。可是，它的问世，不仅是罗家庄人民政治、文化生活中的一件大事，为今人了解、研究罗家庄提供了一些可靠的依据和借鉴，也为罗家庄后人留下了宝贵财富，是一件可喜可贺的大事。

本志本着略古详今的原则，全面记述了罗家庄在政治、经济、文化、教育、卫生、自然、人口、民俗等方面的历史、发展与现状，力求史料翔实，文笔洗练，内容丰富。或许今人认为多是亲历的事，不新鲜，但若干年后，罗家庄的后人肯定会好奇他们的先人生活的罗家庄。这是一份十分珍贵的文化遗产。

近年来，罗家庄居委会党委书记罗相明同志不止一次倡议编修《罗家庄志（1949—2018）》。他认为，村庄是庞大社会体系的基本单元。人从村庄里走出，不管走到哪里，根在村里。数千年的文明史表明，无数各具特色的村庄安稳地坐落在中华大地上，传承着地域文化，延续着民族血脉，每个村庄都是一个鲜活的生命，每个村庄都有着厚重的历史，每个村庄都有着独特的命运，村庄是散落在原野上的一棵棵大树。编纂村志就是挖掘、保存那些深长古老的根系。罗家庄养育了我们，我们理应了解自己的家园——了解她的历史，了解她的痛与乐、苦与甜、成功与失败、坦途与曲折，给后人以借鉴，代代相传，合力同心，更好地爱护她、建设她、装扮她。

2018年8月1日，罗家庄修志工作正式启动，成立了《罗家庄志（1949—2018）》编纂委员会，由居委会党委书记罗相明任主任，副书记杜坤、村主任罗传刚任副主任，罗相志、罗卫国、范佳佳为委员。由高密市盛泉文化传播有限公司员工姜祖幼、袁毅飞、李子红担任执行主编。

《罗家庄志（1949—2018）》的撰写坚持了解历史、尊重历史、写实历史的原则，通过罗洪学、罗洪利、范志升、罗坤云、罗厚云等数位老人殚精竭虑上百次地回忆，数次召开座谈会，采访个人，遍访村民和电话查询查阅档案、方志、家谱等途径，广泛搜集资料，为撰写奠定了坚实基础。

初稿撰成之后，经过反复核查、修改，又经编纂委员会审稿，方交付出版社。

《罗家庄志（1949—2018）》的问世，是集体智慧的结晶，是领导重视、群众关心、社会各界支持、编纂人员团结协作、辛勤笔耕的结果。借此谨向高密市人民政府朝阳街道办事处、高密市档案局、高密市教育局、高密市气象局、高密市疾病预防控制中心、高密市文化广电新闻出版局、潍坊日报社高密分社等给予帮助支持的部门单位表示衷心感谢！

编写村志是一项十分繁重而又复杂的系统工程，由于时间仓促，条件所限，搜集资料不够全面，加之水平所限，错谬之处在所难免，诚望各位专家和读者提出宝贵意见，以待纠正。

《罗家庄志（1949—2018）》编纂委员会

2020年8月1日